MANUALES ISCR
INSTITUTO SUPERIOR DE CIENCIAS RELIGIOSAS
UNIVERSIDAD DE NAVARRA

© 2024. Juan Alonso
Ediciones Universidad de Navarra, S.A. (EUNSA)
Campus Universitario • Universidad de Navarra • 31009 Pamplona • España
+34 948 25 68 50 • www.eunsa.es • eunsa@eunsa.es
ISBN: 978-84-313-3960-9 | D. L. NA 1400-2024
Diseño cubierta: Pablo Cerezo Marín
Printed in Spain – Impreso en España

Cupón para la Biblioteca Virtual

Accede a la versión eBook de este título por solo **1,99 €**. Con la compra de este libro puedes utilizar el siguiente cupón para la lectura en *streaming** desde la Biblioteca Virtual. **Sigue estas instrucciones** para visualizar tu libro:

1. Dirígete a la web de la Biblioteca Virtual **https://ebooks.eunsa.es/library**.

2. En la web ve a **Iniciar sesión** e introduce tu email y contraseña. Si no estás registrado, deberás completar el proceso en **Registrarse**.

3. Tras registrarte, accede a la página del libro o lee el QR de esta página. Bajo el precio podrás **insertar el código oculto en el siguiente cupón** para activar la promoción.

Rasque para visualizar

Acceso directo al eBook

No se admitirá la devolución del libro si el código promocional ha sido manipulado.

Canjéalo en ebooks.eunsa.es

*Con acceso a internet desde cualquier navegador.

JUAN ALONSO

TEOLOGÍA
FUNDAMENTAL

EDICIONES UNIVERSIDAD DE NAVARRA, S.A.

PAMPLONA

Colección
MANUALES DEL INSTITUTO SUPERIOR DE CIENCIAS RELIGIOSAS

1. Cada vez más personas se interesan por adquirir una formación filosófica y teológica seria y profunda que enriquezca la propia vida cristiana y ayude a vivir con coherencia la fe. Esta formación es la base para desarrollar un apostolado intenso y una amplia labor de evangelización en la cultura actual. Los intereses y motivaciones para estudiar la doctrina cristiana son variados:

- **Padres y madres** que quieren enriquecer su propia vida cristiana y la de su familia, cuidando la formación cristiana de sus hijos.

- **Catequistas y formadores** que quieren adquirir una buena preparación teológica para transmitirla a otros.

- Futuros **profesores de religión** en la enseñanza escolar.

- **Profesionales** de los más variados ámbitos (comunicación, economía, salud, empresa, educación, etc.) que necesitan una formación adecuada para dar respuesta cristiana a los problemas planteados en su propia vida laboral, social, familiar… o simplemente quienes sienten **la necesidad de mejorar la propia formación** cristiana con unos estudios profundos.

2. Existe una demanda cada vez mayor de material escrito para el estudio de disciplinas teológicas y filosóficas. En muchos casos la necesidad procede de personas que no pueden acudir a clases presenciales, y buscan un método de aprendizaje autónomo, o con la guía de un profesor. Estas personas requieren un material valioso por su contenido doctrinal y que, al mismo tiempo, esté bien preparado desde el punto de vista didáctico (en muchos casos para un estudio personal).

Con el respaldo académico de la Universidad de Navarra, especialmente de sus Facultades Eclesiásticas (Teología, Filosofía y Derecho Canónico), la Facultad de Filosofía y Letras y la Facultad de Educación y Psicología, esta colección de **manuales de estudio** pretende responder a esa necesidad de formación cristiana con alta calidad profesional.

3. Las **características** de esta colección son:

- **Claridad doctrinal**, siguiendo las enseñanzas del Magisterio de la Iglesia católica.

- **Exposición sistemática** y profesional de las materias teológicas, filosóficas (y de otras ciencias).

- **Formato didáctico** tratando de hacer asequible el estudio, muchas veces por cuenta propia, de los contenidos fundamentales de las materias. En esta línea aparecen en los textos algunos elementos didácticos tales como esquemas, introducciones, subrayados, clasificaciones, distinción entre contenidos fundamentales y ampliación, bibliografía adecuada, guía de estudio al final de cada tema, etc.

JOSÉ MANUEL FIDALGO ALAIZ
JOSÉ LUIS PASTOR
Directores de la colección

Formato didáctico

Los manuales tienen un formato didáctico básico para facilitar tanto el eventual estudio del alumno por su cuenta, el autoestudio con preceptor / tutor, o la combinación de clases presenciales con profesor y estudio personal.

Estas características didácticas son:

1. Se ha procurado **simplificar** los contenidos de la materia sin perder la calidad académica de los mismos.

2. Se simplifican los modos de expresión, buscando la claridad y la sencillez, pero sin perder la **terminología teológica**. Nos parece importante, desde un punto de vista formativo, adquirir el uso adecuado de los términos teológicos principales.

3. En el cuerpo del texto aparecen **dos tipos de letra** en función de la relevancia del contenido. Mientras que la letra grande significa contenidos básicos de la materia, la letra pequeña se aplica a un contenido más explicativo de las ideas principales, más particular o más técnico.

4. El texto contiene términos o expresiones en formato **negrita**. Se pretende llamar la atención sobre un concepto clave a la hora del estudio personal.

5. Las enumeraciones y **clasificaciones** aparecen tipográficamente destacadas para facilitar la visualización rápida de los conceptos, su estudio y memorización.

6. Al principio de cada tema, inmediatamente después del título, se incluye una **síntesis** de la idea principal a modo de presentación.

7. En cada tema se presentan varios recursos didácticos:

   • Un **esquema o sumario** de la lección (sirve de guión de estudio y memorización).

   • Un **vocabulario** de palabras y expresiones usadas en el desarrollo del tema. Sirve para enriquecer el propio bagaje de términos académicos y sirve también de autoexamen de la comprensión de los textos.

- Una **guía de estudio**. Se trata de un conjunto de preguntas. El conocimiento de las respuestas garantiza una asimilación válida de los principales contenidos.

- **Textos para comentar**. Pueden dar pie a lecturas formativas o a ejercicios (guiados por un profesor).

8. Se dispone al final de una **bibliografía básica** y sencilla de los principales documentos que pueden servir para ampliar el contenido de la materia.

PRESENTACIÓN

Durante su prisión en Roma, poco antes de su martirio, el Apóstol san Pedro escribió dos cartas a los cristianos del Asia Menor, muchos de los cuales eran conversos del paganismo. En la primera de ellas, les alienta a imitar a Cristo, soportando con paciencia y alegría las tribulaciones surgidas por su condición de cristianos. En un pasaje de la carta, les exhorta a dar testimonio de su fe en Jesucristo: "Estad **siempre dispuestos a dar respuesta a todo el que os pida razón de vuestra esperanza**" (1 *P* 3, 15). No solo se trata de mantenerse fieles en las adversidades, sino también de profundizar en su fe para poder dar razón de ella.

Dar "razón de vuestra esperanza" es una responsabilidad que atañe a la Iglesia y a todos los cristianos, constituyendo también el núcleo –la **Carta magna**– de la Teología Fundamental. Este manual aspira a contribuir a la misión evangelizadora de la Iglesia, dirigida a infundir la alegría del Evangelio en quienes se encuentran con Jesús (Francisco, Ex. Ap. *Evangelii gaudium*, 1).

El volumen consta de diez temas. Después de un **tema introductorio** (Tema 1) sobre la identidad, evolución histórica, objeto y método de la Teología Fundamental, se presentan tres secciones temáticas.

La primera se centra en la **revelación** cristiana (Tema 2), su **transmisión** en la Iglesia (Tema 3) y su relación con las **religiones no cristianas** (Tema 4). La segunda sección aborda la naturaleza de la **fe** (Tema 5), sus **dimensiones y propiedades** esenciales (Tema 6), y analiza el fenómeno de la **increencia** (Tema 7). Finalmente, la tercera sección examina la **credibilidad** de la revelación cristiana. Se explora la noción teológica de credibilidad y el acceso histórico a **Jesucristo** (Tema 8), para pasar después al estudio de la figura de Cristo como **signo primordial de credibilidad**, considerando las enseñanzas y la conducta de Jesús, así como la cuestión crucial de su **muerte y resurrección** (Tema 9). Para concluir, analizamos la **credibilidad de la Iglesia** de Cristo, atendiendo tanto a su origen y fundación, como a la nota de la santidad (Tema 10).

Para la elaboración de este manual, me he servido de ideas y enfoques de varios autores mencionados en la bibliografía final y a lo largo del texto. En particular, soy deudor de la sabiduría del profesor César Izquierdo, mi estimado amigo y maestro, cuya obra *Teología Fundamental* (Eunsa, 2015, 4ª ed.) ha servido como base general de este trabajo. A Don César y a todas las personas que han colaborado de diversas maneras en este proyecto, les expreso mi más sincero reconocimiento y profundo agradecimiento.

SIGLAS

Documentos del Concilio Vaticano II (1962-1965)

AA *Apostolicam actuositatem*, Decreto sobre el apostolado de los seglares (18.11.1965).

AG *Ad Gentes divinitus*, Decreto sobre la actividad misionera de la Iglesia (7.12.1965).

DH *Dignitatis humanae*, Declaración sobre la libertad religiosa (7.12.1965).

DV *Dei Verbum*, Constitución dogmática sobre la divina revelación (18.11.1965).

GS *Gaudium et spes*, Constitución pastoral sobre la Iglesia en el mundo actual (7.12.1965).

LG *Lumen gentium*, Constitución dogmática sobre la Iglesia (21.11.1964).

NA *Nostra aetate*, Declaración sobre las relaciones de la Iglesia con las religiones no cristianas (28.10.1965).

PO *Presbyterorum ordinis*, Decreto sobre el ministerio y vida de los presbíteros (7.12.1965).

SC *Sacrosanctum concilium*, Constitución sobre la sagrada liturgia (4.12.1963).

UR *Unitatis redintegratio*, Decreto sobre el ecumenismo (21.11.1964).

Otras

CEC *Catecismo de la Iglesia Católica* (11.10.1992).

D H. Denzinger – P. Hünermann, *El magisterio de la Iglesia. Enchiridion symbolorum, definitionum et declarationum de rebus fidei et moribus*, Barcelona: Herder, 1999.

RM S. Juan Pablo II, Encíclica *Redemptoris missio* (1990).

| TEMA 1 | # REVELACIÓN Y FE, NOCIONES FUNDAMENTALES DEL CRISTIANISMO |

La Teología Fundamental es una disciplina teológica reciente, pero que ha venido preparándose desde muy atrás. Ya en la Sagrada Escritura se advierte que "dar razón de la esperanza" forma parte de la misión de la Iglesia y de la vocación cristiana. Y también desde los primeros siglos del cristianismo conocemos la gran actividad de los padres apologistas para defender la fe cristiana frente a las críticas y acusaciones de los emperadores y los intelectuales de su tiempo. Como disciplina teológica, el precedente inmediato de la Teología Fundamental es la denominada **Apologética** –del griego "apología" (*ἀπολογία*) que significa **defensa, justificación**–, predominante en el siglo XIX, como veremos en este tema introductorio.

SUMARIO

1. Origen de la Teología Fundamental · **2. Desarrollo histórico** 2.1. Nuevo Testamento 2.2. Padres de la Iglesia hasta el siglo V 2.3. Edad Media 2.4. El humanismo y la Reforma 2.5. Siglos XVII-XVIII 2.6. Siglo XIX 2.7. Crisis de la "apologética manualística" y nacimiento de la Teología Fundamental · **3. Objeto y método** 3.1. Objeto 3.2. Método

1. Origen de la Teología Fundamental

El **origen real** de la Teología Fundamental está en el dinamismo de la fe que lleva al creyente a preguntarse sobre la revelación de Dios y sobre su creer. Se trata de una actitud teológica espontánea del creyente: es la fe que busca entender (*fides quaerens intellectum*). La Teología Fundamental surge, por tanto, del **diálogo interior y reflexivo** entre la fe cristiana y la razón del creyente. Este diálogo interior se prolonga en el **diálogo con el otro**, puesto que la fe posee una intrínseca dimensión social y evangelizadora: la fe no es meramente individual ni solo interior; y además está llamada a convertirse en anuncio de salvación para todos los hombres.

Cuando los seguidores de Jesús anunciaban a judíos y gentiles el Evangelio, apelaban a la coherencia de su mensaje y a la racionalidad de sus oyentes, buscando confirmar que la fe en Jesucristo estaba sólidamente fundada.

El **origen histórico** de la Teología Fundamental hay que situarlo a partir del siglo XIX –y plenamente en el XX– como una nueva orientación de la antigua Apologética, de carácter excesivamente racionalista, defensivo y polémico. No se trata solo de un cambio de nombre, sino de una nueva comprensión de su tarea, motivada por la evolución de la cultura, de la ciencia y del pensamiento filosófico y teológico. La necesidad de perfilar la identidad de la nueva disciplina provoca que durante cierto tiempo los teólogos fundamentales alberguen algún recelo frente a todo lo que pudiera ser considerado como "apologética". Sin embargo, después de un cierto distanciamiento, la Teología Fundamental contemporánea está recuperando, de una u otra forma, la necesaria dimensión apologética que la caracteriza.

2. Desarrollo histórico

2.1. Nuevo Testamento

Los libros del Nuevo Testamento no son escritos directamente apologéticos, pero dan razón de la fe al mostrar a judíos y paganos que Jesús es el Mesías y la Verdad revelada de Dios.

> En Cristo se cumplen las profecías del Antiguo Testamento; su autoridad y sus obras poderosas son motivos que llevan a creer en Él. (*Jn* 2, 23; 9, 32-33; 10, 41). En los Hechos de los Apóstoles se acentúa el valor demostrativo de las apariciones de Jesús después de la resurrección (*Hch* 2, 32; 3, 15; 10, 40; etc.). En el discurso del Areópago (*Hch* 17), san Pablo establece una relación entre la religión de los atenienses –su culto al "Dios desconocido"– y su propia predicación, que se presenta

como la verdad profunda de aquella. En la Primera Carta de san Pedro se halla el texto emblemático al que ya nos hemos referido: "… siempre dispuestos a dar razón de la esperanza a quien os pida cuentas de ella" (1 P 3, 15).

En resumen, el anuncio de Jesucristo que se hace en el Nuevo Testamento está perfectamente situado, en la medida que tiene en cuenta a los oyentes concretos a cuya racionalidad apela como camino para llegar a la fe. Este anuncio incorpora un aspecto de defensa cuando es necesario, y siempre confirma a los cristianos en la sólida fundamentación de su fe.

2.2. Padres de la Iglesia hasta el siglo V

En el **siglo II**, la apologética se desarrolla notablemente, debido a la difusión del cristianismo y al inicio de las persecuciones contra los cristianos. Los **padres apologistas** (san Justino, Atenágoras, etc.) redactan escritos de defensa dirigidos a tres tipos de destinatarios: a) los emperadores y autoridades civiles, en defensa de las acusaciones lanzadas contra los cristianos; b) los judíos y los paganos, para convencerlos de sus errores y defenderse de sus ataques; y c) los mismos cristianos, para confirmarlos en la fe en medio de las pruebas. Escritos de este tipo son las dos *Apologías* de san Justino, así como su *Diálogo con el judío Trifón*, y la *Súplica en favor de los cristianos* de Atenágoras.

> Del **siglo III** destacan las figuras de Minucio Félix (*Octavio*) y Tertuliano (*Apología*), entre los latinos, y de san Clemente de Alejandría (*Protréptico*) y Orígenes (*Contra Celso*) entre los griegos. Eusebio de Cesarea, en el *siglo IV*, es el autor de dos obras con títulos significativos: *Preparación evangélica*, en respuesta a Porfirio, y *Demostración evangélica,* en la que propone una lectura cristológica de las Escrituras hebreas. Entre los latinos sobresalen en este tiempo san Ambrosio y Lactancio, autores de apologías literarias dirigidas a personas cultas.

En el **siglo V** aparece en Occidente la figura de **san Agustín** (354-430), que escribe contra el escepticismo y el maniqueísmo (*De la verdadera religión* y *De la utilidad de creer*), y propone una visión teológica de la historia en *La Ciudad de Dios*. Su capacidad de análisis del espíritu humano junto a su fuerza literaria, le han convertido en uno de los principales apologistas del cristianismo, punto de referencia constante para todo intento de legitimación de la fe, especialmente a través de la vía afectiva y de la interioridad.

2.3. Edad Media

En la **sociedad cristiana** medieval (*societas christiana*) decae el impulso apologético por falta de adversarios. Durante mucho tiempo, los únicos no cristianos conocidos son los judíos y los sarracenos, los cuales, sin embargo, participan en cierto modo de la común herencia hebrea. La apologética no les consideraba como paganos sino como infieles y frecuentemente se dirigía a ellos de forma polémica y combativa.

> **San Isidoro de Sevilla** (560-636), **san Pedro Damián** (1007-1072), **san Pedro el Venerable** (+1156) (*Contra la inveterada obstinación de los judíos, Contra la secta o herejía de los sarracenos),* son autores de escritos antijudíos y antimusulmanes. No faltaron entonces, sin embargo, autores que buscaban formas de diálogo con los judíos y los musulmanes, como el dominico catalán **Raimundo Martí**, autor de dos importantes escritos: *Explanatio symboli apostolorum* (1257), donde expone los artículos fundamentales de la fe cristiana de forma convincente para los judíos y sarracenos, y, sobre todo, la *Pugio fidei* (completada en 1278), obra de extraordinaria erudición dirigida a convertir a los infieles. En esta época destacan también los diálogos y disputas escritas por el mallorquín **Ramon Llull** (1232-1316).

Por su parte, la obra de **san Anselmo de Canterbury** (1033-1109) es un intento original de relacionar lo creído con las razones que lo apoyan. **Santo Tomás de Aquino** (c. 1225-1274), por su parte, contribuye notablemente al desarrollo de la apologética.

> En la *Suma contra gentiles* distingue las verdades sobre Dios que son accesibles a la razón (libros I-III) y las verdades reveladas por Dios que exceden el alcance del entendimiento humano (libro IV). Las primeras forman el campo del conocimiento racional, accesible a toda razón capaz de llegar a conclusiones necesarias a partir de verdades evidentes. Por su parte, las verdades reveladas por Dios están contenidas en la Sagrada Escritura, y se accede a ellas a través de la autoridad de Dios. Lo que santo Tomás se propone respecto a ellas es esclarecer las verdades que en esos textos se ocultan y así defenderlas de la profanación de los infieles. No se trata de llegar a un conocimiento perfecto de esas verdades, sino de mostrar que las verdades de fe no son opuestas a la razón natural.

> Además, en la exposición que hace sobre la fe en la *Suma Teológica* (II-II, qq. 1-7), santo Tomás determina los trazos fundamentales del acto de fe, su relación con la inteligencia y la voluntad, y su estructura epistemológica. De esta forma las cuestiones epistemológicas, aunque no sistemáticamente tratadas, son objeto de reflexión (*Suma Teológica*, II-II q. 2, a. 9, ad 3).

2.4. El humanismo y la Reforma

Los descubrimientos geográficos de los siglos XIV y XV permiten a la cristiandad el conocimiento de pueblos con religiones totalmente desligadas de la tradición judeocristiana. A ello se une, durante el Renacimiento, la nueva valoración de modelos sociales y culturales precristianos, como las civilizaciones griega y romana. Ambos fenómenos plantean un nuevo contexto en el cristianismo aparece como una religión más junto a otras posibles. Este hecho lleva a algunos autores a elaborar una justificación sobre la religión cristiana como única religión verdadera, surgiendo así poco a poco los tratados sobre "la verdadera religión" (*De vera religione*).

La **Reforma protestante** incide de diversas formas en la apologética, debido a su nueva percepción sobre la relación religiosa del hombre con Dios. Pueden señalarse tres cuestiones fundamentales:

1. **La verdadera Iglesia de Cristo**. Como reacción a la crítica protestante a la Iglesia católica romana, la apologética católica desarrolla el tratado sobre "la verdadera Iglesia de Cristo" (*De vera Ecclesia Christi*) buscando demostrar que el cristianismo, como verdadera religión, solo se da plenamente en la Iglesia católica. La relación de Cristo con la Iglesia adquiere una gran importancia en la apologética posterior y, de hecho, se comienzan a elaborar desde entonces los tratados de eclesiología (*De Ecclesia*).

2. **El papel de la razón respecto de la fe**. Influenciados por la concepción luterana del pecado original y la corrupción de la naturaleza humana, los protestantes tienden a limitar el papel de la razón en el proceso de fe, tanto en su preparación como en su desarrollo. La fe se convierte entonces en puro salto y abandono, independiente de toda razonabilidad. La salvación viene por la sola fe (*sola fide*), independiente de las obras. Esta separación entre fe y razón conduce a un desarrollo autónomo de la razón, que, al separarse de la tradición debido al principio luterano de *sola Scriptura*, acaba entregada al juicio y opinión personales y, en último término, a una forma de subjetivismo.

3. **Nueva valoración de las fuentes teológicas**. El principio sobre la exclusividad de la Sagrada Escritura (*sola Scriptura*), independiente de la tradición, rechaza una interpretación autorizada de la Biblia, y entrega su comprensión e interpretación al juicio particular de cada uno.

   > La respuesta al principio de la *sola Scriptura* favorece una reflexión sobre los "lugares teológicos" (*De locis theologicis*) o "fuentes teológicas", de los que la teología puede extraer su conocimiento de la revelación. Se afirmaba así que, junto a la Escritura, también la tradición y el magisterio ocupan un puesto importante como fuentes teológicas. En esta línea, Melchor Cano (1509-1560) publica póstumamente su obra *De locis theologicis* (1563) como una criteriología teológica fundamental.

El surgimiento de los primeros signos de escepticismo y ateísmo moderno, se desarrolla una apologética en defensa de la religión, que se añade a los otros dos momentos apologéticos establecidos previamente sobre la verdadera religión y sobre la verdadera Iglesia. Se completa así el esquema apologético: 1) tratado sobre la religión (*De religione*), contra los escépticos y otros; 2) tratado sobre la verdadera religión (*De vera religione*), contra los indiferentes y no cristianos (judíos, mahometanos); y 3) el tratado sobre la verdadera Iglesia de Cristo (*De vera Ecclesia Christi*), contra protestantes y acatólicos.

> La obra *Des trois vérités*, publicada en 1594 por el católico Pierre Charron (1541-1603), incluye ya ese esquema tripartito de las tres *demostraciones* que se harán clásicas: religiosa, cristiana y católica.

2.5. Siglos XVII-XVIII

Desde el siglo XVII hasta casi el Concilio Vaticano II, los manuales de apologética conservan un esquema prácticamente inalterable, resultado de la suma de las tres *demonstrationes* (*religiosa, christiana, catholica*) y del *De locis theologicis*.

> Esos tratados van sustituyendo al comentario de la *Suma Teológica* como método de enseñanza de la teología, de manera que la ciencia teológica, enseñada hasta entonces de un modo compacto y unitario, comienza a estructurarse en disciplinas distintas.

Por otra parte, la armonía medieval entre la fe y la razón, resultado del origen común de la verdad en Dios, se rompe cuando la filosofía busca en el mismo pensamiento humano un punto de partida autónomo e independiente de toda trascendencia. La filosofía entonces se desvincula de la teología y ambas dejan de ser saberes de totalidad para convertirse en saberes regionales.

> La revalorización de la naturaleza y el uso de métodos matemáticos plantean nuevos desafíos a la teología, cuyo objeto está más allá de lo empírico. Esto provoca un cuestionamiento sobre la racionalidad de la teología, debilitándose la conexión entre fe y razón. Como consecuencia, la fe irá perdiendo progresivamente su conexión con lo racional, abriendo paso al **deísmo**, que no niega a Dios pero rechaza la revelación sobrenatural como algo imposible.

La **Ilustración** proclama la exclusividad de la razón, ya sea entendida al modo deísta, como plasmación de la necesidad y universalidad de la razón divina, o al modo panteísta, como la misma razón divina presente en el espíritu. Desde este presupuesto, se levanta una fuerte crítica contra la verdad de la revelación, al considerar que rompe la unidad de la razón, y contra su carácter histórico, al entender que los hechos contingentes no permiten establecer principios necesarios.

La filosofía de I. Kant (1724-1804) agudiza la crítica a la revelación, al limitar las formas de relación del hombre con Dios a tres modalidades: o bien el **agnosticismo**, que excluye la posibilidad misma de esa relación; o bien el **panteísmo**, que la asume hasta tal punto de anularla, al reducirla a la identidad; o bien la **reducción de la revelación a filosofía**, de la fe a conocimiento racional.

En reacción a la crítica ilustrada, la apologética asumió como tarea principal la de fundamentar la relación de la revelación cristiana con la verdad. Para ello, reforzó fuertemente el carácter de conocimiento de la fe, concebida principalmente como asentimiento de la razón a las verdades reveladas. Al mismo tiempo, la fe contaba con toda una argumentación de tipo racional, cuyo núcleo era la demostración de los motivos de credibilidad, con objeto de legitimar racionalmente a la fe en la revelación. La concentración en este tipo de argumentación contribuyó a una orientación unilateral de la apologética, que la empapó de un cierto tinte "racionalista" con escasa sensibilidad para otros aspectos de la fe no reducibles a la razón. Esta manera de afrontar teológicamente la fe cristiana y su situación en el mundo será llamada **apologética manualística** o **doctrinal**, y estará consolidada ya en el siglo XIX con unos rasgos particulares.

2.6. Siglo XIX

El siglo XIX es el "siglo de la apologética", especialmente en Francia y en Alemania. En la primera, los diversos autores intentaron responder a los problemas planteados por la Ilustración y la Revolución. La apologética estuvo muy viva, y su orientación general fue la de un **tradicionalismo** y un **fideísmo** moderados.

El **Concilio Vaticano I** constituye un hito fundamental en la historia de la apologética. En la constitución dogmática sobre la fe *Dei Filius* (1870), se ocupó de la revelación, de la fe y de las relaciones entre fe y razón, según veremos más adelante. El concilio daba una respuesta a las cuestiones que habían absorbido el interés de los apologistas en los decenios precedentes, sin alinearse con una forma determinada de hacer apologética.

2.7. Crisis de la "apologética manualística" y nacimiento de la Teología Fundamental

La llamada "**apologética manualística**" o doctrinal pretendía establecer por medio de pruebas racionales el hecho de la revelación divina de la que Jesucristo ha sido heraldo y la Iglesia el órgano autorizado. Para ello se servía de las mismas vías de argumentación con que la crítica ilustrada había tratado de impugnar el carácter sobrenatural de la revelación: argumentos filosóficos y argumentos históricos.

Este modo de proceder puso en evidencia varias limitaciones e insuficiencias de la **apologética manualística**:

1) polarización en la crítica deísta;

2) carácter predominantemente defensivo;

3) preocupación casi exclusiva por el objeto y olvido del sujeto llamado a creer;

4) pretensión de ofrecer una demostración racional rigurosa;

5) insuficiencia teológica, al limitarse a un intento meramente racional.

En la primera mitad del siglo XX, el planteamiento apologético se vio hondamente renovado gracias a la renovación de varias áreas teológicas (bíblica, litúrgica, patrística, histórica, etc.) y al influjo de nuevas corrientes filosóficas (existencialismo, personalismo, etc.). El pensamiento de autores como san John Henry **Newman** (1801-1890), Maurice **Blondel** (1861-1949) o Pierre **Rousselot** (1878-1915), ayudaron también a preparar el terreno adecuado para la transformación de la Apologética en la nueva disciplina teológica que, sobre todo después del Vaticano II, conocemos como Teología Fundamental.

3. Objeto y método

3.1. Objeto

De un modo general puede afirmarse que el objeto de estudio de la Teología Fundamental es la "revelación de Dios - para el hombre".

La "revelación de Dios" en cuanto tal es el objeto primario de nuestro estudio. La **revelación** no es solo un concepto *a priori*, que se determina formalmente, sino que constituye la **autocomunicación y automanifestación personal y libre de Dios a los hombres**. Dios sale al encuentro del hombre para salvarle e introducirle en su vida divina. Lo hace por medio de la revelación de la persona, las obras y las palabras de Jesús de Nazaret, el Cristo, contenido y plenitud de la revelación de Dios. Lo que Dios da a conocer al revelarse va mucho más allá de lo que sobre Él puede afirmar el pensamiento humano.

Junto a la revelación va necesariamente la **fe**, y concretamente el **acto de fe** con el que el hombre responde acogiendo la acción reveladora de Dios. El acto de fe entra, pues, de modo natural en el objeto primario de la Teología Fundamental porque gracias a él se puede hablar de revelación.

Cuando hablamos del "para el hombre" de la revelación, nos referimos a una propiedad de la revelación a la que denominamos **credibilidad**, cuyo estudio forma parte también del objeto de la Teología Fundamental. La revelación, para ser identificada como tal y no como una realidad del mundo, tiene que mostrar su origen divino y al mismo tiempo su destino humano.

> La credibilidad de la revelación nos habla de que hay simultáneamente continuidad y discontinuidad entre la revelación y el espíritu humano o, dicho de otro modo: la noción de credibilidad expresa que la revelación es una realidad distinta de la luz de la razón, pero que, al mismo tiempo, existe para ser recibida como tal revelación por el hombre. Además, la credibilidad no solo le otorga a la revelación coherencia interna o plausibilidad, sino que también ofrece al hombre histórico una respuesta de sentido adecuada a su razón, que es también una apelo a su respuesta en la fe. A través de su credibilidad la revelación se sitúa en el interior del dinamismo del espíritu humano, iluminándolo y dándole su culminación.

3.2. Método

La dimensión dogmática y la dimensión apologética se entrecruzan e iluminan en el desarrollo de la Teología Fundamental. Por ello, esta área teológica estudia su objeto (revelación, fe y credibilidad) a través de la concurrencia del método **teológico-dogmático** y el método **apologético**.

- El método de la Teología Fundamental es esencialmente **teológico-dogmático**. Esto implica un estudio de la revelación no ya como una noción abstracta, sino en su realidad dogmática concreta, la que procede de la misma revelación conocida a la luz de la Escritura y la tradición, recibida e interpretada en la fe de la Iglesia, como fuentes del conocimiento teológico.

- En la práctica, es necesario acudir también al **método apologético**, sobre todo al tratar de la credibilidad de la revelación. La finalidad de este método es acreditar a Jesucristo en la Iglesia como garante y fundamento último de credibilidad de la revelación.

La credibilidad se determina también dogmáticamente, es decir, a partir de la revelación recibida en la Iglesia; pero en la medida en que incorpora la dimensión de diálogo y de defensa de la fe, y valora la significatividad de la revelación, debe tener en cuenta el contexto concreto de ese diálogo y esa significatividad. En este sentido, el método apologético busca también un discurso válido para aquellos que no tienen fe.

> A través del método apologético, el teólogo fundamental trata de presentar los fundamentos racionales de la fe cristiana según un discurso válido para el no creyente. Sin embargo, al ejercer esta tarea no se sitúa en una posición metódicamente aséptica, sino que procede según el creyente que no prescinde de su fe. El método apologético debe evitar tanto el **fideísmo** como el **extrinsecismo** o **racionalismo**. El primero solo reconoce valor a las verdades provenientes de la fe; el segundo se fija únicamente en los argumentos racionales y abstractos, sin tener en cuenta al sujeto concreto, es decir, a la persona creyente o llamado a creer.

A los métodos anteriores hay que añadir un cierto empleo del **método fenomenológico** para el análisis del espíritu del hombre llamado a creer. Si a toda teología se le exige una mirada atenta y viva a la realidad, esta exigencia se hace particularmente acuciante en el caso de la Teología Fundamental por estar llamada a "dar razón de la esperanza" a los hombres de cada época. Ello requiere contar con los datos provenientes de un estudio del hombre a la luz de la revelación (antropología teológica), junto con un cierto análisis fenomenológico del espíritu humano a la luz de las concepciones antropológicas vigentes en la cultura del momento.

Ejercicio 1. Vocabulario

Identifica el significado de las siguientes palabras y expresiones usadas en el tema:

- Apologética
- Apología
- *Fides quaerens intellectum*

- Deísmo
- Racionalismo

Ejercicio 2. Guía de estudio

Contesta a las siguientes preguntas:

1. ¿Qué es la Teología Fundamental? Señalar su objeto y su método de estudio.
2. Señalar las tres partes fundamentales en las que se estructuran los manuales de apologética a partir del siglo XVII.
3. Indicar las principales insuficiencias de la **apologética manualística**.

Ejercicio 3. Comentario de texto

Lee el siguiente texto y haz un breve comentario personal utilizando los contenidos aprendidos en el tema:

«La teología fundamental, por su carácter propio de disciplina que tiene la misión de dar razón de la fe (cf. 1 *P* 3, 15), debe encargarse de justificar y explicitar la relación entre la fe y la reflexión filosófica. Ya el Concilio Vaticano I, recordando la enseñanza paulina (cf. *Rm* 1, 19-20), había llamado la atención sobre el hecho de que existen verdades cognoscibles naturalmente y, por consiguiente, filosóficamente. Su conocimiento constituye un presupuesto necesario para acoger la revelación de Dios. Al estudiar la Revelación y su credibilidad, junto con el correspondiente acto de fe, la teología fundamental debe mostrar cómo, a la luz de lo conocido por la fe, emergen algunas verdades que la razón ya posee en su camino autónomo de búsqueda. La Revelación les da pleno sentido, orientándolas hacia la riqueza del misterio revelado, en el cual encuentran su fin último. Piénsese, por ejemplo, en el conocimiento natural de Dios, en la posibilidad de discernir la revelación divina de otros fenómenos, en el reconocimiento de su credibilidad, en la aptitud del lenguaje humano para hablar de forma significativa y verdadera incluso de lo que supera toda experiencia humana. La razón es llevada por todas estas verdades a reconocer la existencia de una vía realmente propedéutica a la fe, que puede desembocar en la acogida de la Revelación, sin menoscabar en nada sus propios principios y su autonomía. Del mismo modo, la teología fundamental debe mostrar la íntima compatibilidad entre la fe y su exigencia fundamental de ser explicitada mediante una razón capaz de dar su asentimiento en plena libertad. Así, la fe sabrá mostrar "plenamente el camino a una razón que busca sinceramente la verdad. De este modo, la fe, don de Dios, a pesar de no fundarse en la razón, ciertamente no puede prescindir de ella; al mismo tiempo, la razón necesita fortalecerse mediante la fe, para descubrir los horizontes a los que no podría llegar por sí misma"». San Juan Pablo II, Enc. *Fides et ratio*, n. 67.

TEMA 2

LA REVELACIÓN DE DIOS EN JESUCRISTO

La noción de revelación implica una verdad fundamental: **Dios ha hablado en la historia**, se ha autocomunicado personalmente al hombre por medio de hechos y palabras. Esta revelación, que tiene su plenitud en Cristo, es transmitida en la Iglesia desde sus orígenes, con el fin de que los hombres y las mujeres de todos los tiempos puedan sentirse interpelados por ella y encontrar así la salvación. Para ahondar en su significado teológico, nos interesa conocer cómo ese fenómeno ha sido referido en la Sagrada Escritura, comprendido y descrito en la tradición, e interpretado en el magisterio y en la reflexión teológica.

> Para el estudio de este tema conviene leer atentamente las enseñanzas de la constitución dogmática *Dei Verbum*, 2, 3 y 4, y del *Catecismo de la Iglesia Católica*, 50-73.

SUMARIO

1. ¿Qué se entiende por "revelación"? 1.1. Acercamiento bíblico y patrístico 1.1.1. La revelación en la Sagrada Escritura 1.1.2. La revelación según los padres de la Iglesia 1.2. Comprensión de la revelación en la tradición teológica 1.3. La revelación en el magisterio de la Iglesia • **2. Revelación e historia** 2.1. Tiempo e historia de la salvación 2.2. La revelación cósmica: la Palabra creadora 2.3. Revelación histórica 2.3.1. Revelación primitiva 2.3.2. Palabra de la alianza 2.3.3. Palabra profética • **3. Cristo, mediador y plenitud de la revelación** 3.1. Cristo, mediador perfecto 3.2. Cristo, revelación plena de Dios 3.2.1. Plenitud de la Palabra creadora 3.2.2. Plenitud de la Palabra de la alianza 3.2.3. Plenitud de la Palabra profética 3.2.4. Plenitud de los tiempos 3.3. Revelación y encarnación 3.4. La revelación en la cruz y en la resurrección • **4. La acción del Espíritu Santo en la revelación cristiana**

En su acepción general, "**revelar**" significa desvelar, retirar el velo que escon-de algo, con objeto de manifestar lo que estaba oculto. En teología emplea-mos el concepto de **revelación** para expresar que Dios ha manifestado a los hombres algunas cosas que estaban veladas y escondidas, referentes tanto al propio misterio divino como al hombre y al mundo. Para perfilar esta noción es preciso conocer los datos que ofrecen las principales fuentes teológicas, es decir, la Sagrada Escritura, los padres de la Iglesia, la tradición teológica y las enseñanzas magisteriales de la Iglesia.

1.1. Acercamiento bíblico y patrístico

1.1.1. *La revelación en la Sagrada Escritura*

En el **Antiguo Testamento** no hay un único término para designar la revela-ción divina, sino un conjunto de aspectos, sucesos, palabras, etc. Dios se revela de dos formas principales:

1) Como una **presencia**: son las **teofanías** (manifestaciones de Dios). Un ejemplo es la gloria de Yahvé mostrada a Moisés el Sinaí (*Ex* 24,16 ss.), o los acontecimientos históricos relacionados con la salida de Egipto del Pueblo de Israel (*Sal* 77,15-21).

2) Primordialmente, como la **palabra de Dios** (*dabar Yahvé*). Esta palabra tie-ne una doble dimensión: **noética** (de conocimiento, por la cual Dios comu-nica algo al hombre) y **dinámica** (en referencia a su eficacia salvadora). La palabra de Dios es salvadora y eficaz: no solo expresa una idea, sino que realiza lo que significa.

Son tres las formas principales de la palabra de Dios en el Antiguo Testamento:

a) **Palabra creadora**: es la revelación natural o cósmica. Dios se revela a tra-vés de la obra de la creación y sus huellas permanecen en la naturaleza creada.

b) **Palabra de la alianza**: es la revelación por medio de la promesa y de la ley. La revelación de Dios en el Sinaí es el centro de la revelación de Israel.

c) **Palabra profética**: es la revelación de Dios a través de los profetas. Además de un recuerdo constante de la alianza, es también revelación progresiva de Dios que culminará en la encarnación del Verbo.

En el **Nuevo Testamento** tampoco hay un solo término que abarque todos los aspectos de la revelación divina. Pero la gran novedad está en que Dios se ha manifestado a través de su Verbo eterno (*Logos Theou*) que se ha hecho carne. **La revelación de Dios es Jesucristo**: su persona, sus palabras y los hechos de su vida son revelación del Padre. Cada libro del Nuevo Testamento se refiere a la acción reveladora de Dios a través de un vocabulario y unos rasgos particulares.

> En los **Evangelios Sinópticos**, la revelación de Dios en Jesucristo se expresa principalmente a través de la predicación y la enseñanza. "Predicar" se refiere a la proclamación general del Reino de Dios, mientras que "enseñar" implica instruir en los misterios de la fe y los preceptos morales de manera más detallada. **San Pablo** utiliza los términos "misterio" y "evangelio" para presentar el núcleo de la revelación, destacando que el misterio de Dios revelado en Cristo constituye la buena nueva de la salvación. En sus escritos, el Apóstol subraya cómo los apóstoles comunican la palabra (*logos*), la predicación (*kerigma*), el testimonio (*martiria*), el misterio (*mysterion*), el evangelio (*evangelion*). En los escritos de **San Juan**, se privilegian términos que relacionan la revelación con el testimonio, destacando especialmente la introducción del término "logos", cuyo origen se encuentra en el *dabar* bíblico, para referirse a Cristo, el *Logos* encarnado, quien da testimonio del Padre y revela la verdad.

1.1.2. *La revelación según los padres de la Iglesia*

Los escritos patrísticos de los tres primeros siglos no contienen una reflexión sistemática sobre la revelación, puesto que entonces el interés principal de los padres es sobre todo pastoral. En cualquier caso, la persona de Jesucristo ocupa el centro de todas sus enseñanzas. Una comprensión global sobre la revelación en los padres de la Iglesia puede sintetizarse en los siguientes principios (R. Latourelle, *Teología de la revelación*):

1) **Dios ha salido de su misterio y se ha manifestado a los hombres**, primero al pueblo judío a través de la Ley y los profetas, y posteriormente a toda la humanidad por medio de Cristo.

2) Existe un **conocimiento natural** de Dios fuera de la revelación. Se trata de un conocimiento débil e imperfecto, a través del mundo visible y de la conciencia. A él se refiere san Clemente de Alejandría cuando habla del "Tercer testamento" (Filosofía griega).

3) Hay **unidad** y **progreso** entre el Antiguo y el Nuevo Testamento. Los padres responden así tanto a los judaizantes, que daban prioridad al Antiguo Testamento, como a los marcionitas, que rechazaban el Antiguo por oposición al Nuevo.

4) Existe una **economía** de la revelación que tiene lugar mediante una **pedagogía** divina (san Ireneo, san Clemente, etc.). Dios ha ido preparando gradualmente al hombre, especialmente al Pueblo de Israel, para recibir su revelación.

> La palabra "economía" (*oikonomia*) proviene de las palabras griegas "oikos" (casa) y "nomos" (ley). Los padres de la Iglesia la aplicaron a la revelación cristiana, significando el plan de salvación, infinitamente sabio, trazado por Dios y realizado sabiamente por Él en la historia.

5) La revelación es **histórica**: se realiza en un tiempo y en un espacio determinados. Los principales hitos de la revelación son: a) preparación (Ley y profetas); b) venida del Verbo encarnado; c) misión de los apóstoles; d) expansión por el mundo, realizada por la Iglesia.

La revelación se inserta en la historia a través de **mediadores**: en el Antiguo Testamento son, sobre todo, los **profetas**; en el Nuevo Testamento son, a distintos niveles, **Cristo** y los **apóstoles**.

"Los apóstoles nos predicaron el Evangelio de parte del Señor Jesucristo; Jesucristo fue enviado de Dios. En resumen, Cristo de parte de Dios, y los apóstoles de parte de Cristo: una y otra cosa sucedieron ordenadamente por voluntad de Dios" (San Clemente Romano, *Ad Romanos* 42, 1-3).

También la **Iglesia** es mediadora en la recepción de la revelación porque ella la ha recibido de los apóstoles y, mediante ellos, de Cristo y de Dios (Tertuliano, *De praescriptione haereticorum* 37, 1).

6) **Jesucristo** es el centro de la revelación divina: Él *es* la revelación y el revelador de Dios, quien hace visible al Dios invisible, la palabra que brota del silencio (San Ignacio de Antioquía, *Ad Magnesios* VIII, 2).

7) La **apostolicidad** es el criterio indicador de la interpretación auténtica de la revelación: solo es revelación auténtica la que ha sido recibida de Cristo a través de los apóstoles, y transmitida por sus sucesores.

8) Hay numerosos términos para referirse a la revelación objetiva, por ejemplo: "sabiduría", "palabra de Dios", "revelación divina", "palabra de Cristo", "palabra de justicia", "palabra de la cruz", "evangelio", "predicación evangélica" o "apostólica", "misterio", "mandatos de Dios", "prescripciones", "enseñanzas", "doctrinas", "regla de la fe", "regla de verdad", "regla católica", "tradición", "depósito", etc.

9) La revelación posee una **doble dimensión**: **externa**, por ser palabra de verdad y salvación que Cristo comunica al hombre; e **interna**, referida a la acción del Espíritu Santo que con su gracia fecunda esa palabra en el interior del hombre.

10) El fruto de la revelación no es solo conocimiento de la **verdad** (padres apologistas), sino también comunicación de **sabiduría y vida** (padres alejandrinos y capadocios).

11) **Condescendencia divina** (*temporalis dispensatio*): al revelarse, Dios se ha adaptado a las circunstancias de la humanidad entera, como manifestación de su bondad.

12) **Unidad de la revelación**. La revelación ha de ser concebida como un todo que se transmite en la Iglesia. Las doctrinas extrañas que contrastan con esa unidad son las "novitates" (herejías), y han de ser rechazadas. El criterio que aparece pronto como indicador de la interpretación auténtica de la revelación es el de la apostolicidad, que va formando la "regla de fe" (*regula fidei*), es decir, la ordenación de verdades que deben ser creídas.

1.2. Comprensión de la revelación en la tradición teológica

La noción de revelación se ha ido precisando en la historia de la teología, sobre todo a partir de la Edad Media. La decadencia de la baja Escolástica da paso a la evolución del concepto en los siglos XIV y XV. Un momento clave en la historia posterior es la propuesta de Lutero, con la que se inaugura un pensamiento religioso radicalmente distinto. Tras la Ilustración y la respuesta apologética -examinadas en el tema anterior- da inicio una renovación de la teología católica sobre la revelación y la fe, que culminará con la enseñanza del Concilio Vaticano II.

En la **Edad Media**, la revelación se asocia principalmente con la Sagrada Escritura, ya que aún no hay una reflexión completa sobre el papel de la tradición en la Iglesia. La influencia de la filosofía aristotélica en este período lleva a concebir la revelación en términos de su relación negativa con la razón, entendiendo lo revelado como aquello cuya verdad está más allá del alcance de la razón y es independiente de ella. Sin embargo, no se ve a la razón y la revelación como entidades completamente separadas: la revelación complementa la razón, y aunque la razón no puede demostrar lo revelado, puede ofrecer razones de conveniencia que fundamentan la credibilidad de esas verdades. Este enfoque, ejemplificado en la teología de santo Tomás de Aquino, destaca el aspecto cognoscitivo de la revelación, concebida como **doctrina sagrada**, verdad de fe y **enseñanza**, con un énfasis en su carácter **trascendente** y **salví-fico** que enfatiza la gratuidad de la revelación divina.

La **Reforma luterana**, aunque no introduce directamente un nuevo concepto de revelación, impacta profundamente en esta noción, generando la reacción del Concilio de Trento. Tres aspectos destacados en la interpretación protestan-te influyen en la idea de revelación: 1) una **reducción del papel de la razón** en el conocimiento de Dios, priorizando la revelación de Jesucristo; 2) el **carácter fiducial de la fe**: la única fe que justifica es la "fe-confianza", aquella mediante la cual el hombre se confía plenamente a Dios; 3) el principio de **sola Escritura** (*sola Scriptura*), según el cual la Escritura es soberana y cuya interpretación re-cae en cada individuo con la ayuda interior del Espíritu Santo, prescindiendo de la mediación de la Iglesia. Estos presupuestos, al resaltar la trascendencia de la revelación y descuidar la mediación eclesial, pueden propiciar el subjeti-vismo y el racionalismo en la comprensión de la revelación y la fe.

Entre los **siglos XVIII y XX**, el concepto teológico de revelación cristiana se explicita. El racionalismo de la Ilustración critica la posibilidad de la revela-ción y niega el carácter veritativo de la fe. En este período, la concepción de Dios adopta formas deísta o panteísta, ambas negando la posibilidad de la revelación. El **deísmo** sostiene que Dios creó el mundo con plena autonomía y leyes necesarias, desvinculándose por completo de él. Para los ilustrados en la naturaleza operaría la necesidad y la universalidad que, según ellos, serían los atributos más propios de Dios. Pero esta visión contradice la idea de una reve-lación divina libre e histórica, quedando así disuelta en la práctica o reducida a algo cercano a lo irracional. La apologética católica reacciona enérgicamente frente a esta postura para defender el carácter cognoscitivo de la fe, pero en su intento descuida otros aspectos de la revelación divina, como su carácter histórico o su dimensión personal.

En los **siglos XIX y XX**, la noción de revelación se desarrolla y clarifica gracias a diversas contribuciones teológicas. En el siglo XIX, destacan autores de la Escuela de Tubinga como J. S. **Drey** (1777-1853) y J. A. **Möhler** (1796-1838) en Alemania, que ven la revelación como verdad y realidad histórica y social: y también John Henry **Newman** (1801-1890) en Inglaterra, quien la describe como misterio, economía y doctrina de autoridad. En la primera mitad del siglo XX, varios teólogos influidos por la fecunda renovación teológica de este periodo (bíblica, patrística, litúrgica, ecuménica, etc.), como L. **De Grandmai-son** (1868-1927), R. **Garrigou-Lagrange** (1877-1964), J. **Mouroux** (1901-1973), H. **De Lubac** (1896-1991), J. R. **Geiselmann** (1890-1970), Y. M.-J. **Congar** (1904-

1995), K. **Rahner** (1904-1984), enriquecen la comprensión de la revelación cristiana desde diversas perspectivas.

En el periodo anterior al **Concilio Vaticano II**, ya se perfilan las líneas fundamentales de una nueva teología de la revelación sucesora de la antigua apologética. La revelación es presentada por los teólogos como una realidad divina entendida esencialmente como verdad e historia, gracia y salvación, palabra y encuentro, realidad personal y eclesial. Estos aspectos (**cristocentrismo, historicidad** y **sacramentalidad**), presentes en *Dei Verbum*, ya habían sido objeto de estudio en la teología previa al concilio (R. Fisichella, *La teología de la revelación*).

1.3. La revelación en el magisterio de la Iglesia

El magisterio de la Iglesia se ha ocupado de la revelación sobre todo en los siglos XIX (Concilio Vaticano I, 1869-1870) y XX (Concilio Vaticano II, 1962-1965), aunque ya en el Concilio de Trento (1545-1563) ofreció unas enseñanzas importantes para su comprensión católica, en respuesta y diálogo con los protestantes.

a) El **Concilio de Trento** no aborda de manera sistemática el tema de la revelación, pero subraya elementos importantes sobre la Escritura y la tradición, para hacer frente a la doctrina protestante atenta exclusivamente a la Escritura (D. 1501). Al mismo tiempo, Trento se ocupa de la naturaleza de la fe (*Decreto sobre la justificación*).

Podemos resumir esas enseñanzas en los siguientes puntos:

1) La revelación –a la que el concilio designa con el término "**Evangelio**"– es la doctrina **anunciada** por los profetas, **promulgada** por Jesucristo, **transmitida** por los apóstoles a toda criatura y **conservada** en la Iglesia por inspiración del Espíritu Santo;

2) La verdad salvífica y la ley del obrar moral, cuya fuente única es el "Evangelio", se contiene en los libros sagrados y en las tradiciones no escritas que arrancan de Jesucristo. El concilio afirma que recibe con igual piedad y reverencia los libros del Antiguo y del Nuevo Testamento, y las tradiciones no escritas que provienen de la boca de Cristo o del dictado del Espíritu Santo, y se conservan en la Iglesia católica mediante la sucesión apostólica.;

3) La fe con la que el hombre responde a la revelación es un asentimiento a la verdad de lo que Dios ha manifestado.

b) El **Concilio Vaticano I** no pretende exponer una doctrina completa sobre la revelación divina, sino solamente aclarar aquellos algunos puntos que habían sido oscurecidos o negados por el **semirracionalismo** y el **fideísmo** de la época, en su diverso modo de posicionarse ante el pensamiento moderno. Las principales enseñanzas sobre la revelación, contenidas principalmente en la constitución dogmática *De fide catholica* (24.04.1870), capítulo 2 (*Sobre la revelación*), pueden sintetizarse así:

1) Afirmación de la **cognoscibilidad natural de Dios**: "Dios principio y fin de todas las cosas, puede ser conocido con certeza por la luz natural de la razón humana partiendo de las cosas creadas" (D. 3004).

2) Existencia de una **revelación sobrenatural**, fruto de sabiduría y bondad divinas:

   La revelación es presentada como acción **manifestativa** y **personal** de Dios a través de dos atributos divinos: la sabiduría y la bondad. De esta manera, el concilio intenta poner de manifiesto que la revelación es un acto de amor (bondad) y de enseñanza (sabiduría); es un acto de transmisión del conocimiento que Dios tiene de Sí mismo y de su designio salvador sobre los hombres.

3) Respecto al **contenido de la revelación**, este concilio señala que la revelación incluye:

   • **verdades cognoscibles en sí para la razón**, que han sido reveladas para que puedan ser conocidas "por todos, aun en la condición presente del género humano, de modo fácil, con firme certeza y sin mezcla de error alguno" (D. 3005).

   • **verdades sobrenaturales**, contenidas en la Escritura y en la tradición, que le son absolutamente necesarias al hombre para participar de los bienes divinos a los que está llamado, que superan absolutamente a la inteligencia humana.

En resumen, según el Concilio Vaticano I, la revelación muestra la verdad sobrenatural de Dios, que supera las posibilidades de la razón humana. Destaca además el carácter salvífico de la revelación, derivado de la bondad divina y necesario para que el hombre participe en los bienes divinos a los que está destinado por su elevación al orden sobrenatural.

c) El **Concilio Vaticano II** ofrece una enseñanza magisterial bastante completa y detallada sobre la revelación, principalmente en la constitución dogmática *Dei Verbum* (18.11.1965). El contexto histórico y teológico de sus enseñanzas es más pacífico y menos polémico que el de los concilios de Trento y Vaticano I, y se beneficia de las contribuciones teológicas del siglo XX y de documentos magisteriales sobre la Biblia, surgidos a partir de la encíclica de León XIII, *Providentissimus Deus* (18.11.1893), sobre los estudios bíblicos.

1) Las enseñanzas sobre la revelación cristiana y su transmisión se concentran respectivamente en los dos primeros capítulos de **Dei Verbum**, que sigue un esquema propiamente teológico: examina primero la revelación, después su transmisión en la Iglesia y finalmente la fe.

2) *Dei Verbum* estudia y expone la revelación desde una **perspectiva teológica**, tanto en su esquema doctrinal como en el tono religioso de sus enseñanzas que se manifiesta en el uso abundante y selecto de textos de la Escritura.

   La revelación divina no es definida desde una relación negativa entre **revelación sobrenatural** y la **revelación natural**, sino desde el **misterio de Dios** presentado y fundamentado a partir sí mismo, y cuya acción entre los hombres no tiene otra razón de ser que su libertad.

3) La revelación viene presentada como una acción **trinitaria** que manifiesta el **designio salvador de Dios** (nn. 1, 2, 4, 8, 9): el Padre tiene la iniciativa; el Verbo, por su encarnación, es el Mediador; el Espíritu Santo mueve el corazón del hombre y lo inclina hacia Dios.

4) Se destaca también la dimensión **personal** de la revelación, que no es mera comunicación de un mensaje, sino un encuentro en el que Dios "habla a los hombres como amigos y trata con ellos" (DV 2). Algunos términos presentes en el texto como "palabra", "diálogo", "comunión", "comunicación", "amigos", "amor", son manifestación de este hecho.

5) La revelación es expuesta en perspectiva **cristocéntrica**: la autocomunicación de Dios a los hombres tiene su plenitud en Cristo "**que es a un tiempo mediador y plenitud de toda la revelación**" (DV 2; también DV 4, 7).

6) La revelación divina responde a un plan, a una **economía**, que se administra siguiendo unos trazos fundamentales que son las **palabras** y **hechos** *(verba, gesta)*, intrínsecamente conexos entre sí. La inseparabilidad entre hechos y palabras permite afirmar el carácter **sacramental** de la revelación.

   La relación entre las palabras y los hechos llega a su identificación perfecta en Jesucristo, la Palabra que se hizo carne. Esta aportación de *Dei Verbum* 2 es verdaderamente esencial y su eco se mantiene vivo en otros pasajes (especialmente DV 4).

2.1. Tiempo e historia de la salvación

La revelación sucede en la historia y tiene la forma de un hecho histórico. Una cualidad fundamental de la autocomunicación divina es la libertad con la que Dios se revela. No es una exigencia para Él, sino una decisión de amor. La revelación, en consecuencia, es esencialmente **libre por parte de Dios** y, por tanto, **gratuita** para el hombre.

> En este punto resulta interesante la distinción entre la **concepción griega y la judeocristiana sobre el tiempo**. Para los **griegos**, el tiempo es circular y se extiende según un ciclo eterno en el que todas las cosas se repiten. En este contexto, tanto la historia como la naturaleza aparecen regidas por leyes inmanentes que establecen una necesidad en lo que acaece. Así resulta inevitable el encuentro con el destino impersonal, que reduce a los individuos a momentos pasajeros de un todo que permanece. En la **concepción judeocristiana** el tiempo es lineal: tuvo un origen y se dirige hacia su culminación. Mientras tanto, el tiempo es el lugar de la historia, en la que cabe la novedad y el cambio como resultado de la **libertad**. En esa historia se inserta la revelación de Dios a los hombres, regida por la libertad y el amor de Dios.

En *Dei Verbum* se pone de manifiesto el carácter histórico del designio revelador y salvador de Dios, así como sus principales momentos o etapas. En DV 3 se traza una interesante síntesis de la historia de los tiempos anteriores a la venida de Cristo, es decir, de la preparación de la revelación evangélica. El texto menciona, en primer lugar, la **revelación natural** o **cósmica**, es decir, el testimonio perenne de sí mismo que Dios ofrece a través de la creación y conservación de todo cuanto existe. Después habla de una **revelación sobrenatural** según una doble manera: una primera manifestación personal a nuestros primeros padres ya desde el principio (**revelación primitiva** o **protohistórica**); y una manifestación sucesiva en la historia de Israel desde Abraham hasta la encarnación del Hijo de Dios (**revelación histórica**).

2.2. La revelación cósmica: la Palabra creadora

Desde la primera página de la Biblia se ve la fuerza dinámica y eficaz de la palabra de Dios como Palabra creadora. La creación se presenta como una **palabra dicha por Dios** y, por tanto, como revelación. El mundo creado es una revelación **natural** o **cósmica**, como señala con fuerza el libro de la *Sabiduría* (*Sb* 13, 1-9) y la carta de san Pablo a los *Romanos* (*Rm* 1, 18-23).

Aunque esta palabra no está dirigida al hombre directamente de modo personal, le permite conocer la existencia y los atributos de Dios (majestad, potencia, etc.) a través de sus obras, y darle una respuesta de alabanza. La revelación cósmica no se impone necesariamente al hombre; es este quien debe reconocer a Dios a través de las cosas creadas.

> Una manifestación práctica de este hecho es el fenómeno religioso, reconocible universalmente en la historia de la humanidad, aunque con imperfecciones y desviaciones (politeísmo, dualismo, panteísmo, etc.). La Teología natural o Teodicea se encarga de estudiar la cuestión sobre Dios desde la razón. Como ya hemos visto, es una verdad de fe definida la posibilidad del hombre de conocer a Dios con certeza por medio de su razón natural a través del mundo creado (Conc. Vaticano I, *Dei Filius*, D. 3004 y 3026).

2.3. Revelación histórica

2.3.1. *Revelación primitiva*

La revelación histórica de Dios en el Antiguo Testamento comienza propiamente con Abraham (*Gn* 12). Los relatos bíblicos anteriores (*Gn* 1-11) forman lo que podríamos llamar la revelación de los orígenes, **revelación primitiva** o **revelación protohistórica**, es decir, una protología en la que, sobre la base de unos relatos en parte comunes con otras culturas de Oriente, se establece la conexión entre el origen de todo en la creación y el pueblo de Israel.

> Con su peculiar género literario, las narraciones de los primeros capítulos del *Génesis* (*Gn* 1-11) contienen enseñanzas fundamentales sobre la creación de todas las cosas, del hombre, de la vida en el paraíso; sobre el pecado original, la pérdida del paraíso y la promesa de salvación; y sobre la alianza con Noé. Quieren expresar que, desde el principio, Dios se dio a conocer al hombre, ofreciéndole una participación en su vida divina. El hombre, por su parte, debía respetar los preceptos divinos, es decir, obedecer a Dios.

Todas estas enseñanzas muestran la existencia, desde los orígenes de la humanidad, de una revelación divina más allá del testimonio que Dios da de sí mismo a través de las cosas creadas. Se trataría, por tanto, de una revelación sobrenatural, cuyo fin es establecer entre Dios y el hombre una relación personal de amistad e intimidad, más allá de la relación Creador-criatura (F. Ocáriz y A. Blanco, *Teología Fundamental*).

> El pecado original no interrumpe esta revelación, pues tras la infidelidad del hombre permanece el amor fiel de Dios: "Cuando por desobediencia perdió tu amistad, no lo abandonaste al poder de la muerte... Reiteraste, además, tu alianza a los hombres... (*Misal Romano*, Plegaria eucarística IV). Dios decide desde el

comienzo salvar a la humanidad a través de una serie de etapas. La **alianza con** **Noé** después del diluvio (*Gn* 9, 9) expresa la voluntad divina de establecer un pacto con las "naciones" (*Gn* 10, 5; 10, 20-31). En virtud de esta alianza, Dios cuida de los hombres históricamente agrupados y pide que se le reconozca como Dios único (CEC 57-58).

2.3.2. *Palabra de la alianza*

La **alianza** (*berîth*) es el hecho central en el que descansan las relaciones entre Yahvé e Israel. En el Antiguo Testamento, la alianza es el pacto perpetuo contraído entre dos personas ante Dios y sellado mediante un sacrificio. De ese pacto derivaban unos derechos y unos deberes entre las partes.

La primera alianza de Yahvé con el pueblo tiene lugar con Abraham, cuando Israel no existía todavía. Esta alianza de Dios con los hombres es del todo novedosa:

1) Dios tiene la iniciativa: es una elección que no proviene del hombre sino de Dios.

2) La Biblia emplea dos analogías muy expresivas, la relación paterno-filial y la relación esponsal, para describir la relación de fidelidad y de amor que Dios establece con los hombres.

3) La elección está acompañada de una promesa de salvación: hacer de Abraham un gran pueblo, dar una tierra, hacer que todas las naciones sean bendecidas a través de ese pueblo.

4) Lleva consigo obligaciones para el pueblo: monoteísmo y cumplimiento de la voluntad de Dios (fe, obediencia, confianza).

5) Se establece un signo de la alianza: la circuncisión.

6) La alianza establecida con Abraham es renovada después con Isaac y Jacob, llegando con Moisés a su expresión más completa por la entrega de la ley en el Monte Sinaí.

> En la teofanía de la zarza ardiendo (*Ex* 3), Dios se revela a Moisés como el **Dios vivo** de la historia –"El Dios de Abraham, de Isaac, de Jacob"–, el **Dios de la alianza** que va a cumplir con su brazo poderoso; y al mismo tiempo se revela por primera vez como Yahvé, como **El que es**, sin restricción alguna: "Yo soy el que soy" (*Ex*, 3, 14). A la revelación de Dios le acompaña la llamada de Moisés para cumplir una misión. Dios se revela a través de palabras y acciones prodigiosas (las plagas, el paso del mar rojo), que anticipan la salvación futura y definitiva.

A través de la **palabra de la alianza**, Dios comunica a los hombres la verdad sobre Él mismo, su fidelidad perpetua y su amor incomparable.

2.3.3. *Palabra profética*

La conservación y transmisión de la palabra de la alianza a lo largo de los siglos se realiza principalmente a través de la **palabra profética**. Dios elige al profeta (*nabí*) no solo para que recuerde al pueblo la alianza, sino para que transmita nuevas palabras de Dios con fuerza y eficacia propias.

> El profeta es quien habla al pueblo en nombre de Dios. Ha sido llamado y tiene una misión. Con la deportación del Pueblo de Israel a Babilonia, el profetismo –que tenía un sentido preciso ya en la monarquía– adquiere toda su importancia. La palabra profética está íntimamente ligada a la historia: al pasado (recuerdo), al presente (interpelación ante la situación actual) y futuro (anuncio de castigo y de salvación). El profeta interpreta la historia recordando la fidelidad de Dios, reclamando al Pueblo la fidelidad a la **Alianza** y anunciándole las consecuencias de la infidelidad. "Por los profetas, Dios forma a su pueblo en la esperanza de la salvación, en la espera de una Alianza nueva y eterna destinada a todos los hombres (*Is* 2,2-4), y que será grabada en los corazones (*Jr* 31,31-34; *Hb* 10,16)" (CEC 64).

3. Cristo, mediador y plenitud de la revelación

Dei Verbum 2 ofrece una enseñanza central sobre la revelación cristiana: "la verdad íntima acerca de Dios y acerca de la salvación humana se nos manifiesta por la revelación en Cristo, que es a un tiempo mediador y plenitud de toda la revelación".

La "Palabra" por excelencia es Cristo; Él es, a la vez, el Mensajero y el contenido del Mensaje, el Revelador y la Verdad revelada. Él nos ha revelado quién es Dios y quién es el hombre. En esta "concentración cristológica" se encuentra la mayor originalidad del cristianismo respecto a las otras religiones que se proclaman reveladas.

3.1. Cristo, mediador perfecto

Cristo es el mediador perfecto de la revelación puesto que como Verbo de Dios que se ha encarnado es Dios eterno y hombre perfecto; realiza las obras de Dios; habla de lo que ha visto; conoce a Dios y sabe lo que hay en el hombre. "En el Mediador Cristo encontramos inmediatamente a Dios" (J. Ratzinger, *Teoría de los principios teológicos*).

> Esta verdad está plasmada de muchas maneras en los evangelios: "Yo soy el Camino, la Verdad y la Vida; nadie va al Padre sino por mí" (*Jn* 14, 6); "nadie conoce al Hijo sino el Padre, ni nadie conoce al Padre sino el Hijo y aquel a quien el Hijo

quiera revelarlo" (*Mt* 11, 27); "A Dios nadie lo ha visto jamás; el Dios Unigénito, el que está en el seno del Padre, él mismo lo dio a conocer" (*Jn* 1, 18).

La mediación de Cristo (*Hb* 8,6; 9, 15; 12, 24; *Ga* 3,20; 1 *Tm* 2, 5) es ya revelación del misterio íntimo del Dios Trino. Esta mediación está en relación con las mediaciones y los mediadores del Antiguo Testamento, pero en el Nuevo Testamento se hace nítida: Cristo, el Hijo de Dios, es el "Tú" eterno del Padre. Y es en Cristo, mediante el Espíritu Santo, como los hombres son "tú" de Dios, cuando son acogidos en la comunión de amor del Padre y del Hijo. De este modo, la revelación cuyo mediador es Jesucristo presenta una forma trinitaria, es decir, el **principio formal de la misma revelación es trinitario**.

Jesucristo es la vía elegida por Dios para darnos a conocer el misterio de su voluntad. A través de Cristo, Dios se hace accesible a los hombres: Él es Palabra significativa para los hombres porque siendo "hombre enviado a los hombres", habla las "palabras de Dios", y viéndole a Él se ve al Padre (DV 4). Sin embargo, aunque la mediación de Cristo permite al hombre acceder de alguna manera al misterio de Dios, no anula la trascendencia de Dios sobre el mundo: el misterio de Dios permanece como fuente inagotable de revelación, condición de manifestación en la historia y garantía de su culminación escatológica.

En Cristo, el misterio de Dios se abre y se comunica, pero sin dejar de ser misterio.

3.2. Cristo, revelación plena de Dios

Dei Verbum 4 describe los aspectos contenidos en la afirmación de Jesucristo como plenitud de la revelación. Esta plenitud se realiza gracias al misterio de la encarnación, por el cual el Verbo de Dios se ha hecho carne en la historia.

Jesucristo es la palabra definitiva y más perfecta que Dios dirige a la humanidad. No solo porque como palabra encarnada es la palabra más condescendiente y salvífica pronunciada por Dios en favor de los hombres, sino también porque es una palabra que interpreta y da sentido a toda otra palabra pronunciada por Dios en la historia. Así, en Jesucristo la palabra divina expresa su plenitud noética, salvífica y hermenéutica. Las grandes categorías de la revelación bíblica (creación, alianza, profecía, redención, etc.) encuentran en Cristo su punto culminante.

San Juan de la Cruz afirma esa idea con unas bellas palabras: "Porque en darnos, como nos dio a su Hijo, que es una Palabra suya, que no tiene otra, todo nos lo habló junto y de una vez en esta sola Palabra, y no tiene más que hablar; porque lo que hablaba antes en partes a los profetas ya lo ha hablado en el todo, dándonos al Todo, que es su Hijo. Por lo cual, el que ahora quisiese preguntar a Dios, o querer alguna visión o revelación, no solo haría una necedad, sino haría agravio a Dios, no poniendo los ojos totalmente en Cristo, sin querer otra alguna cosa o novedad" (San Juan de la Cruz, *Subida al monte Carmelo* 2, 22, 3-5).

3.2.1. *Plenitud de la Palabra creadora*

Jesucristo es la plenitud de la Palabra creadora porque es el centro y el fin de la creación. La creación ha sido hecha en vistas a Cristo: Dios ha hecho el mundo por medio de su Hijo, al que ha nombrado además heredero de todas las cosas (*Hb* 1, 1-4).

Por otro lado, la Humanidad de Cristo es perfecta, plenitud de la creación, porque es la "humanidad de Dios". Además, todas las cosas están destinadas a constituir, en el Cristo glorioso, unos cielos nuevos y una tierra nueva (*Ap* 21, 1).

El plan salvífico de Dios, "el misterio de su voluntad" (*Ef* 1, 9) con respecto a toda la creación es "recapitular" en Cristo todas las cosas, las del cielo y las de la tierra (*Ef* 1, 10): Cristo confiere un sentido unitario a todas las realidades de la creación y de la historia.

3.2.2. *Plenitud de la Palabra de la alianza*

Con la encarnación de Cristo se alcanza la alianza nueva y eterna, como plenitud de la alianza incoada en el Antiguo Testamento. Las imágenes veterotestamentarias sobre la **filiación adoptiva** de Israel y la **relación esponsal** de Dios con su pueblo, alcanzan su plenitud en Cristo.

> La humanidad adquiere la plenitud de la filiación divina, puesto que Cristo, Hombre perfecto, posee una filiación natural y perfecta. Por su parte, la unión esponsal, que era imagen de la unión de Yahvé con su pueblo, alcanza su paradigma en la unión de Cristo con su Iglesia. Si la alianza antigua había sido revelación de la fidelidad (verdad), el amor y la justicia de Dios, en Cristo tiene lugar la más perfecta manifestación de la fidelidad, el amor y la justicia (misericordia) de Dios.

Por otro lado, si la **promesa** y la **ley** fueron los elementos principales de la alianza del Antiguo Testamento, en Cristo se realiza en plenitud aquella promesa y en Él la ley se hace perfecta.

> La promesa veterotestamentaria sobre la constitución de un pueblo grande, se hace realidad con la Nueva alianza que Cristo sella con su sangre y de la que nace un nuevo Pueblo de Dios en el que caben judíos y gentiles. Por su parte, la Nueva

Ley instaurada por Cristo es una ley de gracia, de caridad y de libertad, que sana las insuficiencias de la antigua ley, le otorga sentido y la lleva a plenitud.

3.2.3. *Plenitud de la Palabra profética*

Jesucristo es la plenitud de la Palabra profética ya que es el Verbo, la misma Palabra de Dios hecha carne. También lo es porque en Él se cumplen exactamente las profecías mesiánicas anunciadas en el Antiguo Testamento. Además, su plenitud profética se manifiesta claramente en su modo de enseñar y de actuar: se presenta como el profeta perfecto (el Rabí, el Maestro): habla en nombre propio ("pero yo os digo…"; "en verdad, en verdad os digo…") y no en nombre de otro; actúa con autoridad divina; su sintonía con el Padre es perfecta ("Nadie conoce al Padre sino el Hijo…"). Finalmente, Jesucristo es plenitud de la palabra profética porque en su persona se identifican quien enseña y lo enseñado.

3.2.4. *Plenitud de los tiempos*

Si la revelación es histórica y Cristo es la plenitud de la revelación, en Cristo se da la plenitud de los tiempos. Esta plenitud tiene lugar en los dos sentidos de tiempo *kronos* y *kairos* que son considerados en el Nuevo Testamento. El primero, *kronos*, considera el tiempo en sentido cuantitativo, como duración. *Kairos*, por su parte, considera el tiempo en sentido cualitativo y lo describe como el tiempo oportuno, la ocasión propicia o el momento de especial importancia. Jesucristo es la plenitud de los tiempos en ambos sentidos, cuantitativo y cualitativo.

> El texto de *Ga* 4, 4 muestra a Cristo como plenitud de los tiempos en el primer sentido: "Pero, al llegar la plenitud de los tiempos, envió Dios a su Hijo, nacido de mujer, nacido bajo la ley". Respecto al sentido cualitativo, *kairos*, el texto de *Ap* 21,6 expresa que toda la historia –pasado, presente y futuro- encuentra su centro en Jesucristo: "Yo soy el Alfa y la Omega, el principio y el fin". (también *Hb* 13,8: "Jesucristo es el mismo ayer y hoy y siempre"). Se deduce de aquí una **contemporaneidad** de Jesucristo con todo momento histórico (O. Cullmann, *Cristo y el tiempo*): Cristo está verdaderamente presente de manera sacramental en la vida de la Iglesia.

3.3. Revelación y encarnación

Jesucristo, el Verbo encarnado, es revelador no solo a través de palabras sino también a través de su propia realidad. Su persona, su presencia, sus acciones y signos, así como todos los acontecimientos concretos de su vida -nacimiento, bautismo, transfiguración, pasión, muerte y su resurrección-, se convierten así en reveladores.

La naturaleza humana de Cristo es signo e instrumento de la manifestación que Dios hace de Sí mismo (LG 8). Jesucristo es verdaderamente el **Verbo abreviado** (*Verbum abbreviatum*), según la expresión muy difundida en la época patrística y retomada por los autores medievales: es el compendio y plenitud de la revelación. En Jesucristo, Dios se ha hecho máximamente cercano y comprensible para el hombre, a quien revela no solo el misterio de Dios, sino el misterio del propio hombre (GS 22).

3.4. La revelación en la cruz y en la resurrección

La revelación salvífica de Dios tiene **su momento culminante en la muerte y resurrección de Jesucristo**. Este hecho resulta a primera vista paradójico: ¿cómo puede Dios revelarse precisamente en lo que parece más opuesto a Dios, como es la humillación, la debilidad, el sufrimiento? ¿Cómo puede ser reveladora la muerte de Jesús?

A diferencia del judaísmo y de otras religiones en las que no cabe que Dios sufra, la perspectiva cristiana considera que la pasión y la muerte de Cristo revelan de modo sublime el poder de Dios, no solo porque a través de ellas vence a la muerte sino, sobre todo, porque con ellas expresa su amor infinito a los hombres. La cruz revela hasta dónde llega la solidaridad de Dios con la humanidad, y en último término, hasta qué punto ama al hombre.

> La cruz representa la forma más alta pensable del vaciamiento (*kénosis*) de Dios, que llega hasta la muerte y muerte de cruz (*Flp* 2, 5-11). En la cruz, Dios revela que asume el destino del hombre hasta las últimas consecuencias.

La cruz revela también la actuación plena de **la filiación divina de Jesús** que, al entregarse voluntariamente a la muerte, responde con su devoción filial al Padre. La respuesta del Padre a la entrega de Cristo es la resurrección, en la que recibe la glorificación que le constituye como "Señor".

> El envío del Espíritu Santo expresa y realiza la plenitud escatológica de la vida, de la muerte y de la resurrección de Cristo (*Rm* 1,3). El Espíritu Santo es el perpetuo dador de sentido, de la verdad del misterio de Cristo para su Iglesia.

4. La acción del Espíritu Santo en la revelación cristiana

La revelación de Dios en Jesucristo no se entiende sin la acción y presencia del Espíritu Santo, tanto en la constitución de la revelación como en su transmisión en la Iglesia.

Con el envío del Espíritu Santo, la revelación cristiana es plena y definitiva. No debe esperarse, por tanto, ninguna otra revelación pública que complete o perfeccione lo ya recibido de Cristo (DV 4). Se ha completado la revelación y la salvación, las cuales, desde ese momento, se anuncian y realizan en la historia con la actualidad que le da el mismo Espíritu Santo que preside el "hoy" de la gracia y de la comprensión de la revelación. La acción del Espíritu Santo es actualización en la Iglesia del don de la palabra y de la obra de Cristo.

> Su acción y presencia en la Iglesia se realiza de diversos modos: mediante la inspiración de la Sagrada Escritura; el auxilio a la Iglesia para que custodie, profundice y enseñe fielmente el depósito de la fe; la santificación de los cristianos, etc.

Hay una única y definitiva economía reveladora y no cabe hablar, por tanto, de una revelación de Cristo paralela o complementaria a otra revelación del Espíritu Santo.

> La autoridad de la Iglesia ha reconocido algunas **revelaciones privadas** que han tenido lugar en la historia. Hay que afirmar que estas revelaciones no pertenecen al depósito de la fe: "Su función no es la de "mejorar" o "completar" la Revelación definitiva de Cristo, sino la de ayudar a vivirla más plenamente en una cierta época de la historia" (CEC 67). Al mismo tiempo, "la fe cristiana no puede aceptar 'revelaciones' que pretenden superar o corregir la Revelación de la que Cristo es la plenitud. Es el caso de ciertas Religiones no cristianas y también de ciertas sectas recientes que se fundan en semejantes 'revelaciones'" (CEC 67).

Ejercicio 1. Vocabulario

Identifica el significado de las siguientes palabras y expresiones usadas en el tema:

- Revelación cristiana
- *Dabar Yahvé*
- Kerigma
- *Sola Scriptura*
- "Economía" (*oikonomia*) de la revelación
- Palabra creadora
- Palabra de la alianza

- Palabra profética
- Revelación primitiva
- Revelación cósmica
- Teofanía
- *Kronos / kairos*
- Verbo abreviado (*Verbum abbreviatum*)
- Revelaciones privadas

Ejercicio 2. Guía de estudio

Contesta a las siguientes preguntas:

1. ¿Cuáles son las principales diferencias entre las concepciones griega y judeo-cristiana del tiempo?

2. ¿Cómo concibe el Concilio de Trento la revelación cristiana?

3. ¿Cuál es el contexto teológico al que el Concilio Vaticano I quiere responder con sus enseñanzas sobre la revelación y la fe?

4. Respecto a los concilios anteriores, ¿qué principales novedades sobre la noción de revelación introduce el Concilio Vaticano II?

5. ¿Qué significa que Cristo es la "plenitud de los tiempos"?

6. ¿Cuál es el papel del Espíritu Santo en la revelación cristiana?

Ejercicio 3. Comentario de texto

Lee el siguiente texto y haz un breve comentario personal utilizando los contenidos aprendidos en el tema:

«A lo largo de los siglos ha habido revelaciones llamadas "privadas", algunas de las cuales han sido reconocidas por la autoridad de la Iglesia. Estas, sin embargo, no pertenecen al depósito de la fe. Su función no es la de "mejorar" o "completar" la Revelación definitiva de Cristo, sino la de ayudar a vivirla más plenamente en una cierta época de la historia. Guiado por el Magisterio de la Iglesia, el sentir de los fieles (*sensus fidelium*) sabe discernir y acoger lo que en estas revelaciones constituye una llamada auténtica de Cristo o de sus santos a la Iglesia. La fe cristiana no puede aceptar "revelaciones" que pretenden superar o corregir la Revelación de la que Cristo es la plenitud. Es el caso de ciertas religiones no cristianas y también de ciertas sectas recientes que se fundan en semejantes "revelaciones"». *Catecismo de la Iglesia Católica*, 67.

TEMA 3
LA TRANSMISIÓN DE LA REVELACIÓN

Consideramos ahora la transmisión de la revelación cristiana, es decir, su conservación y propagación en el tiempo. El modo en que la revelación se transmite responde a un plan inscrito en el mismo designio revelador de Dios, en el que los Doce apóstoles y toda la Iglesia desempeñan un papel fundamental por la acción del Espíritu Santo. Al hilo de la constitución dogmática *Dei Verbum* 7-10, estudiamos el papel de los apóstoles (DV 7) en la transmisión de la revelación, así como la función de la tradición, la Escritura y el magisterio (DV 8-10), sin pretender ofrecer una visión completa y exhaustiva de estas cuestiones.

> Conviene hacer una lectura atenta de los nn. 7-10 de *Dei Verbum*, y del *Catecismo de la Iglesia Católica*, 74-141 (especialmente nn. 74-95).

SUMARIO

1. La tradición apostólica 1.1. Los Doce apóstoles, eslabones entre Cristo y su Iglesia 1.2. La predicación apostólica 1.3. Transmisión de la revelación en el tiempo de la Iglesia 1.4. Relación entre Escritura y tradición • **2. El final de la revelación** • **3. El "depósito" de la fe** • **4. La revelación confiada a la Iglesia** 4.1. La interpretación del depósito de la fe: una tarea de toda la Iglesia 4.1.1. "Sentido sobrenatural de la fe" 4.1.2. El magisterio de la Iglesia, intérprete auténtico de la revelación 4.2. La infalibilidad de la Iglesia 4.3. Misión de la Iglesia en la transmisión de la fe: el desafío de la inculturación.

1. La tradición apostólica

Dios quiso que su revelación salvífica llegase a los hombres y mujeres de todos los tiempos, por lo que dispuso benignamente "que todo lo que había revelado para la salvación de los hombres permaneciera íntegro para siempre y se fuera transmitiendo a todas las generaciones" (DV 7). Esta disposición divina está ligada a la importante noción de tradición.

La tradición consiste en la transmisión de los bienes de la salvación que, con la fuerza del Espíritu Santo, hace de la Iglesia la actualización permanente de la comunión originaria.

> La llamamos **tradición apostólica** "porque surgió del testimonio de los apóstoles y de la comunidad de los discípulos en el tiempo de los orígenes, fue recogida por inspiración del Espíritu Santo en los escritos del Nuevo Testamento y en la vida sacramental, en la vida de la fe, y a ella (...) la Iglesia hace referencia continuamente como a su fundamento y a su norma a través de la sucesión ininterrumpida del ministerio apostólico (...). Esta permanente actualización de la presencia activa de nuestro Señor Jesucristo en su pueblo, obrada por el Espíritu Santo y expresada en la Iglesia a través del ministerio apostólico y la comunión fraterna, es lo que en sentido teológico se entiende con el término tradición (...). La tradición no es transmisión de cosas o de palabras muertas: "es el río vivo que se remonta a los orígenes, el río vivo en el que los orígenes están siempre presentes. El gran río que nos lleva al puerto de la eternidad" (Benedicto XVI, *Audiencia general*, 26.04.2006).

En la transmisión de la revelación tienen un papel fundamental tanto los apóstoles (predicación apostólica), como sus sucesores los obispos (sucesión apostólica).

> Como indica el *Catecismo de la Iglesia Católica* (n. 83), es preciso distinguir esta "gran Tradición" de las "tradiciones eclesiales", como expresiones locales y temporales de tradiciones teológicas, disciplinares, litúrgicas o devocionales. Estas últimas solo pueden ser conservadas, modificadas o abandonadas bajo la guía del magisterio de la Iglesia, siempre en consonancia con la gran Tradición.

1.1. Los Doce apóstoles, eslabones entre Cristo y su Iglesia

Son tres los elementos distintivos que hacen de los apóstoles unos eslabones únicos entre Jesucristo y la Iglesia:

a) **Elección** por parte de Jesús: es el punto de partida de su situación privilegiada respecto a la persona, las palabras y las obras de Jesús. Esta excepcional posición se manifiesta con claridad a través de los dos vocablos

específicos que el Nuevo Testamento emplea para designarles: "Los Doce"
y "Los Apóstoles".

> Al elegir **doce** discípulos, Jesús establece una continuidad con el pueblo de Israel porque **doce** habían sido los patriarcas y **doce** las tribus descendientes de ellos, que formaban el pueblo. Pero también está señalando implícitamente que ha llegado el tiempo del nuevo Israel profetizado por Isaías y Jeremías. "Los Doce" simbolizan el **nuevo Pueblo de Dios** del que son comienzo y fundamento.

> El término **apóstol** (del griego ἀπόστολος, que significa **enviado**) existía en el ámbito griego y hebreo, pero era poco frecuente y relevante, y no incluía la idea de autorización del enviado. El sentido que "apóstol" tiene en el Nuevo Testamento es completamente original, hasta llegar a convertirse en un término técnico. Cristo ha dado a los apóstoles una **autorización extraordinaria** que viene del cielo y se orienta hacia el cielo. Por eso rechazar a un Apóstol es rechazar a Dios mismo: "El que a vosotros recibe, a Mí me recibe, y el que me recibe a Mí recibe a quien me envió" (*Mt* 10, 40; *Mc* 9, 41; *Lc* 10, 16).

b) Condición de **testigos privilegiados** de la vida, la enseñanza y las obras de Jesús.

Si la revelación hubiera consistido en una doctrina filosófica o en unas normas de comportamiento como, por ejemplo, el estoicismo de la antigüedad, para propagarla solo serían necesarios unos maestros y predicadores. Pero para anunciar a los hombres el mensaje de que han sido salvados no por una ideología sino por el mismo Dios, se requerían **testigos**: hombres que hubieran presenciado esos hechos.

Además, el testimonio de los apóstoles no solo es resultado de su experiencia directa y de su cercanía con Jesús, sino de la acción del Espíritu Santo que les hace conocer y profundizar en lo que han recibido del Maestro.

c) **Misión** concreta que Jesús les encomienda: predicar la Buena Nueva, el Evangelio, primero a "las ovejas perdidas de la casa de Israel" (*Mc* 3, 13-14), preparándolos para la gran misión posterior (*Mt* 28, 19):

> Aunque el encargo de predicar no es exclusivo de los Doce, la *misión* que ellos reciben es única, porque deriva de su elección particular y su experiencia única de Cristo. Su envío a predicar y transmitir la revelación no es solo una exigencia del carácter histórico de la Iglesia, sino una **disposición eterna del Padre en orden a la transmisión de la revelación y la salvación traída por Cristo** (*Jn* 17, 18).

> **S. Clemente Romano**, a finales del siglo I, lo expresa sintéticamente: "Los apóstoles nos predicaron el Evangelio de parte del Señor Jesucristo; Jesucristo fue enviado por Dios. En resumen, **Cristo de parte de Dios y los apóstoles de parte de Cristo**: una y otra cosa... sucedieron ordenadamente en cumplimiento de la

voluntad de Dios" (*Carta primera a los corintios*, 42, 1-3). **Tertuliano**, a su vez, habla de la doctrina que "las iglesias recibieron de los apóstoles, los apóstoles de Cristo, y Cristo de Dios" (*De praescriptione haereticorum*, 37, 1).

El papel de los Doce apóstoles respecto a la revelación es tan relevante que la predicación y el testimonio apostólicos constituyen la **norma de la fe cristiana por la acción del Espíritu Santo**, es decir, el criterio de autenticidad y de discernimiento último de lo que forma parte de ella, y de su posible desarrollo bajo la forma de "tradición apostólica".

En resumen: los apóstoles constituyen el eslabón esencial entre Cristo y la Iglesia de todos los tiempos, de manera que su predicación y su inteligencia del misterio (*Ef* 3,4) tienen valor de revelación y son **norma de la fe** para los creyentes. Por tanto, puede decirse que la Iglesia está fundada sobre la obra de Cristo y sobre el testimonio de los apóstoles.

1.2. La predicación apostólica

¿Cómo se realiza la transmisión apostólica de la revelación? *Dei Verbum* n. 7 señala que el encargo recibido de Jesús de transmitir el Evangelio a todos los hombres fue realizado por los apóstoles de un doble modo: por la **predicación oral** y por medio de sus **escritos**.

> Esta doble manera oral y escrita de transmitir lo recibido responde en realidad a la dinámica de la vida corriente, y no a un plan de selección de contenidos, como si se escogieran algunos de ellos para darlos a conocer a todos por medio de la escritura y otros se reservaran para una transmisión exclusivamente oral y destinada solo a un grupo de personas, como pretendían algunos (por ejemplo, los gnósticos en el siglo II).

– Lo mismo que Jesús enseñó de palabra, también los apóstoles desde el principio dieron testimonio de Cristo y llamaron a la fe en Él (*Hch* 2 y 3) por medio de la **predicación oral**. Esto supone que durante un tiempo la Iglesia vivió sin escritos del Nuevo Testamento, y solo con la acción y predicación apostólica.

> La transmisión apostólica de la fe se realizó oralmente -señala DV 7- "con ejemplos e instituciones", es decir, a través de **la propia vida** de los Apóstoles identificada con la del Señor (1 *Co* 4, 16: "sed imitadores míos como yo lo soy de Cristo"), y de las **instituciones** (ritos sacramentales y formas de organización, etc.) que en ellos tienen su origen.

– En un segundo momento, los mismos apóstoles, junto a algunos varones apostólicos, pusieron **por escrito** el mensaje de la salvación. En estos textos que conforman el Nuevo Testamento se fijó por escrito, bajo *memoria Christi* conservada y predicada por los Doce apóstoles.

1.3. Transmisión de la revelación en el tiempo de la Iglesia

"Mas para que el Evangelio se conservara constantemente íntegro y vivo en la Iglesia, los apóstoles dejaron como sucesores suyos a los obispos, 'entregándoles su propio cargo del magisterio'" (DV 7). Cabe preguntarse: ¿de qué manera la Iglesia es transmisora de la revelación? ¿A través de qué cauces y modalidades realiza esa misión de servicio?

La Iglesia es depositaria de la revelación en un sentido esencialmente **dinámico**. El depósito de la fe es, por tanto, la revelación viviente y actuante que solo se conserva realmente en la medida en que es vivida y transmitida por la tradición de la Iglesia.

La Iglesia es sujeto y objeto de la tradición porque transmite a través de su **doctrina**, de su **vida** y de su **culto** lo que recibió de los apóstoles. El concilio indica que así la Iglesia perpetúa y transmite a todas las generaciones todo lo que ella misma es, todo lo que cree (DV 8).

> Al afirmar que la Iglesia transmite "lo que ella es", se está expresando la mutua implicación entre la tradición y la Iglesia. La Iglesia no transmite algo ajeno a ella misma, un **objeto** con el que tenga una mera relación accidental: la Iglesia transmite **su propio ser**, es decir, su esencial relación con el Padre, con Cristo y con el Espíritu Santo que son los que la hacen existir.

La transmisión de la revelación por la Iglesia es inseparable del **progreso de la tradición**, que significa la actualización y realización de la realidad cristiana en cada momento histórico (DV 8).

La **asistencia del Espíritu Santo** a la Iglesia es condición necesaria para que el progreso de la tradición tenga lugar, es decir, para que cada generación incorpore el depósito de la fe a su vida concreta, según la mentalidad, los interrogantes y las circunstancias de cada época. Esa asistencia divina se encauza principalmente a través de algunas acciones de la vida de la Iglesia: la **contemplación** y el **estudio** de la revelación divina (que incluye a la teología), el **sentido de la fe** *(sensus fidei)* del pueblo de Dios (al que nos referimos en el siguiente apartado) y la **predicación de los pastores** de la Iglesia que han recibido su específico ministerio sacramental.

La conservación y transmisión de la revelación han sido **confiadas a toda la Iglesia y a cada uno de sus miembros**. Toda ella está llamada a hacer presente, mantener íntegra, defender y predicar la revelación de Dios, pues es la totalidad del pueblo de Dios quien ha recibido el depósito de la revelación. Pero al mismo tiempo, hay en la Iglesia algunos miembros concretos, los **pastores**, que, como sucesores de los apóstoles, ejercen en ella un servicio específico de enseñanza, santificación y gobierno.

> Así, el servicio de la Iglesia a la revelación de Dios es de dos tipos: 1) el que **todos los miembros**, con la igualdad radical que tienen por el bautismo, prestan a la revelación divina a través de la función profética de cada bautizado, mediante la cual conservan y transmiten la fe que han recibido, a través de su palabra y de su vida de creyentes; y 2) el **servicio específico confiado a los pastores**: a los obispos, sucesores de los apóstoles, les corresponde la función de la enseñanza autorizada de la misma revelación. Este ministerio, de origen sacramental, constituye el magisterio de la Iglesia.

1.4. Relación entre Escritura y tradición

La relación entre la Escritura y la tradición es una cuestión teológica importante desde un punto de vista metodológico y ecuménico, que es abordada principalmente en la **Introducción a la Teología**. A nosotros nos interesa aquí en referencia al modo en que la Escritura y la tradición se relacionan en la transmisión de la revelación.

El tema fue tratado en el Concilio de Trento que, en respuesta al principio luterano de la *sola Scriptura* y a su consiguiente rechazo de la mediación eclesial en la comprensión de la revelación, enseñó que el Evangelio "se contiene en los libros escritos y (*et*) en las tradiciones no escritas" (D. 1501).

> La teología postridentina tendió a explicar el texto de Trento según un criterio cuantitativo, es decir, como si una parte de la revelación estuviera contenida en la Escritura y la otra en la tradición, llegando incluso a hablar erróneamente de "dos fuentes" de la revelación. Algunos teólogos del siglo XX reaccionaron frente a esta interpretación, replanteando la cuestión de "las dos fuentes".

El Concilio Vaticano II, en lugar de enfrentar directamente a la Escritura con la tradición, busca un marco de comprensión más amplio. La constitución *Dei Verbum* presenta la Escritura y la tradición no como dos fuentes –hay una única **fuente divina** (*divina scaturigo*), Dios (DV 9), sino más bien como dos funciones recíprocas con una unidad de origen y contenido. La íntima relación entre Escritura y tradición se manifiesta en dos principios:

1) La Escritura necesita de la tradición para su recta inteligencia; es decir, la lectura e interpretación de la Escritura debe hacerse en la comunidad de fe de la Iglesia. "La Iglesia, afirma el Vaticano II, no saca exclusivamente de la Escritura la certeza de todo lo revelado" (DV 9).

2) La Escritura tiene una importancia singular en el proceso de la tradición por ser "palabra de Dios en cuanto que, por inspiración del Espíritu divino, se consignó por escrito" (DV 9). La tradición transmite, conserva y explica la palabra de Dios.

En resumen, la función de los apóstoles en la transmisión de la revelación debe entenderse según el principio del "Evangelio transmitido". En efecto, el Evangelio encierra toda la realidad y el mensaje cristianos, independientemente de su modo de transmisión, porque enlaza directamente con Cristo, revelador y revelación de Dios. Al tomar el Evangelio como punto de partida, el tema de las relaciones entre Escritura y tradición deja de ser un problema teológico capital que haya que resolver necesariamente para acceder a la naturaleza de la revelación.

> No se puede identificar el Evangelio con la Escritura, como pretendía Lutero, ni distribuir su contenido según un criterio cuantitativo. La Escritura es un testigo del Evangelio, testigo fundamental, ciertamente, pero no el único, porque no agota la realidad de aquel. También la tradición es testigo del Evangelio en la medida en que tiene su origen en el mismo Cristo.

2. El final de la revelación

La cuestión sobre el final o la "clausura" de la revelación adquirió relevancia en tiempo del modernismo. Esta corriente teológica ofrecía una explicación evolucionista de la revelación, entendida como la conciencia adquirida por el hombre de su relación a Dios, conciencia que no termina, sino que permanece y revive como experiencia de revelación. Frente a esta explicación, el decreto *Lamentabili* (1907), publicado con la aprobación de san Pío X, condenó la idea de que la revelación no se cerró con los Apóstoles.

El Vaticano II se refiere también al final de la revelación, pero en una perspectiva más amplia, marcadamente cristológica. Más que ocuparse de buscar el momento histórico concreto en que terminó la revelación, el concilio afronta la cuestión del final de la revelación a partir de su propia enseñanza sobre la naturaleza de la revelación divina. En este sentido, al tiempo que emplea la enseñanza de los padres sobre el final de la revelación, no usa sin embargo la terminología teológica tradicional. Así, evita el término "clausura" y acude, en cambio, a los verbos completar (*complere*), consumar (*consummare*), realizar, llevar a cabo (*perficere*). El final de la revelación se pone en relación no tanto con los apóstoles como con Cristo: "La economía cristiana, por ser la alianza nueva y definitiva, nunca pasará; ni hay que esperar otra revelación pública, antes de la gloriosa manifestación de Jesucristo nuestro Señor (cf. 1 *Tm* 6, 14; *Tt* 2, 13)". (DV 4)

> El criterio **cristológico** –más subrayado en el Vaticano II– y el criterio **apostólico** –acentuado en el Vaticano I– para la explicación del final de la revelación no se oponen, pero tampoco tienen la misma importancia. El fundamento del final de la revelación está en la historicidad de Cristo y de los Doce apóstoles. Una vez terminada la vida de Jesús en este mundo, todo está dado y, en cierto modo, no hay nada más que esperar. La Iglesia vivirá siempre de Cristo en el Espíritu. **La razón de ser del criterio apostólico para la clausura de la revelación viene de Cristo**: ser apóstol significa haber sido elegido como testigo de Cristo. Sin relación a Cristo, el apóstol carece de significado. Por haber sido elegidos y enviados por Cristo y por haber recibido la enseñanza del Espíritu Santo, el testimonio y la predicación apostólica se extiende tanto cuanto la vida de los apóstoles. Mientras ellos vivían en este mundo, el tiempo de la revelación permanecía abierto porque podían seguir dando su palabra y mostrando la vida de testigos únicos de Cristo. Por tanto, la afirmación de que la revelación está completa con los apóstoles deriva, más allá de toda interpretación meramente jurídica, de su estrecha unión con Cristo y del **carácter definitivo de la economía cristiana**, y concretamente de la plenitud de revelación que es Cristo mismo.

Que la revelación cristiana no pasará o que "está completa", significa que la fase constitutiva de la revelación ha terminado, de modo que la economía cristiana es definitiva: todo progreso en su comprensión debe remitirse a Cristo mismo tal como lo han entregado los apóstoles.

> La fe en Cristo pasa esencialmente por la mediación apostólica. La revelación de Dios es recibida en su genuinidad solo a través de lo que los apóstoles han entregado a la Iglesia. Se ha podido hablar por eso de una transmisión **vertical** de la revelación (de Cristo y del Espíritu Santo a los apóstoles) y de una transmisión **horizontal** (de los apóstoles a la Iglesia). El punto de articulación entre esos dos momentos –esencialmente distintos– lo constituyen los apóstoles.

La **tradición apostólica** (*traditio apostolica*) es, pues, la norma de cualquier otra tradición eclesiástica y el criterio de cualquier posterior desarrollo de la fe (CEC 83).

---

3. El "depósito" de la fe

El hecho de que después de los apóstoles no haya otra revelación, hace que su predicación adquiera en la Iglesia el carácter de un **depósito** (*depositum fidei*),

es decir, algo que se entrega a otro para que lo conserve y lo cuide. Esta es la
idea recogida por el Vaticano II en continuidad con el Vaticano I: "La Sagrada
Tradición y la Sagrada Escritura constituyen un solo depósito sagrado de la
palabra de Dios confiado a la Iglesia" (DV 10).

> Aunque el término **depósito** aparece solo en 1 *Tm* 6, 20 y en 2 *Tm* 1, 12. 14, la
> idea que encierra aparece de diversas maneras en las Cartas Pastorales del Nuevo
> Testamento. La noción de **depósito** tiene origen jurídico, y subraya el deber que
> tiene el depositario de conservar intacto lo que se le ha confiado, para después
> entregarlo o transmitirlo.

Contenido: el depósito de la fe "comprende todo lo necesario para una vida
santa y para una fe creciente del pueblo de Dios" (DV 8). Ello significa que no
solo incluye verdades de fe o doctrina, sino también dones divinos. Por otro
lado, ese contenido no puede variar, ni aumentar ni disminuir: abarca lo que
la Iglesia ha recibido de una vez para siempre y que ha de ser transmitido
fielmente, sin variaciones ni deformaciones.

Su **función** esencial es ofrecer la **"regla de fe"** con la que juzgar la autenticidad de una enseñanza en la Iglesia.

> La idea de **regla de fe** fue desarrollada por **S. Ireneo** (ca +202) en el contexto de
> la lucha contra los gnósticos (*Adversus Haereses*, III, 3, 3; IV, 33, 8; V, 20). Frente a
> doctrinas gnósticas muy extendidas, Ireneo apela a la regla de fe recibida de los
> apóstoles de Cristo y accesible ahora en la profesión de fe bautismal de las igle-
> sias de fundación apostólica. Las doctrinas gnósticas son ajenas a esa regla de fe
> y están desvinculadas de las iglesias apostólicas, y por eso son falsas. En el siglo
> IV, **S. Vicente de Lerins** (+445) ofreció los criterios clásicos para comprobar si una
> doctrina pertenece a la verdad revelada: "En la Iglesia católica debe ponerse todo
> cuidado en sostener firmemente lo que ha sido creído en todas partes, siempre y
> por todos (*quod ubique, quod semper, quod ab omnibus*)" (*Commonitorium*, 2).

Hemos de formular una última cuestión: ¿cabe **progreso** en el depósito de la
fe? Hablar del **depósito de la fe** no implica presentar la revelación como algo
estático e inerte, donde no cabría desarrollo de ningún tipo o al menos un
cierto dinamismo propio de las realidades vivas.

> Ciertamente el depósito de la fe conlleva exclusividad en cuanto contiene todo
> y solo aquello que la Iglesia ha recibido de la predicación apostólica. En este
> sentido, intentar alterar el depósito con doctrinas erróneas (*novitates*, innova-
> ciones u originalidades en sentido negativo), supondría una infidelidad por
> alterar lo recibido y afectaría a la unidad de la fe. Sin embargo, la custodia y
> la fidelidad al depósito de la fe no excluyen un auténtico progreso, no en el
> contenido, según hemos visto más arriba, sino en la inteligencia del inagotable
> misterio de Cristo.

El depósito de la fe es una realidad viva, tanto por lo que encierra, que es la Palabra "viva y eficaz" (*Hb* 4, 12) de Dios, como por el lugar donde se halla y es custodiado: la conciencia de la Iglesia que vive de la Verdad de Dios y da a conocer, realizándola, la salvación operada por Cristo, muerto y resucitado.

4. La revelación confiada a la Iglesia

La revelación y la salvación de Dios están destinadas a todos los hombres de todos los tiempos y lugares. Para que ese designio divino pudiera realizarse, los apóstoles entregaron a la Iglesia el Evangelio que ellos habían recibido de Cristo y del Espíritu Santo (DV 7).

La Iglesia tiene la misión de continuar la acción salvadora de Cristo por la predicación y la reconciliación, pues solamente en ella se encuentra plenamente la verdad salvadora. Su misión es **conservar** y **transmitir** el Evangelio, pero no como propietaria sino como servidora, como depositaria y transmisora de un tesoro que ha recibido.

El servicio de la Iglesia a la revelación no es el resultado de una pura determinación histórica que entendería la Iglesia como una mera institución humana y provisional, sino que tiene su origen en el plan revelador y salvador de Dios y se halla en la misma línea de la mediación de Cristo participada por los apóstoles. El Concilio Vaticano II lo afirma con claridad: "Como el Padre envió al Hijo, así el Hijo envió a los apóstoles (...) Este solemne mandato de Cristo de anunciar la verdad salvadora, la Iglesia lo recibió de los apóstoles con la misión de llevarlo hasta el fin de la tierra" (LG 17).

> Aquellos que ven la fe como una relación privada entre el sujeto y Dios, sin referencia a una comunidad, se oponen a que la Iglesia sea la guardiana y transmisora de la revelación. Se descarta así cualquier tipo de mediación de la Iglesia, por considerarla como algo que atentaría contra el carácter soberano de la palabra de Dios. Sin embargo, esta interpretación de la fe como asunto meramente privado no facilita la conservación ni la transmisión de la fe, porque quedaría supeditada a la interpretación de un sujeto individual, sin referencia a su manifestación social e histórica.

4.1. La interpretación del depósito de la fe: una tarea de toda la Iglesia

La inteligencia de la revelación se realiza en la Iglesia a través del "sentido sobrenatural de la fe", y del magisterio de la Iglesia. El **sentido sobrenatural de la fe** (*sensus fidei*) expresa la inteligencia de la fe de todo el Pueblo de Dios; y el

magisterio de la Iglesia apunta a la misión específica que tienen los sucesores de los apóstoles de enseñar y dirigir al pueblo. Sentido sobrenatural de la fe y magisterio son realidades mutuamente implicadas, no solo en su ejercicio concreto, sino por la fuente de la que ambos se alimentan, que es el Espíritu Santo.

4.1.1. *"Sentido sobrenatural de la fe"*

El **sentido sobrenatural de la fe** (*sensus fidei*) es una expresión acuñada por la escolástica del s. XIII (Guillermo de Auxerre, san Alberto Magno, santo Tomás de Aquino…). Es una cualidad del alma del sujeto al que la gracia –fe, caridad, dones del Espíritu Santo– confiere una capacidad de percibir la verdad y de discernir lo que se opone a ella. El sentido de la fe es, entonces, una disposición cuasi innata al creyente por la que juzga de modo connatural, instintiva y experimentalmente sobre lo que Dios ha revelado. Viene a constituir una participación de la función profética de Cristo enriquecida por los dones del Espíritu Santo (CEC 91; LG 12).

> El **sentido de la fe del sujeto** (*sensus fidei*) adquiere su importancia como medio de transmisión de la revelación en cuanto **sentido de los fieles** (*sensus fidelium*), –ambas expresiones se utilizan a veces indistintamente– es decir, como "sentido sobrenatural de la fe de todo el pueblo de Dios". Así lo expresa también el *Catecismo de la Iglesia Católica*, citando *Lumen gentium* 12: "La totalidad de los fieles (…) no puede equivocarse en la fe. Se manifiesta esta propiedad suya, tan peculiar, en el sentido sobrenatural de la fe de todo el pueblo: cuando 'desde los obispos hasta el último de los laicos cristianos' muestran estar totalmente de acuerdo en cuestiones de fe y de moral" (LG 12).

El sentido de la fe se recibe en la Iglesia y enlaza con la fe de los apóstoles en Jesucristo y en su Evangelio. Todo lo que los discípulos vieron, oyeron y vivieron, su experiencia de la presencia física de Jesús, de su doctrina, de su vida, fue transmitido a la Iglesia.

Por ello puede hablarse de una **infalibilidad en el creer** (*infallibilitas in credendo*) por la que los fieles no pueden equivocarse cuando creen unánimemente una verdad como perteneciente al depósito de la fe, porque en ellos actúa el Espíritu Santo.

> Esta actividad que se ejerce por el **sentido sobrenatural de la fe** puede llegar a descubrir virtualidades reveladas que quizá pasan desapercibidas a los creyentes singulares. La infalibilidad *in credendo* se da cuando se cumplen estas condiciones: expresa un consentimiento unánime, se refiere a la revelación, es obra del Espíritu Santo, es reconocida por el magisterio (S. Pié-Ninot, "Sentido de la fe", en *Diccionario de Teología Fundamental*). Esto se pone de relieve en aquellas verdades de fe que no aparecen explícitamente en la Sagrada Escritura y que sin embargo

pertenecen al depósito de la fe y como tales son propuestas por la Iglesia, incluso dogmáticamente. El fundamento sobre el que se basa para hacerlo es que pertenecen al *sensus fidelium*. Así ha sucedido, por ejemplo, con los dogmas marianos de la Inmaculada Concepción y de la Asunción de la Virgen María, definidas por Pío IX en 1854 y Pío XII en 1950, respectivamente. En ambos casos hubo un explícito recurso al sentido de la fe del pueblo cristiano.

4.1.2. *El magisterio de la Iglesia, intérprete auténtico de la revelación*

La función profética que se despliega por medio del sentido de la fe está inseparablemente unida a la que realizan los pastores, a quienes pertenece la función de magisterio de la Iglesia, función entregada por Cristo a los apóstoles, y continuada por sus sucesores, los obispos (DV 10).

> En contra de esta idea, algunos teólogos protestantes (Harnack, por ejemplo) han afirmado que no existió una acción magisterial de la Iglesia hasta el siglo II, cuando en la lucha entre carismáticos y jerarcas, vencieron estos últimos. Esta interpretación ha sido descalificada, entre otros, por Congar, que ha mostrado que la idea de una autoridad de los ministros para enseñar a los fieles en continuidad con los apóstoles existe, de una u otra forma, en todos los documentos antiguos (Y. M.-J. Congar, *La tradición y las tradiciones*).

El *Catecismo de la Iglesia Católica* se refiere a la función del magisterio citando DV 10: "El oficio de interpretar auténticamente la palabra de Dios, oral o escrita, ha sido encomendado solo al magisterio vivo de la Iglesia, el cual lo ejercita en nombre de Jesucristo" (DV 10), es decir, a los obispos en comunión con el sucesor de Pedro, el obispo de Roma". (CEC 85)

La **misión de enseñar** (*munus docendi*) –que los apóstoles poseían de un modo único, por gozar personalmente del carisma de infalibilidad–, fue transmitida por ellos a sus sucesores, los obispos, junto con la **misión de gobernar** (*munus regendi*) y **de santificar** (*munus sanctificandi*). El magisterio no es algo extrínseco a la presencia de la revelación en la Iglesia, sino un momento esencial, integrante de la función profética de toda la Iglesia, y no reducible al mero sentido sobrenatural de la fe de todo el Pueblo de Dios.

Las relaciones entre revelación y magisterio están descritas *Dei Verbum* n. 10 (también LG 25). Podemos resumir estas enseñanzas en los siguientes puntos:

1) **El depósito de la palabra de Dios** (tradición y Sagrada Escritura) **ha sido confiado a la Iglesia** –pastores y fieles– la cual se mantiene unida en la fidelidad a la doctrina apostólica, a través de la conservación, la práctica y la profesión de la fe recibida.

2) **Solo el magisterio interpreta auténticamente la palabra de Dios**. La razón de ello no reside en una competencia humana adquirida para enseñar, o en la previa fundamentación científica de las cosas que predica, sino en la misma autoridad de Cristo que han recibido (LG 25). En consecuencia, el magisterio ha de ser recibido con espíritu de fe.

3) **El magisterio no está por encima de la palabra de Dios, sino a su servicio**. Los pastores no gozan del carisma de la inspiración, y en ese sentido su enseñanza no es formalmente palabra de Dios, si bien, en cuanto son maestros auténticos, gozan de la misma autoridad de Cristo (LG 25). Esto quiere decir que el magisterio "**no es norma constitutiva de la fe sino directiva**" en relación con la fe recibida de los apóstoles (R. Latourelle, *Teología de la revelación*). Su misión consiste en enseñar puramente lo transmitido, siendo fiel en su tarea, que es un derecho y un deber. El magisterio, en consecuencia, no es dueño de la palabra de Dios, sino servidor suyo en orden a la fe.

4) **El Espíritu Santo garantiza con su asistencia el cumplimiento del mandato divino sobre el magisterio**. Los actos del magisterio son: a) **escuchar** devotamente lo transmitido (el depósito); b) **custodiarlo** celosamente; c) **explicarlo** fielmente; y d) **extraer** de él todo lo que propone como revelado por Dios para ser creído. El Espíritu Santo otorga una fidelidad dinámica a quienes en la Iglesia tienen el deber de enseñar la palabra de Dios. Este don se hace especialmente patente en el carisma de infalibilidad de que goza el magisterio en materias de fe y costumbres.

5) Hay una íntima relación entre Tradición, Escritura y magisterio: no pueden darse ninguno de ellos separado de los demás, sin que al mismo tiempo quede esencialmente afectado el depósito y perdida la garantía eficaz de la salvación de las almas.

4.2. La infalibilidad de la Iglesia

El Concilio Vaticano II describe así el peregrinar de la Iglesia en este mundo y la acción de Dios en ella que asegura la fidelidad a su misión en la historia:

"Caminando, pues, la Iglesia a través de peligros y de tribulaciones, de tal forma se ve confortada por la fuerza de la gracia de Dios que el Señor le prometió, que en la debilidad de la carne no pierde su fidelidad absoluta, sino que persevera siendo digna esposa de su Señor, y no deja de renovarse a sí misma bajo la acción del Espíritu Santo hasta que por la cruz llegue a la luz sin ocaso" (LG 9)

La Iglesia posee la propiedad de la **indefectibilidad** –prometida por Cristo tras la confesión de Pedro en Cesarea de Filipo (*Mt* 16, 18)–, por la que en su ser y en su actuar no sucumbe a los avatares de la historia y se mantiene siempre fiel a la misión que ha recibido. Implica **perduración** a través del tiempo, e **identidad** consigo misma.

- La indefectibilidad de la Iglesia es el resultado de la **alianza de Dios con su pueblo**; alianza del Antiguo Testamento que se ha sellado definitivamente en el Nuevo con la Sangre de Cristo. La eucaristía se convierte así en signo y fuente de indefectibilidad para la Iglesia.

- La indefectibilidad no solo afecta al **ser** de la Iglesia, sino también a su **obrar**: administración de sacramentos, proclamación de la Palabra, etc.

La indefectibilidad de la Iglesia aplicada a su conocimiento y a su enseñanza de la revelación se denomina **infalibilidad**. Puede describirse como el carisma recibido de Dios mediante el cual la Iglesia no puede equivocarse en su función de enseñar y predicar el don de la revelación que le ha sido confiado.

> Algunos autores interpretan la infalibilidad de la Iglesia en un sentido reductivo. Por ejemplo, para el teólogo Hans Küng solo Dios sería infalible, no habiendo otra realidad fuera de Él a la que pueda atribuírsele la infalibilidad. Según él, la infalibilidad de la Iglesia se debería entender en el sentido de indefectibilidad: a pesar de las dificultades, de los cambios y de los errores que ha tenido y que tiene, la Iglesia prevalecerá. De esta manera, este autor niega la infalibilidad de la Iglesia en el orden de la captación de la verdad y la enseñanza de la doctrina.

La infalibilidad de la Iglesia es una **infalibilidad participada**, es decir, **recibida** de Dios. La Iglesia es infalible, no por sí misma, sino porque goza de una **asistencia infalible** del Espíritu Santo, que la preserva del error.

> Esta asistencia no otorga una iluminación a los pastores que les exima del estudio de la Sagrada Escritura y de la tradición, y de la docilidad al Espíritu Santo. El carácter participado de la infalibilidad eclesial manifiesta a su vez que la infalibilidad es parcial, es decir, se refiere solo a las cuestiones relativas a la fe y a la moral.

La infalibilidad se realiza tanto **en el creer** (*in credendo*) de todo el Pueblo de Dios a través del **sentido sobrenatural de la fe**, como **en el enseñar** (*in docendo*) correspondiente al magisterio de la Iglesia.

El ejercicio del carisma de infalibilidad puede revestir varias formas, según las diversas modalidades de magisterio. Lo describe el *Catecismo de la Iglesia Católica*, señalando al mismo tiempo cuál ha de ser la actitud del creyente en la recepción de esas enseñanzas (CEC 891-892).

La infalibilidad de la Iglesia va necesariamente acompañada de **perfectibilidad**, es decir, la infalibilidad no solo no se opone, sino que hace posible un auténtico progreso en el conocimiento de la fe.

4.3. Misión de la Iglesia en la transmisión de la fe: el desafío de la inculturación

En su tarea de transmitir la fe, la Iglesia desea que el mensaje de Cristo penetre en la sociedad, en la cultura y en la vida de los hombres. Ello exige tener en cuenta la mentalidad de cada persona y las diferentes sensibilidades culturales que hay en el mundo. Así lo expresó san Pablo VI: "Hay que evangelizar no por fuera, como si se tratara de añadir un adorno o un color externo, sino por dentro, a partir del centro de la vida y hasta las raíces de la vida" (Ex. Ap. *Evangelli nuntiandi*, 20). A este proceso se le llama **inculturación**.

> "El proceso de **inculturación** puede definirse como el esfuerzo de la Iglesia por hacer penetrar el mensaje de Cristo en un determinado medio sociocultural, llamándolo a crecer según todos sus valores propios, en cuanto son conciliables con el Evangelio. El término **inculturación** incluye la idea de crecimiento, de enriquecimiento mutuo de las personas y de los grupos, del hecho del encuentro del Evangelio con un medio social" (Comisión Teológica Internacional, *La fe y la inculturación*, 1987, n. 11).

La inculturación supone los siguientes elementos:

1) **Respeto y sensibilidad hacia las culturas**. Cada pueblo tiene su propia historia, sus tradiciones y sus costumbres. Al comunicar la fe, la Iglesia busca iluminar esas realidades con la luz de Cristo, respetando y valorando las verdades y bienes propios de cada cultura.

2) **Fidelidad a la revelación**. El fin de la predicación no es la adaptación del Evangelio a las culturas sino la transmisión de la verdad que salva. Las dificultades sociales o culturales en la transmisión de la fe no pueden llevar a la Iglesia a diluir o desvirtuar su mensaje. La inculturación y el diálogo con las religiones no puede dar ocasión al sincretismo (*ibid*, 14). Igualmente, la inculturación del Evangelio en sociedades modernas secularizadas exige a los responsables de la evangelización una actitud de acogida y de discernimiento crítico (*ibid*. 23).

3) Búsqueda de **nuevos métodos y lenguajes para comunicar la fe**. La revelación es superior a las culturas, pero también es cierto que al transmitir la revelación se transmite algo de cultura. Dios quiso unir la historia de la salvación a determinadas condiciones sociales y culturales. La encarna-

ción de Jesucristo tuvo lugar en un pueblo, una cultura y una época muy concretas. No todos esos condicionamientos son accidentales, por lo que deben conservarse para mantener íntegro el depósito de la fe. Pero eso no impide al cristiano la tarea de "buscar modos cada vez más apropiados para hacer llegar la doctrina a los hombres de su tiempo (…), con el mismo sentido y el mismo significado" (Conc. Vaticano II, Decreto *Ad gentes*, 10).

Ejercicio 1. Vocabulario

Identifica el significado de las siguientes palabras y expresiones usadas en el tema:

- Depósito de la fe (*depositum fidei*)
- Sentido sobrenatural de la fe (*sensus fidei*)
- Indefectibilidad de la Iglesia
- Infalibilidad de la Iglesia
- Tradición apostólica
- Tradiciones eclesiales
- Inculturación

Ejercicio 2. Guía de estudio

Contesta a las siguientes preguntas:

1. Señalar tres rasgos característicos de los Doce apóstoles que les constituyen en fundamento de la Iglesia y testigos de Jesucristo en un sentido único.
2. ¿Cuándo termina la revelación?
3. ¿Puede hablarse de progreso en la tradición de la Iglesia? ¿Qué enseña al respecto *Dei Verbum* 8?
4. Relaciones entre revelación y magisterio de la Iglesia, según DV 10.
5. ¿A qué se llama inculturación de la fe?

Ejercicio 3. Comentario de texto

Lee el siguiente texto y haz un breve comentario personal utilizando los contenidos aprendidos en el tema:

«La tarea principal de este concilio no es, por lo tanto, la discusión de este o aquel tema de la doctrina fundamental de la Iglesia, repitiendo difusamente la enseñanza de los

Padres y Teólogos antiguos y modernos, que os es muy bien conocida y con la que estáis tan familiarizados.

» Para eso no era necesario un concilio. Sin embargo, de la adhesión renovada, serena y tranquila, a todas las enseñanzas de la Iglesia, en su integridad y precisión, tal como resplandecen principalmente en las actas conciliares de Trento y del Vaticano I, el espíritu cristiano y católico del mundo entero espera que se dé un paso adelante hacia una penetración doctrinal y una formación de las conciencias que esté en correspondencia más perfecta con la fidelidad a la auténtica doctrina, estudiando esta y exponiéndola a través de las formas de investigación y de las fórmulas literarias del pensamiento moderno. Una cosa es la substancia de la antigua doctrina, del *"depositum fidei"*, y otra la manera de formular su expresión; y de ello ha de tenerse gran cuenta —con paciencia, si necesario fuese— ateniéndose a las normas y exigencias de un magisterio de carácter predominantemente pastoral.

» Al iniciarse el Concilio Ecuménico Vaticano II, es evidente como nunca que la verdad del Señor permanece para siempre. Vemos, en efecto, al pasar de un tiempo a otro, cómo las opiniones de los hombres se suceden excluyéndose mutuamente y cómo los errores, luego de nacer, se desvanecen como la niebla ante el sol». San Juan XXIII, *Discurso de apertura del Concilio Vaticano II* (11.10. 1962).

TEMA 4

CRISTIANISMO Y RELIGIONES

Jesucristo ha enviado a sus discípulos hasta los confines de la tierra para llevar la Buena nueva de la salvación a toda la humanidad: "Id, pues, y haced discípulos a todos los pueblos, bautizándolos en el nombre del Padre y del Hijo y del Espíritu Santo" (Mt 28, 19). Desde sus orígenes, el cristianismo ha vivido inmerso en un mundo religioso plural que ha planteado multitud de cuestiones sobre el fenómeno religioso y sobre la relación del cristianismo con las religiones no cristianas. Las actuales circunstancias sociales y culturales han hecho que la religión ocupe un puesto principal entre los intereses teológicos. De ello nos ocupamos en este tema.

> Para el estudio de este tema, conviene leer con atención el *Catecismo de la Iglesia Católica*, 839-856.

SUMARIO

1. Apuntes históricos 1.1. Nuevo Testamento 1.2. Padres de la Iglesia 1.3. Edad Media 1.4. El humanismo y la Reforma 1.5. El pensamiento ilustrado • **2. Posturas teológicas** 2.1. Exclusivismo 2.2. Inclusivismo 2.3. Pluralismo • **3. Magisterio de la Iglesia** 3.1. En torno al Concilio Vaticano II 3.1.1. Los "no-cristianos" 3.1.2. Las religiones "no-cristianas" 3.2. Magisterio reciente • **4. Teología de las religiones** 4.1 Valor teológico de las religiones 4.2. Revelación de Cristo y religiones 4.3. La Iglesia y las religiones

1.1. Nuevo Testamento

En los *Hechos de los Apóstoles* (17, 16-34) se narra la actuación de san Pablo en el Areópago de Atenas. Es interesante percibir que su discurso establece una relación entre la religión y el cristianismo, reconociendo el valor de la religiosidad como preparación a la fe. La religión no es para él un fenómeno negativo sino una realidad llamada a alcanzar su plenitud en el encuentro con el Dios vivo revelado por Cristo. De alguna manera, el Apóstol de los Gentiles desea poner nombre y definir las características de ese "dios desconocido" que hay en el corazón de toda religiosidad y de todo hombre.

1.2. Padres de la Iglesia

Los padres de la Iglesia no hacen un desarrollo teológico completo sobre las religiones. Las reflexiones de los **padres apologistas** nacen de la necesidad de defender el cristianismo frente a las críticas y las persecuciones, para lograr que la fe cristiana sea tolerada en el Imperio. Solo después comienza una reflexión más sosegada.

La actitud de los padres hacia las religiones no cristianas es, en términos generales, positiva, aunque también encontramos valoraciones negativas.

- Algunos de ellos (**Tertuliano**, etc.) consideran las religiones como algo falso, corrupto, e incluso diabólico, y valoran negativamente la actividad de la razón humana aplicada a la fe.

- Por el contrario, los padres de formación helenística (S. Justino, S. Clemente de Alejandría) juzgan la religión de forma positiva, como una expresión del modo de ser propio del hombre.

    San Justino (100-165). En sus apologías critica duramente a la religión pagana afirmando que sus ritos y creencias son irracionales, y su práctica supone un insulto a Dios. Pero defiende el valor de la filosofía, en la cual actúa el Logos divino. De este modo, fija su atención en la continuidad entre la razón y la fe, entre la filosofía y la religión verdadera. También introduce en la teología cristiana la idea de una "economía salvífica", entendida como desarrollo gradual de los planes divinos en la historia. Para ello usa la expresión "**semillas del Verbo**" (*Logoi spermatikoi*), para indicar las semillas de verdad que Dios diseminó en toda la humanidad, también en la filosofía.

Sus reflexiones contienen algunas enseñanzas importantes en las relaciones entre cristianismo y religiones: la voluntad salvífica universal de Dios; la necesidad de la gracia de Cristo y de la Iglesia para la salvación; o la imagen divina en el hombre.

1.3. Edad Media

La religión no es un tema debatido en la época medieval, pues no plantea problemas en un mundo marcadamente cristiano (*societas christiana*).

> **Santo Tomás de Aquino** (c 1225-1274), siguiendo a san Agustín, estudia la religión como virtud y ofrece de ella una definición sustantiva: **la religión es propiamente el orden recto del hombre hacia Dios** (*religio proprie importat ordinem ad Deum, Suma Teológica*, II-II, q. 8. a. 1). Reconoce que los infieles pueden realizar buenas obras, y admite su salvación siempre que posean una fe en Cristo, que puede ser implícita.
>
> Desde otro ángulo totalmente diverso, el cardenal **Nicolás de Cusa** (1407-1464) insiste en la necesidad de tolerancia y concordia mutua entre las diversas religiones. En su tratado *De pace fidei*, compuesto con ocasión de la caída de Constantinopla ante los turcos en 1453, sostiene que todas las religiones poseen un núcleo de verdad, pero ninguna de ellas tiene la verdad absoluta, ni siquiera el cristianismo-catolicismo histórico, aunque esta alcanza un máximo grado de aproximación. La verdad religiosa de fondo que hay en las religiones debe ser aceptada dialógicamente por todas las tradiciones religiosas para alcanzar la paz y evitar conflictos. Esta postura ha sido criticada por su tendencia irenista, y por la reducción dogmática que esconde su propuesta de **religión racional**, capaz de tolerar la diversidad de ritos, de tradiciones, para alcanzar la paz de la fe). Esta se mueve en un nivel abstracto y presenta cierto carácter utópico. En cualquier caso, Nicolás de Cusa fue el precursor de la discusión que sobre las religiones tendrá lugar tres siglos más tarde en la Ilustración alemana.

1.4. El humanismo y la Reforma

Durante los siglos XV, XVI y XVII, el descubrimiento de nuevos mundos –pueblos, culturas y religiones–, plantea a la reflexión teológica cuestiones urgentes de cara a la actividad misionera de la Iglesia. Nace así el Tratado "Sobre la verdadera religión" (*De vera religione*), con la salvación de los no-cristianos como tema de fondo. Esto permite un avance en la rígida interpretación medieval del principio "**fuera de la Iglesia no hay salvación**" (*extra ecclesiam nulla salus*), y un desarrollo de la doctrina de la ignorancia invencible y de la fe implícita.

Por otro lado, la Reforma protestante es ocasión para la elaboración de un nuevo tratado teológico "Sobre la verdadera Iglesia de Cristo" (*De vera Ecclesia Christi*), que prolonga la pregunta sobre la religión verdadera y plantea interrogantes sobre la capacidad de la razón humana para conocer a Dios.

1.5. El pensamiento ilustrado

La Ilustración del siglo XVIII se caracteriza por un pensamiento emancipado de la fe y una valoración negativa del fenómeno religioso, pues la razón ilustrada pone su atención en los problemas que plantea la existencia de diversas religiones: guerras de religión, conflictos sociales, etc. Para los ilustrados la posibilidad o existencia de una religión revelada anularía y excluiría las demás. También ponen en duda todo aquello que en la religión supera lo explicable racionalmente, al considerar que su aceptación sería una superstición.

En este tiempo nace la filosofía de la religión como saber emancipado de la teología. La Ilustración propone la idea de una **religión natural** como religión independiente de toda revelación histórica, de contenidos exclusivamente éticos (Voltaire, Rousseau), común a todos los hombres y, por tanto, según ellos, instrumento de paz y unidad y no de división. Esta concepción reduccionista de la religión, que la despoja de contenidos dogmáticos y la convierte en una moral de mínimos, nace de un planteamiento escéptico respecto a la verdad y se refleja en el relativismo presente en el mundo actual.

2. Posturas teológicas

La relación entre el cristianismo y las religiones ha producido una literatura abundante en la teología reciente. Las posturas se distinguen principalmente según sitúan la especificidad del cristianismo en el nivel de la Iglesia, de Jesucristo o de Dios. Se pueden reducir a tres formas o aproximaciones: **exclusivista**, **inclusivista**, y **pluralista** o **relativista**.

2.1. Exclusivismo

Se trata de un **eclesiocentrismo** exclusivista que hace una interpretación rigorista del principio "fuera de la Iglesia no hay salvación" (*extra Ecclesiam nulla salus*), excluyendo de la salvación a todos los que no pertenecen físicamente a la Iglesia.

Entre los católicos esta postura fue planteada por el sacerdote jesuita Leonard Feeney en Boston a finales de los años 40, pero el Santo Oficio condenó esta doctrina en una carta al arzobispo de Boston (D. 3866-3873). Tras la enseñanza de Pío XII y, sobre todo, del Vaticano II, que afirman la posibilidad de la salvación para quienes no pertenecen visiblemente a la Iglesia, esta teoría no es defendida por los teólogos católicos. El *Catecismo de la Iglesia Católica* (nn. 846-847) enseña que la afirmación "**fuera de la Iglesia no hay salvación**" significa que la salvación viene de Cristo a través de la Iglesia, que es su Cuerpo, pero que esa afirmación no se aplica a quienes, sin culpa propia, no conocen a Cristo y su Iglesia, y buscan sinceramente a Dios. Sin embargo, la Iglesia tiene la responsabilidad y el derecho de evangelizar.

2.2. Inclusivismo

Se relaciona con el **cristocentrismo**. La posición inclusivista no opone la **unicidad** y **universalidad** de la salvación en Cristo frente a las religiones, sino que relaciona ambas realidades. Considera que la verdad de Cristo contiene y trasciende todo lo que de verdadero y bueno hay en las otras religiones. Cristo es la plenitud a la que tiende la auténtica religiosidad que en Él alcanza un sentido último. Esto supone el reconocimiento del valor fundamental de las religiones y su orientación hacia Cristo. En las religiones puede haber salvación, pero ellas no gozan de autonomía o independencia salvífica, sino que es siempre salvación en Cristo. Esta postura es la más difundida entre los teólogos católicos. Trata de conciliar la voluntad salvífica universal de Dios con el hecho de que cada hombre se realiza en el interior de una tradición cultural y religiosa.

2.3. Pluralismo

Esta postura adopta el **teocentrismo** como clave de comprensión de las religiones (Comisión Teológica Internacional, *El cristianismo y las religiones*, 13): lo esencial de las religiones es que todas se refieren a Dios. La consecuencia es, entonces, el llamado pluralismo religioso, para el que la religión depende de tal modo de las diversas situaciones culturales que es vana la pretensión de una religión particular de ser absoluta y definitiva. Se llega así a una postura *relativista* para la que todas las religiones son iguales desde el punto de vista salvífico (J. Ratzinger, "Sobre la situación actual de la fe y de la teología", 1996).

> Entre sus representantes más destacados de esta postura pueden citarse al pensador inglés John Hick y al americano P. F. Knitter.

En el siguiente cuadro se resumen las tres aproximaciones:

	PERSPECTIVA	RELACIÓN REVELACIÓN/ RELIGIONES	SALVACIÓN EN LAS RELIGIONES	DIÁLOGO INTERRELI- GIOSO
Aproximación exclusivista	Eclesiocentrismo	Exclusión	NO	Imposible
Aproximación inclusivista	Cristocentrismo	Diferencia y No-oposición	Sí, pero no autónoma	Sí, sin renunciar a la propia identidad
Aproximación pluralista	Teocentrismo	Igualdad	Sí, de modo autónomo	Sí, pero peligro de relativismo

3. Magisterio de la Iglesia

La Iglesia se ha ocupado de las religiones sobre todo en tiempos recientes, a través de las enseñanzas de los Romanos Pontífices y, especialmente, de la doctrina del Conc. Vaticano II.

Hasta entonces, las enseñanzas magisteriales se referían casi exclusivamente a la cuestión de la salvación de los paganos o infieles, y a la necesidad de la Iglesia para la salvación. Interesaba buscar una correcta interpretación del principio "fuera de la Iglesia no hay salvación" (*extra Ecclesiam nulla salus*).

> Inicialmente este principio había sido formulado por Orígenes en un concreto contexto histórico con referencia a los judíos, y por san Cipriano en relación con la necesidad de unidad con el obispo. Posteriormente, fue empleado de una manera más absoluta por otros autores (Lactancio, san Jerónimo, san Agustín y Fulgencio de Ruspe). En el siglo XIII encontramos referencias magisteriales al principio "extra Ecclesiam" contra los cismáticos (Inocencio III, IV Concilio de Letrán (1215-1216), Bonifacio VIII, Concilio de Florencia (1442)). En los siglos siguientes hay un cambio de perspectivas que valora más las obras de los infieles: no todo lo que ellos hacen es pecado y vicio (S. Pío V); no todo lo que realizan está privado de toda gracia (Decreto del Santo Oficio (1690) contra los jansenistas). Posteriormente, Pío IX, además de condenar el indiferentismo religioso, afirma la posibilidad de salvación para los que por ignorancia invencible no conocen el cristianismo, y viven además conforme a la verdadera naturaleza del hombre (ley natural). Ya en el siglo XIX, el Concilio Vaticano I, sin ocuparse directamente del valor de las religiones o de la salvación de los no-creyentes, afirma la posibilidad de un conocimiento natural-racional de la existencia de Dios, en el que pueden basarse las religiones.

3.1. En torno al Concilio Vaticano II

El Concilio Vaticano II supone nueva sensibilidad teológica –más moderna, menos polémica– en el modo de referirse a las religiones y a los no-cristianos, que se manifiesta también en un cambio de lenguaje que se debe principalmente a san Pablo VI: términos como **paganos, infieles**... van cediendo paso a la expresión "no-cristianos"; se va asumiendo la denominación "religiones no-cristianas", en sustitución de vocablos como **filosofías, culturas, artes, ciencias, costumbres**; etc.

Diversos documentos magisteriales –Enc. *Ecclesiam suam* (1964), Ex. Ap. *Evangelii nuntiandi* (1975)– reconocen el valor positivo de las religiones como búsqueda de Dios e intento de respuesta a las preguntas fundamentales del ser humano, pero al mismo tiempo señalan la necesidad anunciar a Cristo, ya que las religiones no pueden realizar por ellas mismas aquello a lo que aspiran.

En esta época el magisterio pone más atención en la **comprensión de las religiones no-cristianas** que en la condición de los creyentes individuales de otras religiones, puesto que ya existía una doctrina bastante definida sobre la salvación de los no cristianos; en cambio, apenas se había reflexionado sobre las religiones como formas históricas concretas.

En la enseñanza del Concilio Vaticano II el avance será todavía mayor ya que no solo se recordará la posibilidad de salvación de los no-cristianos, sino que también se hablará de la posibilidad de que las "religiones no-cristianas" tengan elementos de salvación y sirvan de "**preparación evangélica**" para la acogida de la única verdadera religión.

3.1.1. Los "no-cristianos"

La cuestión aparece tratada en varios documentos:

- Se alude a la presencia del hombre religioso en los orígenes, y al testimonio que Dios le ofrece en las cosas creadas y en la revelación sobrenatural, ya desde el principio, también tras el pecado (DV 3).

- Se recuerda que los no cristianos pueden conseguir la salvación eterna, no por sí mismos sino ayudados por la gracia divina, si buscan sinceramente a Dios y se esfuerzan en ser fieles a su conciencia y llevar una vida recta (AG 8; LG 16).

- Se reconoce que la Iglesia aprecia todo lo bueno y verdadero que se da entre los no cristianos como preparación evangélica. (LG 16).

- Se subraya que **Cristo es el principio de salvación** para todo el mundo; con su acción hace que cobre vigor y se perfeccione todo lo bueno que hay en la mente y el corazón de los hombres (LG 17). Él constituyó a su Iglesia como sacramento universal de salvación (LG 48).

- Se habla del designio salvador universal de Dios que se realiza de un modo casi secreto en la mente de los hombres, pero también por los esfuerzos, incluso religiosos, con los que el hombre busca a Dios de múltiples modos. Estos esfuerzos necesitan ser iluminados y sanados, aunque pueden ser considerados a veces como parte de la **pedagogía** hacia el Dios verdadero o como preparación evangélica (AG 3). Por ello los evangelizadores han de examinar "el modo de incorporar a la vida religiosa cristiana esas tradiciones cuya semilla ha esparcido Dios con frecuencia en las diversas culturas antes de la proclamación del Evangelio" (AG 18).

- Se afirma que la **incorporación al misterio pascual de Jesús** está **abierta a todos los hombres de buena voluntad**, en cuyo corazón la gracia obra de modo invisible (LG 16). "Cristo murió por todos, y la vocación suprema del hombre en realidad es una sola, es decir, la divina. En consecuencia, debemos creer que el Espíritu Santo ofrece a todos la posibilidad de que, en la forma de solo Dios conocida, se asocien a este misterio pascual" (GS 22).

3.1.2. *Las religiones "no-cristianas"*

La enseñanza sobre las religiones no cristianas se contiene en la **Declaración** *Nostra aetate* (NA).

> El hecho de ser una **Declaración** el tipo de documento conciliar de menor rango, o de ser el documento más breve del Vaticano II, no limita de ningún modo su importancia, ya que expresa el significativo paso que dio el concilio al ocuparse de las religiones no cristianas.

- *Nostra aetate* relaciona la religión con las **respuestas que el hombre trata de encontrar a sus interrogantes más profundos** (NA 1, 2; GS 10).

- Un texto central del documento señala: "La Iglesia católica no rechaza nada de lo que en esas religiones hay de verdadero y santo. Considera con sincero respeto aquellos modos de obrar y de vivir, los preceptos y doctrinas que, aunque discrepen mucho de lo que ella profesa y enseña, no pocas veces reflejan un deseo de aquella verdad que ilumina a todos los hombres. Anuncia y tiene la obligación de anunciar constantemente a Cristo, que es el camino, la verdad y la vida (*Jn* 14, 6) en quien los hombres encuentran la plenitud de la vida religiosa y en quien Dios reconcilió consigo todas las cosas" (NA 2).

- Los números sucesivos presentan sucintamente y sin valoraciones teológicas los puntos de contacto del cristianismo con el islam (n.3) y con la religión judía (n. 4). Termina con una referencia al principio de la fraternidad universal y a la necesidad de respetar la libertad religiosa de todas las personas (n. 5).

Cabe mencionar también la **Declaración** *Dignitatis humanae* sobre la libertad religiosa, donde se afirma que la "única verdadera religión que subsiste en la Iglesia católica..." (DH 1), según analizaremos más adelante.

3.2. Magisterio reciente

El pontificado de **san Juan Pablo II** fue rico en gestos significativos de diálogo interreligioso –como los encuentros de Asís (1984, 2002) para orar por la paz–, y también en documentos que se refieren de una u otra manera a los no-cristianos y a las religiones no-cristianas: Encíclica *Redemptoris missio* (1990), sobre la permanente validez del mandato misionero; *Diálogo y anuncio* (1991) del Pontificio Consejo para los no-creyentes y la Congregación para la evangelización de los pueblos, sobre el diálogo interreligioso y el anuncio del Evangelio; *El cristianismo y las religiones* (septiembre 1996), de la Comisión Teológica Internacional; Decl. *Dominus Iesus* (2000), de la Congregación para la Doctrina de la Fe.

> *Redemptoris missio* reflexiona sobre el hombre a quien va destinada la evangelización. Toda persona está llamada a la comunión con Dios, pero esa vocación solo se realiza en plenitud por medio de Cristo y bajo la acción del Espíritu Santo (RM 5). La salvación está destinada a todos los hombres, de manera que todos tienen acceso a ella en virtud de la gracia, a través de una misteriosa relación con Cristo, el Espíritu Santo y la Iglesia (RM 10). La presencia y la acción del Espíritu Santo no afectan únicamente a los individuos sino también a la sociedad, a las culturas y a las religiones (RM 28). Ahora bien, el Espíritu Santo no es alternativo a Cristo, de manera que la **acción universal** del Espíritu no puede separarse ni confundirse con su **acción particular** en el seno de la Iglesia (RM 29).

Las enseñanzas magisteriales en los pontificados de **Benedicto XVI** y de **Francisco** van en continuidad con las enseñanzas anteriores, siendo también significativos los numerosos gestos de diálogo con los miembros de religiones no cristianas.

> Ambos papas se han referido explícitamente al diálogo interreligioso en algunos de sus escritos: Benedicto XVI en la Ex. Ap. *Verbum Domini* (2010), 117-120, y Francisco en la Ex. Ap. *Evangelii gaudium* (2013), 250-254.

La teológica fundamental se ocupa de la religión en su doble sentido: **objetivo**, es decir, del valor teológico de las religiones en cuanto realidades históricas (doctrinas, ritos, normas, etc.); y **subjetivo**, es decir, de la **religiosidad** de los creyentes de las diversas religiones, especialmente de su posibilidad de salvación en Cristo y en la Iglesia, aunque sea por caminos misteriosos. En los siguientes apartados tratamos sintéticamente algunos puntos relativos a estas cuestiones.

4.1. Valor teológico de las religiones

La religión es el movimiento del hombre en busca de Dios, que se funda y se hace posible por una previa llamada divina iniciada en la creación. Por tanto, la religión tiene su **origen en la revelación natural o cósmica**, no en la revelación histórica.

La religión es, en el hombre, **una realidad original**, no derivada, por ejemplo, de la cultura, de la economía o de su naturaleza social. La religión establece una auténtica relación del hombre con Dios, que está enraizada en la más íntima estructura de la naturaleza humana: "El hombre es por naturaleza y por vocación un ser religioso" (CEC 44).

La religión está **afectada por el pecado**, como todas las realidades humanas. Por eso, junto a sus posibles elementos de verdad, cabe que alberguen otros ambiguos o falsos. Esto implica que **no todas las religiones son iguales en cuanto a su perfección**.

> Será más perfecta y verdadera aquella religión en la que la relación del hombre con Dios esté expresada de una manera más auténtica; aquella en la que Dios sea entendido de un modo más perfecto; y aquella que en sí misma no contenga elementos ambiguos y erróneos. Esto solo se da en plenitud en la revelación cristiana. La religión, por tanto, puede desvirtuarse hasta convertirse en un principio sustentador del orgullo humano, de autojustificación, de deformaciones y abusos, que cristaliza en diversas degeneraciones (magia, religión como ideología, fanatismo religioso).

Las religiones son la concreción histórica de una experiencia religiosa vivida en una **comunidad** a lo largo de un periodo de tiempo. La encarnación de esta experiencia en **doctrinas**, **tradiciones**, **ritos** y **normas** puede favorecer el desarrollo de los elementos auténticos de aquella experiencia, o, por el contrario, desviarlos. Los elementos auténticos, tanto de la religiosidad como de las religiones, están dotados de un dinamismo abierto continuamente a una relación más verdadera con Dios y a una continua purificación.

El concepto patrístico de "**semillas del Verbo**" indica los elementos verdaderos que pueden contener las religiones y que preparan a la nueva y definitiva relación con Dios traída por Cristo.

4.2. Revelación de Cristo y religiones

La revelación cristiana tiene lugar sobre la **estructura de la relación religiosa natural** entre Dios y el hombre, pero no por ello es **una** religión más junto a las demás, ni siquiera la culminación de la religión. La revelación cristiana tiene su **origen en la iniciativa amorosa de Dios** que en Jesucristo se autocomunica al hombre para salvarlo. "El cristianismo –afirma san Juan Pablo II– es una religión de salvación, es decir soteriológica" (San Juan Pablo II, *Cruzando el umbral de la esperanza*). Cristo, centro y plenitud de la revelación, es el Salvador, "el único nombre en que podéis ser salvados... (*Hch* 4, 12).

Jesucristo es el único que salva y el Salvador universal. Esta verdad sobre la unicidad y universalidad salvífica de Jesucristo fue subrayada con fuerza en la Declaración *Dominus Iesus*.

> Como ya hemos visto más arriba, el **pluralismo relativista** no admite la unicidad y universalidad salvífica de Cristo, y prefiere hablar de Dios (**teocentrismo**) más que de Cristo: lo importante para los representantes de esta postura es la relación con Dios, no con Cristo. Tampoco, aunque por otras razones, el **exclusivismo eclesiocéntrico** resulta teológicamente aceptable. En este caso se trataría de una identificación tal entre Cristo y la Iglesia que la no incorporación a la Iglesia visible supondría la negación de toda relación con Cristo.

La relación entre Jesucristo y las religiones se debe comprender a la luz de **dos axiomas fundamentales**:

1) La salvación de Dios nos llega solamente en el Cristo predicado por la Iglesia;

2) La voluntad salvífica de Dios es verdaderamente universal.

> Entre estos dos principios surge una tensión fecunda que evita los extremismos. Todos los hombres pueden recibir esa salvación que responde a la iniciativa del Padre, y que esa salvación viene por Cristo, tanto si lo saben como si no lo saben.

Al cumplir una **función sanante y purificadora** respecto a los aspectos negativos de la religiosidad humana (LG 17; AG 3), la revelación es moralmente necesaria (Conc. Vaticano I, *Dei Filius* cap. 2. D 3004-5/1785-6). Libra a la

inteligencia humana de los errores en la comprensión de Dios, las cosas y el
ser humano, y rescata a la voluntad de la tentación del subjetivismo, de la
tendencia a la autosalvación o de la tentación de subordinar a Dios a los fines
humanos. Esta acción sanante y purificadora es necesaria, dado que la naturaleza humana es naturaleza caída

La revelación también eleva la religión al nivel de la comunión íntima con
Dios, a través de la filiación divina.

> Si en las religiones el hombre se dirige a Dios como el Creador, el Trascendente,
> el totalmente Otro al que se debe adorar y en quien se confía, a partir de Cristo el
> hombre entra a participar de la misma vida divina como hijo de Dios. Esta nueva
> relación, confirma la confianza en Dios y todo lo auténticamente humano, religio
> sidad incluida –la gracia no destruye la naturaleza– pero lo eleva más allá, hasta
> situarlo en un contexto nuevo de gracia.

4.3. La Iglesia y las religiones

Las relaciones entre la Iglesia y las religiones no-cristianas son lógicamente
una prolongación de la relación que estas últimas tienen con Cristo.

En continuidad a la unicidad y universalidad de la salvación en Jesucristo
puede hablarse del **carácter único y universal de la salvación en la Iglesia**.
En este caso, la Iglesia debe ser entendida no en sentido jurídico o visible sino
como "la Iglesia que es en Cristo como un sacramento universal, es decir, un
signo o instrumento de la unión íntima con Dios y de la unidad de todo el
género humano" (LG 1; AG 1; GS 42,45).

> Si se puede decir que Cristo es el **sacramento** del encuentro con Dios, la Iglesia
> sería el "sacramento de Cristo". Por ello, el centro no es la Iglesia (eclesiocentris
> mo), sino Cristo.

La dimensión eclesial de la salvación no se puede olvidar o minusvalorar. Incluso la acción de la gracia fuera de la Iglesia visible no se desarrolla independientemente de la Iglesia considerada en su misterio.

Como confiesa el Concilio Vaticano II en la declaración *Dignitatis humanae* sobre la libertad religiosa, "**esta única verdadera religión subsiste en la Iglesia
católica y apostólica**, a la cual el Señor Jesús confió la obligación de difundirla
a todos los hombres" (DH 1).

> El concilio utiliza aquí la misma terminología que aparece en LG 8. Allí se decía
> que la única Iglesia de Cristo "subsiste en la Iglesia católica" (*subsistit in Ecclesia
> Catholica*). Aquí la afirmación se dirige a **la única religión verdadera** de la que

"creemos que subsiste en la Iglesia católica y apostólica". De ese modo se afirma que, aunque haya elementos de verdad en las religiones, la verdad plena se encuentra en la Iglesia de Cristo. De ahí brota la obligación de buscar la verdad, de modo particular sobre Dios y sobre su Iglesia, y una vez conocida, de adherirse a ella.

Respecto a la pregunta sobre si en las religiones se puede hablar de **revelación**, se debe distinguir entre el concepto **teológico** de revelación y el concepto **fenomenológico**. En este último sentido, son religiones de revelación todas aquellas que se consideran fundadas sobre una revelación divina. Pero aquí interesa el concepto teológico de revelación, es decir, si hay en una religión concreta verdadera autocomunicación divina como la que se ha dado de modo definitivo y pleno en Cristo. En esta cuestión es especialmente importante establecer la relación entre el cristianismo y cada una de las religiones.

> Por ejemplo, en el **judaísmo** hay revelación de Dios, y testimonio de ello son los libros del Antiguo Testamento, los cuales, sin embargo, solo reciben su sentido pleno en el Nuevo. También hay algunos elementos de revelación en el **islam**, en la medida en que recogen figuras o doctrinas bíblicas, aunque los interpretan en sentido diverso. En cambio, no es tan claro que suceda lo mismo en religiones que pertenecen a otras tradiciones o culturas (religiones asiáticas, animistas, etc.).

Libros sagrados. Aunque en las religiones puede haber "semillas del Verbo" y elementos de verdad, y existan en ellas personas religiosas movidas por el Espíritu de Dios, eso no justifica en ningún caso la equiparación de los **libros sagrados** de algunas religiones con el Antiguo Testamento, que contiene la preparación inmediata de la revelación de Cristo.

> Si bien no cabe excluir, en los términos indicados anteriormente, una cierta iluminación divina en la composición de tales libros, no se pueden considerar "inspirados" en el mismo sentido en que lo son los libros canónicos (DV 11; *Dominus Iesus*, 8). La tradición de la Iglesia reserva únicamente la calificación de "textos inspirados" a los libros canónicos del Antiguo y del Nuevo Testamento.

En cuanto al **valor salvífico de las religiones no-cristianas**, el magisterio reciente de la Iglesia ha puesto de manifiesto que hay una presencia del Espíritu Santo, del Espíritu de Cristo, en las religiones. A la luz de esta presencia, no se puede excluir la posibilidad de que estas ejerzan, como tales, una cierta función salvífica. Si el Espíritu Santo obra de modo salvífico en los corazones de los hombres tomados como individuos, no resulta fácil justificar que no pueda ser salvífica su acción en las religiones y en las culturas (*El cristianismo y las religiones*, 84; *Dominus Iesus*, cap. VI). Se trata de la **acción universal del Espíritu Santo** que anima a la Iglesia.

La relación entre religiones no-cristianas y revelación cristiana es la que existe entre una preparación y su término.

> No se puede establecer un paralelismo entre la relación del cristianismo con las religiones y la relación de la Iglesia católica con otras Iglesias y Confesiones cristianas, ya que en el ámbito ecuménico no está en discusión la presencia de Cristo ni su carácter salvador, mientras que en las religiones no cristianas, en cambio, la referencia a Cristo no va más allá de lo implícito, existiendo además una diversidad considerable tanto en creencias como en vida religiosa.

Ejercicio 1. Vocabulario

Identifica el significado de las siguientes palabras y expresiones usadas en el tema:

- Semillas del Verbo
- Preparación evangélica
- Declaración *Nostra aetate*
- Unicidad y universalidad de la salvación en Jesucristo

Ejercicio 2. Guía de estudio

Contesta a las siguientes preguntas:

1. ¿Qué dos axiomas fundamentales iluminan la relación entre Cristo y las religiones?

2. ¿Cómo debe interpretarse el principio clásico "fuera de la Iglesia no hay salvación"?

3. ¿Qué entienden los autores ilustrados por "religión natural"?

4. Que la "verdadera religión subsiste en la Iglesia Católica y apostólica" (DH 1), ¿significa que las demás religiones son falsas? Explicar la respuesta.

5. ¿Pueden considerarse como "textos inspirados" los libros sagrados de algunas religiones?

6. ¿Qué enseña el Concilio Vaticano II sobre las "religiones no-cristianas"?

7. Explicar sintéticamente las posturas teológicas sobre la relación entre cristianismo y las religiones: exclusivismo, inclusivismo y pluralismo.

Ejercicio 3. Comentario de texto

Lee el siguiente texto y haz un breve comentario personal utilizando los contenidos aprendidos en el tema:

«La Iglesia Católica no rechaza nada de lo que en estas religiones hay de santo y verdadero. Considera con sincero respeto los modos de obrar y de vivir, los preceptos y doctrinas, que, por más que discrepen en muchas cosas de lo que ella profesa y enseña, no pocas veces reflejan un destello de aquella Verdad que ilumina a todos los hombres. Anuncia y tiene la obligación de anunciar constantemente a Cristo, que es "el camino, la verdad y la vida" (*Jn* 14, 7), en quien los hombres encuentran la plenitud de la vida religiosa y en quien Dios reconcilió consigo todas las cosas (cf. 2 *Co* 5, 18-19). Por consiguiente, exhorta a sus hijos a que, con prudencia y caridad, mediante el diálogo y a colaboración con los adeptos de otras religiones, dando testimonio de la fe y la vida cristiana, reconozcan, guarden y promuevan aquellos bienes espirituales y morales, así como los valores socioculturales que en ellos existen». Concilio Vaticano II, Decl. *Nostra aetate*, 2.

TEMA 5

LA FE, RESPUESTA DEL HOMBRE A DIOS

¿Qué es la fe cristiana? ¿Qué significa creer? A lo largo de la historia, la cuestión del acto de fe ha sido un tema constante de interés teológico, especialmente en los últimos dos siglos en relación con el estudio de la revelación. Debido a su complejidad y los debates que ha generado, se le ha apodado la "**cruz de los teólogos**" (*crux theologorum*).

En este tema examinamos primeramente el modo en que la fe aparece en la Biblia, en los padres de la Iglesia, en la historia de la teología y en el magisterio eclesial. Después estudiamos la dimensión antropológica del acto de fe, que muestra que la fe es un acto plenamente humano. Finalmente, analizamos los diversos sentidos que el lenguaje aplica a la palabra "creer" para ver qué es lo específico del acto de fe cristiano. En el Tema 6 completaremos la reflexión teológica sobre la fe.

> Para el estudio de los Temas 5 y 6 resultará provechosa la lectura de los siguientes textos: constitución dogmática *Dei Verbum*, 5; constitución pastoral *Gaudium et spes*, cap. I; y el *Catecismo de la Iglesia Católica*, 142-184.

SUMARIO

1. ¿Qué es la fe cristiana? 1.1. Noción bíblica 1.1.1. La fe en el Antiguo Testamento 1.1.2. La fe en el Nuevo Testamento 1.2. Enseñanzas patrísticas 1.2.1. La controversia gnóstica 1.2.2. Formulación del principio de la "regula fidei" 1.2.3. San Agustín 1.3. La fe en la historia de la teología 1.4. Magisterio de la Iglesia sobre la fe · **2. El hombre, "capaz de Dios"** · **3. ¿Qué significa creer?** 3.1. Fe humana y sentidos del creer 3.2. El creer y otras formas de conocimiento 3.3. Entendimiento y voluntad en el acto de fe 3.4. Creer, saber, conocer

1. ¿Qué es la fe cristiana?

1.1. Noción bíblica

En castellano "**creer**" puede indicar bien una opinión insegura, bien una adhesión firme fundada en la confianza interpersonal ("creo en ti"). En la Biblia designa el segundo sentido, pues tanto para el Antiguo como para el Nuevo Testamento Dios es el único objeto del creer.

La cuestión de la fe está presente de modo constante en la Escritura, ya que lo primero que se le pide al hombre es que crea y se convierta (*Mc* 1, 15). Además, la noción bíblica de fe posee una densidad extraordinaria, especialmente en los escritos neotestamentarios.

1.1.1. La fe en el Antiguo Testamento

En el hebreo del **Antiguo Testamento** no existe un único vocablo para designar la fe, sino un grupo de términos, cada uno de los cuales presenta matices determinados. El término más común que se aplica al creer es *'aman*, verbo que significa mantenerse fiel, ser estable, estar fundado, llevar.

> Se emplea, por ejemplo, para describir la acción de llevar a un niño en brazos: en hebreo, la nodriza es "la portadora", "la que lleva" al niño. El modo acusativo de ese verbo es traducido como *pisteúein* en la versión griega de los LXX. Cuando se emplea con determinadas preposiciones significa "hacer llevar su peso o su debilidad por otro", "apoyarse en" algo o alguien; en sentido espiritual expresa "confiar en" algo o alguien. En la forma de adverbio o interjección, *'aman* corresponde a nuestro **amén**, que significa: "¡es firme, sólido!", "¡es digno de confianza!", "¡es verdadero!"

La fe veterotestamentaria implica, por tanto, dar crédito total a Dios, tomar apoyo en Él, admitir que Él es la verdad. La relación del hombre con Dios tiene que discurrir según esos criterios de confianza y fidelidad.

> Esa fe ya se le pide a Adán y a Eva, a quienes Yahvé hace una **promesa** (*Gn* 3, 15), que se hace **pacto** con Noé (*Gn* 9, 16) y **alianza** con Abraham (*Gn* 17). En todas estas etapas, Dios pide al hombre confianza en su palabra y fidelidad para responder al compromiso con perseverancia.

Las relaciones que dan significación a la fe veterotestamentaria pueden expresarse así:

Acción **REVELADORA DE DIOS** DIOS SE REVELA COMO	Reacción **CREYENTE DEL HOMBRE** EL HOMBRE RESPONDE CON:
El Santo	Temor de Dios, reverencia, culto
que exige (la ley)	Obediencia
que ama y es fiel (Alianza)	Amor, confianza, fidelidad
que promete	Esperanza, perseverancia, paciencia
que es verdadero	Asentimiento de fe, reconocimiento

1.1.2. *La fe en el Nuevo Testamento*

En el Nuevo Testamento, se intensifica el sentido de la fe como confianza del Antiguo Testamento. Pero el creyente se concentra casi exclusivamente en Jesucristo, el acontecimiento supremo de la acción de Dios en la Historia, fuera del cual no hay salvación (*Hch* 4, 13). Lo característico de los que siguen a Cristo es confiar en Él; por eso los cristianos son llamados los creyentes (2 *Ts* 1, 10).

> En el Nuevo Testamento, creer es designado con el verbo *pisteúein* y con el sustantivo *pistis* (verbo y sustantivo aparecen 484 veces). También los verbos *eípein* y *légein* (oír) son numerosos (925 y 1318 respectivamente) e importantes en nuestro contexto si se tiene en cuenta que la fe procede del oír: "fides ex auditu" (*Rm* 10, 17). Este creer tiene como objeto diversas realidades y verdades –milagros, predicación, enseñanza de los profetas–, pero se refiere de manera fundamental a la persona de Jesús, a sus palabras y a sus acciones.

La novedad fundamental es que la acción de Dios no se realiza principalmente a través de mediadores (patriarcas, profetas), sino a través de un *único mediador* que es Jesucristo. Este hecho otorga un aspecto personal a la relación de Dios con los hombres, que subraya más claramente el **aspecto personal de la fe**: creer en Dios es creer en una Persona, Cristo, y aceptar su mensaje de salvación. Así, lo sustancial ahora no está en la necesidad de confianza y fidelidad de todo un pueblo, sino en la **conversión personal** de cada creyente.

En resumen, en la concepción neotestamentaria se hace presente la enorme riqueza de la fe, con sus dos dimensiones fundamentales: **subjetiva** (*fides qua*), que hace referencia a su carácter personal, de compromiso personal y existencial; y **objetiva** (*fides quae*), referida al contenido de las verdades que han de ser aceptadas.

> Un análisis más detenido sobre la fe en los diversos escritos del Nuevo Testamento nos muestra la gran riqueza de esta noción.
>
> En los **Evangelios Sinópticos**, el objeto principal de la fe es Jesucristo. La fe se relaciona con la **confianza en Jesús**, especialmente en su capacidad para sanar y en su

identidad como el Mesías anunciado por los profetas. Creer en Cristo es el único camino de salvación (*Mc* 16, 16). La fe implica seguir a Jesús de manera radical y total, dejando todo lo demás (*Mc* 10, 28 ss). La fe es también **obediencia** (*ob-audire*). Además, se establece una relación entre los milagros y la fe; Los milagros no obligan a creer, pero hacen posible y suscitan la fe en quien está bien dispuesto.

En el libro de los **Hechos de los Apóstoles**, la fe se dirige al Cristo predicado y se asocia con la aceptación del kerigma cristiano, el mensaje de que Jesús ha resucitado y que solo en Él se encuentra la salvación. Esta es la fe que, junto con el **bautismo**, es considerada como necesaria por los apóstoles para la salvación (*Hch* 16, 30-34; 4, 12). La fe no es solo un conocimiento intelectual, sino también una obediencia activa a esta verdad. Los seguidores de Jesús son llamados simplemente "creyentes" (*Hch* 2, 44; 4, 32; 11, 21), y la fe afecta toda su existencia.

Los **escritos de san Juan** (evangelio y cartas) presentan una reflexión sobre la fe más profunda que los Sinópticos. La fe se relaciona con "creer en" Jesús ("creer en él" (*Jn* 2, 11; *Jn* 3, 16.18;) y está firmemente ligada a la fe en Dios (*Jn* 14, 1; *Jn* 12, 44). El propósito explícito de los escritos de Juan es suscitar la fe en Jesús como el Hijo de Dios (*Jn* 20, 31). Se destaca la **dimensión personal** de la fe, pues esta surge de un encuentro personal con Dios en Cristo e implica un compromiso de toda la existencia personal (pensar, querer, actuar). El evangelista otorga un papel importante al **amor** en la fe: quien ama conoce a Dios, quien no ama no le comprende (*Jn* 16, 27). La fe posee un carácter dinámico y activo, produciendo alegría, paz y comunión. El inicio de la fe está en Dios que ha sido el primero en amar (1 *Jn* 4, 10; 3, 1; *Jn* 3, 16).

En las **cartas de san Pablo**, la fe es un tema central y difícil al mismo tiempo, sobre todo a partir de la interpretación luterana de las cartas a los *Romanos* y a los *Gálatas*. Para Pablo la predicación anuncia lo que hay que creer (1 *Co* 15, 11), a saber: Jesucristo, muerto por nuestros pecados, resucitado, aparecido a Pedro... (1 *Co* 15, 3-5). La fe brota del oír la palabra (*Rm* 10, 14-21) y se realiza plenamente mediante la aceptación "obediente" de esa palabra. Es además **gracia de Dios**, sostenida por el Espíritu divino que acompaña a la palabra. El Apóstol enfatiza la **dimensión salvífica** de la fe. Cuando afirma que los hombres son justificados por la fe, y no por la pura observancia de la ley (*Ga* 2, 16; *Rm* 3, 28), no se está refiriendo a que la fe anule la ley y las obras según entendía la exégesis luterana clásica, sino a que la fe determina toda la vida moral del creyente. De la nueva existencia **de la fe surge el deber** (*Ga* 5, 25).

1.2. Enseñanzas patrísticas

En sintonía con el Nuevo Testamento, los padres de la Iglesia subrayan el **carácter cristológico** de la fe y profundizan desde muy pronto en su **dimensión eclesial**: tener fe en Cristo, seguir a Cristo, implica necesariamente pertenecer a la Iglesia. Así, la fe en Cristo es vista como una condición de pertenencia a la Iglesia y viceversa: tener la fe de la Iglesia es una condición de la pertenencia a la *communio*, es decir, a los convocados por Cristo. Pueden destacarse tres momentos significativos de la reflexión sobre la fe en la época patrística: 1) la controversia gnóstica; 2) la formulación del principio de la regla de fe (*regula fidei*); y 3) la doctrina de san Agustín.

1.2.1. *La controversia gnóstica*

El gnosticismo plantea una crisis en la fe cristiana al reducir la fe (*pistis*) a una opinión sin fundamento (*doxa*), y al considerarla como un conocimiento imperfecto, provisional y de segundo orden, que debe ser sustituido por la "**gnosis**", esto es, por un conocimiento auténtico y perfecto. San Ireneo (*Adversus Haereses*), san Hipólito Romano, Tertuliano, Orígenes (*Contra Celso*), san Clemente de Alejandría (*Stromata*) y otros teólogos combaten el gnosticismo.

La teología cristiana reafirma la fe como un conocimiento firme y verdadero (*episteme*), no medido por la fragilidad humana, sino por la fidelidad de Dios. La fe, incluso en los sencillos, tiene valor teológico y eclesial y se perfecciona a través del amor y el cumplimiento de los mandamientos. Por tanto, la *"gnosis"* verdadera no se encuentra en el plano meramente intelectual, sino en el de la acción moral.

En resumen, la doctrina de la Iglesia frente a los gnósticos enfatiza que la certeza de la fe no radica en el intelecto humano, sino en Dios, y destaca la dimensión moral en la fe, tanto en su inicio como en su desarrollo.

1.2.2. *Formulación del principio de la "regula fidei"*

La Iglesia respondió al abuso de la Sagrada Escritura por parte de los gnósticos desarrollando un "canon de verdades" o **regla de fe** en los siglos II, III y IV. Esta regla de fe se vincula al rito del bautismo, donde los catecúmenos debían mostrar su conocimiento y fidelidad hacia ella. La "regla de fe" se tomó como garantía y criterio de verdad en disputas teológicas frente a falsas doctrinas, basándose en la tradición apostólica de las iglesias fundadas por los apóstoles, especialmente la de Roma.

> De este modo, la fe es entendida primeramente como un asentimiento a verdades garantizadas por la Iglesia, de forma que la *fides quae* creditur (**dimensión noética o contenido**) adquiere mayor preponderancia que la *fides qua* creditur (**dimensión personal**). La vida moral del creyente y el culto deben estar en consonancia con las verdades de la fe. Esta tendencia se mantiene y se consolida en las controversias trinitarias y cristológicas de los siglos siguientes (Conc. de Nicea,

a. 325; Conc. de Constantinopla, a. 381), en las que se rechaza el contenido de las posiciones heréticas.

1.2.3. *San Agustín*

San Agustín influyó en la teología posterior, sobre todo por su atención a dos dimensiones de la fe estrechamente unidas: la **psicológica** y la **teológica**.

a) **Dimensión psicológica de la fe.** Guiado por su propio itinerario de conversión y su genio psicológico el Santo de Hipona reflexiona en el **itinerario del hombre hacia la fe**, ofreciendo ideas pioneras y fecundas sobre la dinámica del creer. La fe es el término al que llega el "corazón inquieto" del hombre, que no alcanza la paz hasta encontrar a Dios y adherirse a Él. Agustín subraya que el hombre está hecho para Dios; la fe, en consecuencia, no es el término de una casualidad sino un destino diseñado por el plan amoroso de Dios.

> Distingue tres tipos de conocimiento: contemplación, ciencia y fe. La fe se diferencia de la contemplación y de la ciencia, en cuanto es el **asentimiento a una autoridad, a un testimonio**. En el acto de fe, creer y entender van íntimamente unidos. La fe es condición y presupuesto del entender: "cree para entender" (*crede ut intelligas*). Pero, también el entendimiento le es necesario al creer: "entiende para creer" (*intellige, ut credas*) (*Epist*. 120, I, 3). Para poder creer es preciso comenzar por entender lo que se debe creer: "**creer es pensar con asentimiento**" (*credere est cum assensione cogitare*) (*De praedestinatione sanctorum*, cap. 2, 5). Entre fe y conocimiento hay continuidad, aunque la fe no es simple conocimiento humano pues el hombre la recibe y no puede alcanzarla por sí mismo.

> Aunque la inquietud del corazón desaparece cuando el hombre cree y asiente, permanece sin embargo el deseo de comprender lo creído. No se trata de una búsqueda de demostración de certezas, sino de la certeza que indaga una mayor comprensión. Se muestra aquí un doble movimiento entre la certeza y los motivos que la producen y la fundan, es decir, entre el "asentimiento" (*assensus*) y la "reflexión" (*cogitatio*). A través de la fe se da una mayor comprensión de la realidad; al mismo tiempo, con la inteligencia la fe recibe una cierta legitimación, pues por aquella se perciben los motivos por los que la fe es razonable, y por los que es prudente confiarse al testimonio autorizado de otro: "Nadie cree en algo si previamente no ha pensado que debe ser creído" (S. Agustín, *De praedestinatione sanctorum*, cap. 2, 5).

> San Agustín estudia también el papel de la inteligencia, la voluntad y la libertad en el acto de fe. Para él, reviste una grave importancia el hecho de que la fe tenga un carácter no solo intelectual, sino también moral y, por tanto, libre, que compromete la voluntad y el amor. En este sentido, solo concede valor a la fe viva. La fe muerta, la de los malos cristianos, es comparada a la fe de los demonios.

b) **Dimensión teológica de la fe**. La doctrina de san Agustín da respuesta a las controversias suscitadas contra los pelagianos primero, y los semipelagianos después. Los pelagianos sobrevaloraban la libertad humana de tal modo que la gracia se hacía innecesaria. Los semipelagianos tendían a situar el inicio de la fe en el poder exclusivo del hombre, considerando erróneamente que así se ponía a salvo –frente al quietismo– la autenticidad moral del hombre y su esfuerzo personal. Sin embargo, su postura desvalorizaba también la gracia divina. Frente a ellos, san Agustín enfatiza en la fe como gracia sobrenatural, insistiendo en que en lo relativo a la fe todo proviene de la gracia de Dios, tanto su inicio (*initium fidei*) como la misma fe en cuanto conocimiento. El Concilio II de Orange (Arausicano II, a. 529) apoyó la postura del *Doctor Gratiae*.

1.3. La fe en la historia de la teología

Continuando el decurso histórico de la teología de la fe tras la Patrística, señalamos cinco momentos especialmente relevantes.

En la **Edad Media**, la teología de la fe experimenta cambios significativos debido al movimiento individualista de ideas que se desarrolla entre el Medioevo y el Renacimiento. Por un lado, la fe pierde parte de su carácter comunitario y de su función como unificador cultural y social. Además, la fe se pone en relación con el conocimiento natural y científico, especialmente a partir de la recepción del *corpus aristotelicum* en Europa. Esto plantea nuevas cuestiones, como el estatuto epistemológico de la ciencia y de la fe, la relación entre ambas, o la función cognoscitiva de la fe y su capacidad para estimular la actividad racional. En consecuencia, la fe comienza a ser entendida cada vez más en su función cognoscitiva. Y también la teología (entendida como *sacra doctrina*) se posiciona en la cima de los campos de conocimiento, seguida por la filosofía y las ciencias.

En el siglo XIII, **santo Tomás de Aquino** realiza la colosal tarea de explorar la síntesis filosófica aristotélica para extraer de ella unos recursos que le iban a ser de gran ayuda al pensamiento teológico. En el futuro, las distintas escuelas teológicas se moverán casi siempre –a pesar de sus divergencias– en la línea trazada por santo Tomás (J. Pieper, *La fe*). Respecto a la fe, el Aquinate, al igual que sus contemporáneos, se ocupa más de la virtud teologal de la fe y su valor religioso que del mismo creer. Aun así, ha dejado a la posteridad un planteamiento básico muy útil sobre el acto de fe (*Tratado sobre la fe*, qq. 2 y 3; y en la *Suma Teológica*, II-II, qq. 1-6).

Su teología subraya la naturaleza cognoscitiva de la fe, viéndola como un medio para alcanzar la verdad objetiva y un camino para conocer a Dios. Por la fe se accede a la ciencia de Dios, pero el acto de fe no se agota en los enunciados, sino que se dirige al mismo Dios (*Suma Teológica*, II-II, q. 1, a 2 ad 2). En el movimiento hacia Dios, destaca el **papel de la voluntad humana** que, además de salvaguardar el carácter libre de la fe, confirma que el acto de fe se realiza en el contexto y bajo el impulso del amor. Asentimiento intelectual, acto de la voluntad y gracia de Dios conforman así el acto de fe: "Creer es un acto del entendimiento que asiente a la verdad divina por el imperio de la voluntad movida por Dios a través de la gracia" (*Suma Teológica*, II-II, q. 1, a 2 ad 9). También recalca el carácter de hábito y la dimensión escatológica de la fe, al definirla como hábito de la mente a través del cual la vida eterna es incoada en el hombre (*Suma Teológica*, II-II, q. 4, a 1).

A partir del siglo XIV, el **nominalismo** y el **nuevo humanismo** contribuyen a la pérdida del sentido realista de la vida religiosa que el medioevo había conservado. Con el nominalismo, aparece una presentación de la fe como una realidad aislada de la justificación y de la salvación, y perteneciente al ámbito de la caridad y de los sacramentos. Con el surgimiento del pensamiento moderno a partir de Descartes, se enfatiza la autonomía de la conciencia y se acentúa la perspectiva individual en todos los aspectos de la vida humana, también el religioso. Surge así un interés en justificar racionalmente la adhesión personal a la fe y en analizarla teológicamente (*analysis fidei*), con resultados no siempre satisfactorios.

Reforma protestante. El pensamiento luterano lleva implícito una nueva visión de las relaciones del hombre con Dios, entendidas como algo inmediato, sin mediaciones humanas. Esta idea influye decisivamente en el nacimiento de una nueva concepción de la fe, que acabará teniendo una importancia grande al comienzo de la Edad Moderna.

En reacción contra la visión religiosa proveniente del nominalismo, que considera como un abandono del auténtico Evangelio, Lutero defiende que la justificación tiene lugar por la **sola fe** y no por las obras. Según él, la fe que presenta la Escritura no es la que se expresa mediante formulaciones intelectuales, sino el encuentro existencial con Dios. Aunque Lutero no niega la dimensión cognoscitiva de la fe, no le otorga la importancia necesaria. Para él, la fe es ante todo entrega y abandono sin reservas, en una palabra, **confianza** (*fiducia*): no se trataría tanto de la aceptación de unas verdades cuanto de la confianza en un Dios que sale al encuentro del hombre. De este modo, el principio de la *sola fide* acaba excluyendo el valor de las obras en la justificación, la colaboración de la inteligencia en el acto de fe, así como la profundización racional de la fe, es decir, la misma teología.

La **crítica ilustrada** censura la noción de revelación cristiana y, paralelamente, desvaloriza el carácter cognoscitivo de la fe, considerándola una mera opinión o ideología, e incluso confinada al ámbito de lo irracional. A esta perspectiva contribuye especialmente el pensamiento de Immanuel Kant pues, al separar la "razón pura" y "la razón práctica", relega la fe a la esfera de la vida moral, estableciendo una oposición entre fe y conocimiento racional. Esta oposición entre fe y conocimiento racional se sintetiza bien en una de sus afirmaciones: "He tenido que eliminar el saber para hacerle un lugar a la creencia". El resultado de esta perspectiva es una **fe secularizada**, que pierde la relación religiosa del hombre con Dios y se agota en su carácter moral (**fe moral**).

Fideísmo y semirracionalismo. Con la aparición de la crítica moderna y el consecuente desequilibrio entre fe y razón, la teología católica percibe que la naturaleza de la fe está ligada a las diversas concepciones sobre la razón. En el terreno apologético nacen dos posturas fideísmo y semirracionalismo que predominan durante el siglo XIX y ante las que el magisterio de la Iglesia tiene que intervenir en varias ocasiones para rectificar algunas de sus posturas.

> El **fideísmo** reduce excesivamente el papel de la razón frente a la fe, en reacción contra las críticas racionalistas. El **semirracionalismo** centroeuropeo, por el contrario, busca presentar la revelación cristiana de manera que sea aceptada por la filosofía. Exalta de tal modo el poder de la razón humana, que fácilmente se polariza en la dimensión cognoscitiva de la fe, descuidando su carácter teologal.

Crisis modernista. Los autores modernistas, aunque no tratan directamente el tema del acto de fe, de su idea de revelación se deduce una concepción de la fe como expresión de experiencias subjetivas sin fundamento histórico o científico. Esto lleva a la pérdida de la dimensión cognitiva de la fe, ya que la fe se convierte en un sentimiento en lugar de un conocimiento objetivo. El magisterio de la Iglesia pronto reaccionó frente a esta idea de fe, destacando su naturaleza de asentimiento a la verdad revelada por Dios (San Pío X, Motu proprio *Sacrorum Antistitum*).

1.4. Magisterio de la Iglesia sobre la fe

La mayor parte de las enseñanzas magisteriales sobre la fe tiene lugar en tiempos de crisis o controversias doctrinales: el Concilio II de Orange (s. VI) responde a la controversia semipelagiana; el Concilio de Trento (s. XVI), al protestantismo; el Vaticano I (s. XIX), al fideísmo y al racionalismo del momento. Las enseñanzas del Concilio Vaticano II (s. XX) y del *Catecismo de la Iglesia Católica* se sitúan en cambio en un contexto ajeno a toda polémica, caracterizándose por su enfoque pastoral.

Concilio II de Orange. Este concilio recoge y apoya la postura de san Agustín sobre la necesidad de la gracia en el acto de fe. Condena la opinión de los semipelagianos, quienes defienden que el inicio de la fe y su aumento no vienen por el don de la gracia de Dios, sino de un modo natural al hombre. Se censura también la doctrina según la cual la aceptación y acogida de la predicación del Evangelio puede tener lugar por las solas fuerzas naturales, sin que sea necesaria la iluminación e inspiración del Espíritu Santo. La doctrina sobre la fe de este concilio fue recogida por los concilios posteriores de Trento, Vaticano I y Vaticano II.

Concilio de Trento. Se ocupa de la fe en su relación con el proceso de justificación. De un modo esquemático podemos agrupar sus enseñanzas en los siguientes puntos:

a) La fe forma parte de las disposiciones para la justificación, es decir, el hombre se prepara para la justificación cuando movido por la gracia divina, recibe la fe "por el oído" (*ex auditu*, *Rm* 10, 17), y se dirige hacia Dios creyendo que es verdadero lo que le ha sido revelado y prometido. La fe es entonces: gracia, respuesta y asentimiento a la verdad salvadora.

b) Las virtudes de la fe, la esperanza y la caridad se reciben en el mismo acto de justificación, junto a la remisión de los pecados.

c) Refiriéndose al pasaje paulino (*Rm* 3, 22) empleado por Lutero para apoyar la justificación por la sola fe, el concilio advierte que la fe es "el inicio de la salvación humana, el fundamento y la raíz de toda justificación", pero no la causa de la justificación.

d) Respecto a la fe **fiducial** protestante, Trento afirma que no hay ninguna señal segura de predestinación verdadera, por lo que es temerario abandonarse a la confianza de estar justificados. Nadie puede saber con certeza si ha conseguido la gracia de Dios. El papel de la confianza lo desempeña la virtud de la esperanza, por la que el hombre se sabe ayudado por Dios.

e) La fe y las obras cooperan en el crecimiento y en el aumento de la justificación.

f) Por el pecado grave se pierde la gracia y la caridad, pero no la fe. La fe puede ser una "**fe muerta**" (sin caridad, perdida por el pecado), siendo capaz de desempeñar una función de cara a la salvación.

Concilio Vaticano I. Sin pretender formular una enseñanza completa sobre la fe, el concilio hace frente a los errores de la época (racionalismo y fideísmo). Esta enseñanza se contiene en los capítulos III y IV de la constitución dogmática *Dei Filius*.

a) Capítulo III (*Sobre la fe*). Tras señalar la obligación de creer en Dios que se revela, y de confirmar que la fe es "el inicio de la salvación humana" (*humanae salutis initium*) (Trento, D. 1532), propone una definición sintética de la fe: la fe "es una virtud sobrenatural por la que, con inspiración y ayuda de la gracia de Dios, creemos ser verdadero lo que por Él ha sido recelado [*ab eo revelata vera ese credimus*], no por la intrínseca verdad de las cosas, percibida por la luz natural de la razón, sino por la autoridad del mismo Dios que revela, el cual no puede engañarse ni engañarnos" (D. 3008).

> Entre las enseñanzas que aparecen en este capítulo podemos señalar las siguientes: 1) carácter cognoscitivo de la fe; 2) la respuesta de la fe no responde a la mera dinámica del conocer natural humano; 3) el motivo de la fe es la autoridad de Dios; 4) existe una relación entre la fe y la razón: la fe es obsequio "conforme a la razón" (cf. *Rm* 12, 1; D. 3009) y no un "movimiento ciego del alma" (D. 3010); 5) la fe viene preparada por signos externos (milagros y profecías) que acompañan a los auxilios interiores de la gracia, y que hacen a la fe razonable; 6) la fe es don de Dios, y no solo decisión humana (aunque, ciertamente, el hombre debe cooperar libremente).

b) Capítulo IV (*Sobre la fe y la razón*). El concilio señala que fe y razón constituyen un doble orden de conocimiento, tanto por el origen (luz divina y luz natural, respectivamente) como por el objeto (misterios y otras verdades, y verdades naturales, respectivamente). Además, entre fe y razón no hay contradicción, sino mutua ayuda: la razón profundiza en la fe (teología), y la fe libra del error a la razón. Finalmente se afirma que el objeto de la fe son los *credenda*, es decir, todo lo que contiene la palabra de Dios escrita o de tradición, y que es propuesto como revelado por el magisterio solemne, o por el magisterio ordinario y universal.

Concilio Vaticano II. El nuevo contexto cultural de increencia junto al desarrollo de los estudios bíblicos y patrísticos impulsa una reflexión teológica en la que la fe es entendida no solo como asentimiento sino como acto de toda la persona.

> Si el Concilio Vaticano I había insistido en el aspecto cognoscitivo de la fe, el Vaticano II subraya su **carácter personal**, poniendo de manifiesto que en el acto de fe están implicadas todas las dimensiones del creyente: inteligencia, voluntad, afectos... De esta manera es más fácil comprender que la fe es ante todo una entrega total a Dios y un encuentro con Cristo.

El Vaticano II no desarrolla una enseñanza sistemática sobre la fe, pero habla de ella en muchos lugares, acentuando el papel de la fe en la evangelización: relaciones entre fe y cultura (GS 21), fe y ateísmo (GS 57-59), etc. Hay, sin embargo, algunas enseñanzas explícitas sobre el acto de fe que conviene recordar:

- Declaración *Dignitatis humanae*, sobre la libertad religiosa (7.12.1965). En el n. 10 se trata sobre el papel de la libertad del acto de fe, afirmándose que no se puede imponer nada a los demás en materia religiosa; aunque también se indica que los hombres pueden ser invitados a abrazar la fe cristiana por su propia determinación.

- Constitución *Dei Verbum*, sobre la revelación divina (18.11.1965). En el n. 5 se afirma que "cuando Dios se revela hay que prestarle la *obediencia de la fe*, por la que el hombre se entrega libre y totalmente a Dios, prestando 'a Dios revelador el homenaje del entendimiento y de la voluntad', y asintiendo voluntariamente a la revelación hecha por Él. Para profesar esta fe es necesaria la gracia de Dios, que previene y ayuda, a los auxilios internos del Espíritu Santo, el cual mueve el corazón y lo convierte a Dios, abre los ojos de la mente y da 'a todos la suavidad en el aceptar y creer la verdad'. Y para que la inteligencia de la revelación sea más profunda, el mismo Espíritu Santo perfecciona constantemente la fe por medio de sus dones" (Los textos citados son del Concilio II de Orange y del Vaticano).

El **Catecismo de la Iglesia Católica** sigue esencialmente la enseñanza del Vaticano II sobre la fe, aunque adopta un **orden catequético** y no un esquema propiamente teológico: afronta antes la transmisión de la revelación en la Iglesia que la cuestión de la fe, lo cual hace resaltar el **carácter eclesial de la fe**. Se enfatiza también la dimensión personal de la fe (CEC 166), entendida como un asentimiento de la inteligencia y una adhesión plena y total del hombre (CEC 142), que implica un asentimiento a toda la verdad revelada por Dios (CEC 150). Además, se destacan otras características de la fe: es gracia (CEC 153); acto humano (CEC 154); libre (CEC 160); necesaria para la salvación (CEC 161); comienzo de la vida eterna (CEC 163 ss). El Catecismo enmarca la fe en una perspectiva teológica trinitaria: la fe es creer en Dios Padre (CEC 150), en Jesucristo (CEC 151) y en el Espíritu Santo (CEC 152).

2. El hombre, "capaz de Dios"

Creer en Dios no es una realidad radicalmente nueva para el ser humano, ni opuesta a la dinámica propia de su conocer y su existir. Aunque ciertamente implica una novedad, el acto de fe no solo no contradice la naturaleza humana, sino que se asienta en ella y favorece su perfeccionamiento.

> El acto de fe es profundamente humano, en primer lugar, porque satisface el anhelo de plenitud de todo ser humano y, en segundo lugar, porque requiere la participación de todas las dimensiones humanas: inteligencia, voluntad, afectos,

disposiciones, hábitos, etc. Según el Vaticano II, el hombre encuentra su mayor dignidad y verdad al ser llamado a la comunión con Dios (GS 19, 1; DV 3), y su plenitud se alcanza en la aceptación de la revelación en Jesucristo. En consecuencia, **la persona humana** es, en este sentido, **un ser para la fe**.

En la psicología humana encontramos algunas manifestaciones de esta llamada de Dios al hombre que expresan una relación profunda entre la naturaleza humana y su destino a la fe. Son como las raíces de la fe: no justifican, ni exigen, ni demuestran la fe, pero manifiestan las condiciones de posibilidad de la fe en el sujeto. Pueden señalarse las siguientes:

1) **Apertura a lo divino**. En el hombre se da una **apertura constitutiva a Dios**, que corresponde a la estructura fundamental de su ser. Solamente si el hombre pone en acto esa apertura, se realiza plenamente como hombre.

   Esto se refleja tanto en experiencias de **afirmación** (aspiración a una plenitud duradera de bien, belleza, paz y amor), como en experiencia de **limitación** (anhelo de una realidad última que sirva de horizonte de comprensión de la finitud y la debilidad). Ante estas experiencias, se pueden tomar dos caminos: renunciar a buscar un fundamento más allá de lo mundano o abrirse a la posibilidad de una realidad trascendente que dé sentido a las inquietudes. La primera opción es típica del agnosticismo o del pensamiento posmoderno, lo que condena al sinsentido o a una pasividad acrítica e inhumana. La segunda opción, que se abre a lo trascendente y busca lo divino como fuente de significado, resulta más lógica y humana.

2) **Condición religiosa del hombre**. La condición religiosa del hombre (CEC 28) es consecuencia natural de su apertura a lo divino, que le lleva a buscar las manifestaciones de la divinidad en la naturaleza y en la conciencia. La condición religiosa del hombre, que va más allá de la pura apertura pasiva a una realidad sobrenatural, se manifiesta en la búsqueda activa de la divinidad y en el deseo de relacionarse con ella. La **religiosidad** es así una importante raíz o preparación para acceder a la fe cristiana.

3) **Búsqueda de la felicidad**. La aspiración de todo hombre a la felicidad es un principio antropológico radical: todo ser humano busca la felicidad de manera inherente, particularmente cuando se siente desdichado y necesita ser salvado de sus problemas (del dolor, de la ignorancia, del temor, de la muerte, etc.). A menudo, esta búsqueda de la felicidad recorre caminos cerrados, desviándose hacia la posesión material y el disfrute, felicidades parciales y efímeras que, tarde o temprano, desemboca en el fracaso. La propuesta cristiana vincula la búsqueda de la felicidad ("fin último subjetivo") con el deseo de Dios ("fin último objetivo") (CEC 27), lo que significa que la

búsqueda sincera de la felicidad prepara a las personas para encontrar en Cristo la "verdad" de la propia existencia y el "camino" hacia la plenitud de vida que culminará más allá de este mundo limitado y contingente.

4) **La pregunta por el sentido**. Una manifestación de la apertura del hombre a lo divino es la cuestión sobre el sentido de la vida. Tanto en el nivel psicológico como en el metafísico, a la persona humana se le presentan preguntas radicales que exigen respuestas significativas, si se quiere evitar caer en el sinsentido. Las respuestas a estas preguntas dan forma a diversas perspectivas existenciales, formas de ver el mundo y de interpretar al hombre. La fe cristiana presenta a **Cristo** como la **respuesta al problema del sentido**. Solamente si el hombre se abre a Cristo y reconoce que en Él se encuentra la plenitud de la humanidad, puede comprender acabadamente su propio ser.

3. ¿Qué significa creer?

3.1. Fe humana y sentidos del creer

La fe religiosa no es una realidad totalmente novedosa para el hombre, sino que está en continuidad con la fe humana. En efecto, la **fe humana** es una forma habitual de conocimiento, de modo que no resulta imaginable una sociedad o una persona ajena a ella. El estudio del significado del creer humano ayuda a profundizar en lo específico de la fe cristiana.

En sentido propio, **creer** en algo **se refiere a lo no evidente**: solo se cree en lo no evidente, **en lo que no se ve**. El pensamiento ilustrado estableció falsamente una radical separación entre dos formas de conocimiento, **saber** y **creer**. El primero consistiría en un conocimiento cierto y racional, demostrable y universal: el propio de un estadio maduro y racional de la persona humana. El segundo haría referencia a lo opinable, provisional, inestable y caduco: correspondería a una etapa primitiva e inmadura del hombre.

> El **principio de evidencia** propio del racionalismo, en sus diversas formas, postula que el único conocimiento real, verdadero y válido se obtiene solo a través de evidencia racional y demostrativa. Lo que excede ese tipo de evidencia pertenecería al ámbito de las **creencias** (emociones, sentimientos, gusto estético). A partir de esta visión racionalista, el término **creencia** ha cobrado un sentido peyorativo, como expresión de meras opiniones subjetivas: así, al referirse a las creencias de alguien, se acentúa implícitamente la fuerza subjetiva de la afirmación, y no tanto su valor objetivo.

La separación entre saber y creer sigue estando presente de diversos modos en el actual panorama cultural: ahora es el conocimiento científico-experimental el que adquiere la prerrogativa de auténtico saber, creíble, verdadero y factor de progreso, mientras que el creer es percibido muchas veces como sinónimo de irracional –meramente emotivo o sentimental–, o incluso como un obstáculo para el progreso humano y social.

Sin embargo, en la realidad sucede lo contrario. La experiencia nos muestra que en la vida del hombre **el creer no solo es importante sino radicalmente necesario**. Lo que al hombre le interesa de verdad tiene más que ver con lo no evidente que con lo demostrable racionalmente.

Las preguntas fundamentales que el hombre se plantea –su origen, su destino, su identidad–, las cosas que verdaderamente le importan –la relación con los demás, la justicia, la paz…–, el modo a través del cual adquiere sus conocimientos, etc.; todas estas cuestiones dependen mucho más del *creer* que del *saber* fundado en evidencias racionales.

Sentidos de "creer". Conviene distinguir las diversas acepciones que el término "creer" o "fe" recibe en el lenguaje común, para discernir mejor sus sentidos propios e impropios y evitar así los peligros del lenguaje (J. Pieper, *Las virtudes fundamentales*).

No posee el mismo valor de verdad y de certeza "creer en Dios" que "creer que lloverá mañana"; "creer en una persona" que "creer en los extraterrestres"; "tener fe en un deportista" que "tener fe en mi amigo". En el lenguaje ordinario solemos emplear indistintamente en estas situaciones el término "creer" (o "tener fe") aunque, como es evidente, en cada una de ellas lo que expresamos es de naturaleza bien diversa. Sin un detenido discernimiento, el valor del creer propio de la fe cristiana puede acabar disolviéndose en otras formas de creencias.

- Se emplea el vocablo "creer" o "fe" para referirse a diversas acciones: **opinar**, **tener creencias** (admitir como reales y verdaderos hechos, fuerzas, etc. sin suficientes motivos), **apostar** (poner la propia esperanza en algo o en alguien), **creer algo a alguien** (por ejemplo, en una tradición, en unos valores morales…), **creer a alguien** (fe interpersonal: "creo en ti"), **creer en Dios** (fe religiosa) y **creer en el Dios revelado en Jesucristo**.

- Pero el sentido preciso de la fe cristiana solo corresponde, en el nivel humano, al **creer algo (a alguien)** y a la **fe interpersonal**; y en el nivel de la relación con Dios, a la **fe religiosa** (fe en Dios) y a la **fe en Jesucristo**.

Los otros sentidos del creer (opinión, tener creencias, apuesta) son sentidos derivados e impropios de la fe, porque en ellos no se establece una relación personal.

3.2. El creer y otras formas de conocimiento

Santo Tomás de Aquino (*De Veritate*, q. 14, a. 1) analiza cinco posibles modos de conocer articulados en torno a las nociones de **asentimiento** (*assensus*) y de **investigación** (*cogitatio*), con las que anteriormente san Agustín había caracterizado la fe: **creer es pensar con asentimiento** ("*credere est cum assensione cogitare*"). Estas cinco formas de conocimiento ordenadas según el grado de asentimiento son: duda, opinión, fe, ciencia y evidencia de simple aprehensión. En principio, el asentimiento y la investigación se excluyen el uno a la otra: en tanto está pendiente la investigación, no puede haber asentimiento; y cuando este último se produce, la investigación cesa –en lo que se refiere al objeto del asentimiento–, porque ya se ha alcanzado lo que se pretendía.

En el análisis del Aquinate, la fe se encuentra en una posición intermedia entre las demás formas de conocimiento, lo cual expresa al mismo tiempo su imperfección y su grandeza.

Ese análisis puede resumirse sintéticamente así:

1) En la **duda** no se produce el asentimiento, sino que se suspende el juicio; por tanto, las posibilidades de investigación para resolver la duda son totales, aunque de hecho el que duda no realice esa investigación.

2) En el caso de la **opinión**, ya hay un cierto asentimiento, aunque acompañado de duda y de temor de que lo contrario sea verdadero; también en este caso la investigación está plenamente abierta, independientemente de que el que opina se interese por realizarla o no.

3) En cuanto a la **ciencia**, el asentimiento es firme debido a la evidencia a la que se ha llegado por medio del razonamiento. En la ciencia encontramos una investigación anterior al juicio de asentimiento que se ve mitigada después de la evidencia que viene por la demostración.

4) En la **evidencia de simple aprehensión** el asentimiento se produce de un modo inmediato, y no es necesaria ninguna investigación ni anterior ni posterior.

5) La **fe** ocupa en esa estructura, como ya se ha dicho, el lugar intermedio. Por un lado, el asentimiento es firme, pero no por la evidencia del objeto, sino bajo el imperio de la voluntad que empuja a la inteligencia a cubrir el trecho que lleva de la credibilidad a la fe. Precisamente esa credibilidad es el objeto de la investigación anterior al asentimiento; después del asentimiento, la investigación continúa como búsqueda del *intellectus fidei* (teología). Como el asentimiento proviene todo él de la voluntad, por firme que sea no pone un límite a la *cogitatio*, a la investigación insatisfecha.

De acuerdo con lo anterior, **la fe no puede ser reducida ni a la opinión ni a la ciencia**. El asentimiento de la fe no es inseguro –como ocurre en la opinión–, sino total y firme. Es más: por ser Dios el motivo en que se apoya, el fundamento objetivo del asentimiento de la fe es incluso más firme que el de la ciencia. La firmeza del asentimiento de la ciencia y de la fe se produce por vías diversas: en la ciencia, la firmeza proviene de la evidencia racional de la demostración; en la fe, el asentimiento total y pleno es el resultado de la acción de la voluntad, ya que no hay una evidencia objetiva que pueda ser captada ni mediata ni inmediatamente por la inteligencia.

En consecuencia, la fe es subjetivamente inferior a la ciencia en cuanto a la evidencia –de hecho, la fe busca la evidencia en su conocer, es una **fe que busca entender** (*fides quaerens intellectum*)–, sin que la falta de evidencia afecte a la firmeza del asentimiento.

Sin embargo, desde el punto de vista existencial y humano, el conocimiento de fe es superior al conocimiento de la ciencia, a causa de las dimensiones que están implicadas en ella: en la fe interviene la persona entera con su voluntad y sus afectos, no únicamente la inteligencia humana. Se pone así de manifiesto el carácter especialmente humano del creer, su dimensión moral, que lleva al hombre a salir al encuentro del otro, y a aceptar una verdad que no solo ilumina su inteligencia, sino que afecta a toda su existencia.

El siguiente cuadro muestra el lugar de la fe dentro del conocimiento humano, en relación a la **investigación** (*cogitatio*) y al **asentimiento** (*assensus*):

	DUDA	OPINIÓN	FE	CIENCIA	EVIDENCIA DE SIMPLE APREHENSIÓN
Investigación *Cogitatio*	Posibilidades TOTALES de investigación	INVESTIGACIÓN ABIERTA: Hay impresiones, sospechas y probabilidades reconocidas, que deben verificarse.	Investigación **anterior** al asentimiento (razonabilidad), y que continúa **después** (teología)	Investigación **anterior**, pero mitigada después por la evidencia de la demostración	NINGUNA: no es necesaria ante la evidencia
Juicio de asentimiento *Assensus*	NO hay. Se suspende el juicio	Algún asentimiento, acompañado de duda y de temor	**Total, pleno y firme**, bajo la moción de la **voluntad**, pues no hay evidencia objetiva	**Firme**, por la **evidencia** mediada por el razonamiento	INMEDIATO

3.3. Entendimiento y voluntad en el acto de fe

En todo acto de fe, ya sea fe humana o fe sobrenatural, interviene necesariamente el juicio de la inteligencia para afirmar la verdad de lo creído. En el caso de la fe religiosa, la inteligencia afirma la verdad de lo revelado por Dios: "esto es así", "amén" (J. Ratzinger, *Introducción al cristianismo*). Puede decirse que en el acto de creer la inteligencia interviene en tres momentos: primero, entendiendo lo que se le comunica para ser creído; después, juzgando la verosimilitud y la credibilidad de lo que se le propone; y, finalmente, asintiendo a la verdad de lo que se le ha revelado, es decir, pronunciando el "amén" del asentimiento.

Pero la fe no es solo cuestión de entendimiento, como pretende el racionalismo que, al admitir únicamente un conocimiento basado en evidencias racionales, elimina la oscuridad propia de la fe y su carácter libre, y disuelve la fe en ciencia o en filosofía (idealismo). La realidad es, sin embargo, que en el acto de fe interviene también, de manera esencial, la **voluntad** del hombre. No hay nada que me obligue a creer y, por tanto, **solo creo si quiero**. La voluntad se adhiere libremente a lo que la inteligencia conoce, y si no quiere creer, no cree. "En las cosas de fe consentimos con la voluntad y no por la necesidad de la razón, porque están más allá de la razón" (Santo Tomás de Aquino, *In Epist. ad Romanos*, c.1, lect.4).

La voluntad del creyente se orienta en primer lugar a la **persona del testigo y fiador**; más que adhesión a unos contenidos, la fe es adhesión a aquel que ve. Por eso, la voluntad juega un papel fundamental en el acto de fe. **No creo si no quiero**: no hay nada que me obligue a creer. Ciertamente, no basta con querer para creer porque la fe es una gracia; sin embargo, solo el que quiere creer acabará creyendo, de modo que sin la voluntad de creer la gracia se hace ineficaz.

Se puede decir con verdad **creo porque quiero**. Con ello no solo se afirma la libertad del acto de fe sino también se subraya que en el núcleo más íntimo del acto de fe está el amor. El **querer creer** debe entenderse en un sentido amplio, que es el de amar. "Creo porque quiero" deriva así a **creo porque amo**. Este matiz, puesto de relieve con tanta claridad por san John Henry Newman (**"creemos porque amamos"**, *Oxford University Sermons*, XII) no es sino una especificación de la fe interpersonal, del encuentro entre personas que mutuamente se reconocen: "creo en ti - te creo".

Inteligencia y voluntad intervienen, en consecuencia, armónicamente en el acto de fe: **la inteligencia conoce y juzga**, sin llegar nunca a la evidencia subjetiva frente a la cual no podría resistirse, y –ante el bien que se le presenta– **la voluntad decide asentir**.

> Si no interviniera la inteligencia, el acto de fe sería ciego e irracional; si no interviniera la voluntad, no se llegaría nunca a realizar el acto de fe, o la fe desaparecería por haberse disuelto en ciencia.

La cooperación de inteligencia y voluntad para el acto de fe no tiene lugar en etapas sucesivas, sino en momentos mutuamente implicados del **acto único** de la persona. Por ello, creer a Dios es no solo asentir a su palabra, sino **entregarse totalmente** a Él, permitiendo que la fe afecte profundamente todo lo que se es y se tiene, estando dispuestos a ponerlo todo al servicio de la fe (P. Rodríguez, *Fe y vida de fe*).

3.4. Creer, saber, conocer

La fe es un **modo específico** de conocimiento, distinto de la ciencia basada en la evidencia a través de la demostración, de la opinión y del conocimiento por simple aprehensión. Pero es un verdadero conocimiento: puede afirmarse que **el que cree, sabe** –"Nosotros creemos y sabemos" (*Jn* 6, 69)–, aunque acceda a la verdad no por sí mismo sino mediante el testimonio de quien conoce directamente.

El conocimiento que proviene de la fe no se limita al asentimiento intelectual de las verdades reveladas, sino que implica una **adhesión de toda la persona a Dios**. Al referirnos a la fe sobrenatural, la **verdad filosófica** –verdad como **representación**, característica del conocimiento racional– abre paso a la **verdad bíblica** –verdad como fidelidad, propia de la revelación sobrenatural. De este modo el conocimiento de fe combina al mismo tiempo **asentimiento** o **confesión**, y **fidelidad** incondicionada (CEC 150).

> La fe es al mismo tiempo **conocimiento y fidelidad**, verdad como representación y verdad como vida, asentimiento o confesión y entrega personal. Por eso, es un principio atestiguado en el cristianismo antiguo y en los padres de la Iglesia que las cosas de la fe solo pueden ser entendidas por quien está bien dispuesto y vive de modo coherente con esa misma fe (1 *Co* 2, 11-16).

El magisterio de la Iglesia ha subrayado la **dimensión cognoscitiva** de la fe, afirmando su carácter de **asentimiento** a la verdad revelada. Tanto el Concilio de Trento como el Vaticano I enseñan que por la fe se cree "que es verdad" lo divinamente revelado. Y la constitución *Dei Filius* se refiere específicamente al **motivo formal** del carácter cognoscitivo de la fe: la autoridad e infalibilidad de Dios.

El conocimiento de la fe se denomina "saber testimonial" para significar que lo que conocemos sobre Dios no lo obtenemos por nosotros mismos sino por el testimonio de Alguien que ve. En cambio, el conocimiento científico se designa "saber proposicional" (**saber + que**) ya que se refiere a la acumulación de verdades o características sobre una determinada realidad (F. Conesa, *Creer y conocer*).

> La fe nos brinda un conocimiento único y extraordinario sobre Dios y su misterio, sobre sus características y acciones en la historia. Sin embargo, creer en Dios es, en última instancia, una forma de conocimiento personal, lo cual implica un conocimiento aún más profundo.
>
> **Creer en Dios** es mucho más que **saber de Dios**: es **conocer a Dios**; es decir, creer en Dios implica establecer con Él una relación personal, que es respuesta libre y amorosa del hombre a la libre y gratuita automanifestación de Dios.

Finalmente, puede también mencionarse la relación que existe entre el **creer** y el **saber obrar**: la fe en Dios no solo proporciona conocimiento sobre Él, sino también guía sobre cómo actuar en la vida. Un obrar cristiano separado de la fe llevaría a un moralismo vacío, al igual que un conocimiento de Dios desligado del obrar moral daría como resultado un saber teórico y sin vida.

Ejercicio 1. Vocabulario

Identifica el significado de las siguientes palabras y expresiones usadas en el tema:

- *Fides qua / Fides quae*
- *Sola fide*
- Regla de fe (*regula fidei*)
- Fideísmo
- Semipelagianismo

Ejercicio 2. Guía de estudio

Contesta a las siguientes preguntas:

1. Noción de fe en el Antiguo y en el Nuevo Testamento.
2. Enseñanzas principales de san Agustín sobre la fe.
3. Enseñanzas principales de santo Tomás de Aquino sobre la fe.
4. ¿Cuáles son las enseñanzas sobre la fe del Concilio II de Orange (año 529)?

5. Noción de fe en el Concilio Vaticano I.

6. ¿Cuáles son las principales novedades del Concilio Vaticano II en su exposición sobre la fe, respecto al Vaticano I?

7. Explicar la verdad o falsedad de esta afirmación: "Hay una diferencia profunda entre *saber* y *creer*; el *saber* se refiere a un conocimiento racional, demostrable y universal; el *creer* hace referencia a lo opinable y subjetivo".

8. ¿Cómo intervienen la inteligencia y la voluntad en el acto de fe?

9. Explicar la expresión "creo porque quiero" en relación al papel de la voluntad en el acto de creer.

Ejercicio 3. Comentario de texto

Lee el siguiente texto y haz un breve comentario personal utilizando los contenidos aprendidos en el tema:

«La fe significa siempre creer algo a alguien. *Ad fidem pertinet aliquid et alicui credere*. El creyente, en el estricto sentido de la palabra, acepta por el testimonio de otro un determinado contenido como algo real y verdadero. De forma esquemática pero completa, ese es el concepto de fe. Es extraño que con mucha frecuencia se aíslen en las disputas teológicas los dos elementos conceptuales aquí unidos, como si fueran por naturaleza dos cosas que no pueden unirse. Estos dos elementos son, de una parte, el asentimiento a un contenido, el tenerlo por verdadero; de otra, el asentimiento a una persona, la confianza en ella. Martin Buber, por ejemplo, dice que hay "dos formas de fe", la 'greco'-cristiana y la judía; la primera tiene en cuenta exclusivamente el tener por verdaderas unas proposiciones, mientras que la segunda afirma la relación de confianza en Dios en cuanto persona. No me corresponde juzgar lo que se refiere a la fe religiosa del judaísmo; en cualquier caso, el concepto cristiano de la fe abarca expresamente *ambos* elementos, el objetivo y el personal: "Todo el que cree asiente a las afirmaciones de alguien", "la fe va siempre hacia una persona". La primera de las frases procede de santo Tomás de Aquino, la segunda es de Martín Lutero; lo que muestra que, en este punto, no hay diversidad alguna de opinión entre el reformador y el último gran doctor de la todavía intacta cristiandad occidental». Josef Pieper, *La fe*, Madrid: Rialp, 1966, 28-29.

TEMA 6

LA FE, DON DE DIOS Y COMPROMISO DEL HOMBRE

La reflexión teológica sobre la fe nos lleva ahora al estudio de sus dimensiones teologal y eclesial. El **carácter teologal** de la fe significa que Dios es al mismo tiempo el contenido, el motivo y el fin del acto de creer. Su **carácter eclesial** deriva de que se inscribe necesariamente en una comunidad de creyentes en la que nace y se despliega. Posteriormente, analizamos las propiedades principales del acto de fe: sobrenaturalidad, libertad, oscuridad y certeza, que sintetizan la naturaleza de la fe como respuesta del hombre a la revelación divina. Concluimos con la exposición del itinerario teológico del hombre hacia la fe, y con el papel indispensable de la fe en la deificación del hombre.

> Para el estudio del tema, se recomienda la lectura del *Catecismo de la Iglesia Católica*, 142-184.

SUMARIO

1. Carácter teologal de la fe: Dios como objeto, fundamento y fin de la fe 1.1. *Credere Deum* 1.2. *Credere Deo* 1.3. *Credere in Deum* • **2. Carácter eclesial de la fe: creo, creemos** 2.1. El creyente es creyente por la Iglesia y en la Iglesia 2.2. La Iglesia, comunidad de creyentes • **3. Propiedades de la fe** 3.1. La fe es sobrenatural 3.2. La fe es libre 3.3. La fe es oscura 3.4. La fe es cierta • **4. Itinerario hacia la fe. Fe y conversión** 4.1. Preámbulos de la fe 4.2. Predicación del Evangelio 4.3. Fin último e insuficiencia de lo finito 4.4. Los signos de credibilidad 4.5. Creer es bueno; debo creer • **5. La fe, inicio de la deificación. Fe y obras** 5.1. Dimensión trinitaria de la fe 5.2. Dimensión escatológica 5.3. Fe y contemplación

1. Carácter teologal de la fe: Dios como objeto, fundamento y fin de la fe

La fe cristiana no es solo teísta, sino **teologal**, es decir, establece una relación inmediata entre Dios que se revela y el hombre, destinatario de la revelación, que cree (J. Mouroux, *Creo en Ti. Estructura personal de la fe*).

> El concepto cristiano de fe recoge lo mejor de la fe religiosa y de la fe humana. De la fe religiosa toma la **obediencia** y la **incondicionalidad** definitiva; de la fe humana toma el carácter **interpersonal**. El "creo en ti" se dirige ahora al Tú único y absoluto que, por su infinita bondad y sabiduría, ha salido en Cristo al encuentro de su criatura.

El carácter teologal de la fe posee un triple aspecto, según indica san Agustín en la conocida fórmula: *Credere Deo, credere Deum, credere in Deum* (*In Ionn. Tr.* 29), que sintetiza los diversos modos en que el acto de fe se relaciona con su objeto. Santo Tomás de Aquino comenta también en la *Suma Teológica* estos tres aspectos del creer. Para él, el acto de fe se puede considerar desde el entendimiento o desde la voluntad que mueve al entendimiento. Por su relación con el entendimiento, el acto de fe es un *credere Deum* y *credere Deo*; por su relación con la voluntad, es un *credere in Deum*.

1.1. *Credere Deum*

Es el **objeto material de la fe**. Podría traducirse por "creer que Dios existe", significando que Dios es la realidad conocida al creer. Con ello, el *credere Deum* tiene la función de situar a la fe plenamente en un contexto teológico: "no se nos propone para creer nada que no se relaciona con Dios" (*Suma Teológica*, II-II q. 2, a. 2c).

> La fe es siempre relación con el Dios vivo. Por un lado, no se puede confundir con las simples creencias o con realidades ajenas a Dios. Por otro lado, el objeto de la fe no es una verdad abstracta, sino un ser personal. Según indica el Aquinate, "el acto de fe no termina en el enunciado, sino en la realidad al que el enunciado apunta" (*Suma Teológica*, II-II, q. 1, a. 2, ad 2)

1.2. *Credere Deo*

Expresa el **objeto formal de la fe**, es decir, el **motivo por el que se cree**. Podría traducirse como "creer *a* Dios": se cree *a Dios* que se revela, que es la **Verdad primera** y el **Bien supremo**. El **motivo formal** de la fe es la autoridad del mismo Dios que revela, que no puede ni engañarse ni engañarnos"

(Conc. Vaticano I). Ese es el único fundamento sólido e inconmovible capaz de soportar el peso de la entrega incondicional y total de la fe. Hablando con rigor, solamente Dios puede aducir su propia palabra como motivo para que se le crea.

> Son muchos los **motivos** que pueden preparar y conducir al hombre a creer, desempeñando a veces la función de apoyo psicológico de la fe del creyente. El estudio de esos motivos que llevan a la fe tiene su lugar natural en el análisis de la credibilidad. Pero para llegar de hecho a la fe es necesario que todos esos dejen paso a un *único motivo*, que es Dios mismo y su autoridad, en cuanto garante exclusivo de su propia manifestación a los hombres.

1.3. *Credere in Deum*

Se refiere al carácter voluntario y dinámico de la fe. Esta expresión latina (preposición "in" + acusativo) de imposible traducción al español viene a significar algo así como "creer hacia Dios". *Credere in*, solo se puede referir estrictamente a Dios porque expresa el sentido absoluto del creer: "Tal fe no podría otorgarse a un hombre sin sacrilegio, sin idolatría y sin avasallamiento" (H. de Lubac, *La fe cristiana*).

"Credere *in Deum*" expresa que Dios es el **fin** del creer, y que el acto de fe es **tendencia** hacia la realidad divina que el creyente solo alcanzará plenamente en la escatología (**dimensión escatológica** de la fe). Por eso, el "credere in" se reserva para Dios.

> El símbolo de la fe muestra estos diferentes sentidos del creer al confesar: "Credo *in* unum Deum", "et *in* unum Dominum Jesum Christum" y "Credo *in* Spiritum Sanctum". En cambio, respecto a la Iglesia se afirma: "credo Ecclesiam". (H. de Lubac, *La fe cristiana*; CEC 750).
>
> *Credere Deum, credere Deo, credere in Deum* no son tres actos distintos, sino tres aspectos necesarios del mismo acto de fe. En teoría es posible que existan separadamente: que se pueda, por ejemplo, creer en Dios, ("credere Deum") y no amarle, como los demonios que "creen y tiemblan" (*Sant* 2, 19) (San Agustín, *Sermón* 144,2); o creer a Dios, estando a la vez alejado o no implicado personalmente por su palabra. Pero esas serían formas impropias de fe. La fe, en sentido teologal, va acompañada de la esperanza y de la caridad.

En último término la expresión *credere Deum, credere Deo, credere in Deum* pone de manifiesto que **Dios** es el **centro**, el **fundamento** y el **fin** de todo el proceso creyente (San Agustín, *Sermo de Symbolo*).

La fe es un **acto personal** pero no un acto cerrado ni aislado sino eclesial y comunitario. La dimensión comunitaria o social es un rasgo fundamental del acto de fe (CEC 166). El acto de fe es genuino cuando expresa la fe de la Iglesia que confiesa lo que cree. Las relaciones entre el creyente y la Iglesia, entre el **creo** y el **creemos**, se sintetizan en dos momentos:

2.1. El creyente es creyente por la Iglesia y en la Iglesia

El cristiano recibe de la Iglesia la fe por el bautismo, y la alimenta con la palabra de Dios que ella custodia y con los sacramentos que celebra: de ella recibe el **contenido** y el **modo** de creer. "Creer es un acto eclesial. La fe de la Iglesia precede, engendra, conduce y alimenta nuestra fe" (CEC 181). "Solo en la fe de la Iglesia puede creer cada uno de los fieles" (CEC 1253).

> Así como en el Antiguo Testamento Dios elige un Pueblo y establece con él una alianza, también en el Nuevo Testamento Cristo establece una nueva alianza con su sangre, fundando un nuevo Pueblo –la Iglesia– a través de diversos actos. La Iglesia recibe la misión y el poder de atar y desatar, de perdonar, de bautizar, de enseñar, de predicar el Evangelio. Según la conocida expresión de san Cipriano, "no puede tener a Dios por Padre, quien no tiene a la Iglesia por Madre" (*De Ecclesiae unitate*, 6).

> El carácter comunitario y eclesial de la fe es una manifestación necesaria de la esencial apertura de la persona humana, que necesita de los demás para realizarse, para vivir, para salvarse. Al mismo tiempo, hay analogía entre la dimensión eclesial o comunitaria de la fe, y el carácter también "comunitario" del Dios uno y trino que se revela. Si en la revelación, la Trinidad entera sale al encuentro del hombre a través de la mediación de Cristo, así también el acceso a la fe y su crecimiento solo tiene lugar en la Iglesia.

> El "yo" del creyente es un "yo eclesial". Un cristiano no puede creer correctamente en Dios sin la mediación de la Iglesia. Parte importante de la entrega, de la donación existencial y espiritual que comporta la fe se concreta en salir de uno mismo, del aislamiento de la propia existencia, para pasar a formar parte del Cuerpo de Cristo.

2.2. La Iglesia, comunidad de creyentes

La Iglesia constituye una **comunidad de creyentes** (*communio fidelium*), por lo que la fe de la Iglesia se hace vivo en el acto de fe del creyente individual. Al vivir su fe, además de construir su propia existencia, el creyente edifica contemporáneamente la Iglesia. Esa edificación y enriquecimiento de la Iglesia es interior –a través de la caridad, la oración y la práctica de los sacramentos–, y exterior –por medio de la coherencia de la vida de fe de los creyentes–.

> La Iglesia es para el creyente el modelo de fe perfecta. Así se deduce de la liturgia cuando nos dirigimos a Dios: "ne respicies peccata nostra sed fidem ecclesiae tuae" ("no mires nuestros pecados sino la fe de tu Iglesia", Misal romano, *Rito de comunión*). Del mismo modo, san Ireneo afirma que si el pecador –con una fe informe por la pérdida de la caridad– es todavía capaz de recitar el credo, de decir *credo*, lo es en cuanto no ha sido excluido de la Iglesia, en cuanto hace suya la voz -el credo- de la Iglesia (*Adversus Haereses*, 1, 3, c. 4, n. 1).

En el mismo acto de creer se da, por tanto, una cierta identificación entre el sujeto creyente y la Iglesia entera: es la persona la que cree, y es al mismo tiempo la Iglesia la que cree.

> El *Catecismo de la Iglesia Católica* expone sintéticamente el carácter eclesial de la fe poniendo de relieve el sentido tanto del "creo" como del "creemos". El "creo" con el que comienza el Símbolo de los Apóstoles "es la fe de la Iglesia profesada personalmente por cada creyente, principalmente en su bautismo". El "creemos" de otros símbolos, como el niceno-constantinopolitano "se refiere a la fe de la Iglesia confesada por los obispos reunidos en concilio o, más generalmente, por la asamblea litúrgica de los creyentes" (CEC 167). En todo caso es la Iglesia la que dice "creo" y "creemos", y es el creyente en la Iglesia el que confiesa también su fe personal y comunitaria en la vida y en el culto, y de esa fe da testimonio.

3. Propiedades de la fe

La fe, como acto y como vida, se caracteriza por varias propiedades fundamentales: es **sobrenatural**, **libre**, **oscura** y **cierta**. Estas cuatro propiedades acompañan siempre a la fe del adulto.

3.1. La fe es sobrenatural

Que la fe sea sobrenatural significa que es siempre y necesariamente **gracia y don de Dios**, realidad divina, y no resultado de una conquista humana.

> A la sobrenaturalidad de la fe se opuso la interpretación pelagiana, que negaba la necesidad de la gracia para los actos saludables, y la semipelagiana, que atribuía a las simples fuerzas naturales el comienzo de la fe. A estas teorías, como ya hemos visto más arriba, respondió el **Concilio II de Orange**. Después de la enseñanza del Concilio de **Trento**, el **Vaticano I** declaró expresamente, como ya hemos visto, que la fe es una virtud sobrenatural (D. 3008). En la misma línea está la constitución *Dei Verbum* (n. 5) y el *Catecismo de la Iglesia Católica* (n. 153).

La fe es más que una mera correspondencia humana a la revelación: es una acción de Dios en el interior del corazón del hombre ("nadie puede venir a mí si el Padre… no le atrae", *Mt* 11, 25). La teología ha denominado a veces a esta acción como "revelación interior", que capacita al hombre para aceptar la "revelación exterior" (F. Ocáriz y A. Blanco, *Teología Fundamental*).

De lo anterior se deduce la imposibilidad absoluta de que el hombre alcance la fe por medio de sus propias fuerzas, puesto que no es nunca el resultado necesario de un proceso racional o del acontecer histórico particular.

> Ciertamente, el hombre puede recorrer el camino de la credibilidad y llegar a certezas morales –también con la ayuda de determinadas gracias actuales–, pero la fe, en cuanto tal, le es dada al hombre: "no viene de nosotros, es don de Dios" (*Ef* 2, 8).

3.2. La fe es libre

La libertad de la fe significa que solo se cree si libremente se quiere creer. El carácter libre de la fe, aunque no es un tema tratado explícitamente en la Escritura, aparece claramente implicado cuando Jesús invita a creer en Él, así como en el lamento por su rechazo (*Mt* 23, 37) o en la censura por no haberle aceptado (*Mc* 16, 16; 1 *Jn* 3, 23).

> La interpretación luterana sobre el estado del hombre tras el pecado original supone una limitación de la libertad en el acto de fe, dada la corrupción del hombre causada por el pecado. La fe salvadora y la justificación dependen totalmente, según Lutero, de la elección de Dios y de ningún modo de la decisión autónoma del hombre. El Concilio de Trento enseña que la libertad humana, aunque debilitada, no desapareció por el pecado (D. 1521). El hombre posee suficiente libertad para cooperar con la gracia que le inclina a creer en Cristo (D. 1525-1526), pero puede resistirse a ella porque no es meramente pasivo (D. 1554). La misma enseñanza es repetida por el Vaticano I y ampliada por el Vaticano II. Este último concilio afirma la libertad interior de la respuesta de fe (DV 5) y desarrolla además el tema de la libertad social y política respecto a la fe, de forma que nadie puede ser obligado a creer (DH 10; AG 13; etc.). El *Catecismo de la Iglesia Católica* se refiere también a esta cuestión (CEC 160).

La libertad de la fe no equivale a la libertad moral del creer, como si creer o no creer fuera indiferente desde el punto de vista moral. La fe es libre, pero no es indiferente; no es lo mismo, creer que no creer.

El hombre tiene obligación de creer a Dios que se revela, siempre y cuando esa revelación se le presente de un modo suficientemente claro. Pero esa obligación se ha de cumplir sin determinación ajena, con libertad personal: "nadie en la tierra –se ha dicho con todo rigor– debe permitirse imponer al prójimo la práctica de una fe de la que carece" (San Josemaría Escrivá, *Amigos de Dios*).

La raíz antropológica de la libertad de la fe está en la oscuridad que acompaña a la percepción del objeto de fe. La revelación de Dios es el trasfondo del que emergen razones para creer, pero nunca es plenamente revelación, nunca nos da todas las razones que llevarían infaliblemente a la fe, hasta el punto de que la fe se convirtiera en una adhesión y asentimiento necesarios.

3.3. La fe es oscura

La oscuridad acompaña necesariamente a todo conocimiento que depende del conocimiento de otro, como es el caso de la fe. La fe es oscura porque, en último término, **el que cree no ha visto**, sino que ha aceptado el testimonio de alguien que merece crédito. La carta a los *Hebreos* caracteriza a la fe en Dios como "argumentum non apparentium", prueba de las realidades que no se ven (*Hb* 11, 1).

La fe es oscura porque la verdad de su objeto, Dios mismo, no puede ser alcanzada ni por evidencia ni por demostración; esta "oscuridad" del objeto de fe se manifiesta en la necesidad de tomar una decisión libre si se quiere acceder a la fe. La espera a que se aclare la verdad de fe para decidirse a creer equivaldría a una opción por no creer.

> La oscuridad de la fe está estrechamente relacionada con la libertad que acompaña al asentimiento; al mismo tiempo, esta oscuridad determina el peculiar tipo de certeza que corresponde a la fe, como se verá en el siguiente apartado.

La fe es oscura además porque una vez alcanzado el objeto de fe, este excede completamente la capacidad de la mente humana.

La oscuridad de la fe es **provisional**: es la oscuridad del **ahora**, que desaparecerá ante la claridad del después. "La fe es prueba de las realidades que no se ven", afirma la carta a los *Hebreos* (11, 1), y con más claridad afirma san Pablo: "Ahora vemos en un espejo y oscuramente, pero entonces veremos cara a cara" (1 *Co* 13, 12).

> Algunos autores han hablado de la **"naturaleza crepuscular" de la fe**, para expresar una idea de Blaise Pascal: en la fe hay suficiente luz para que el que quiera ver, vea, y suficiente oscuridad para que el que no quiera ver, no vea.

El **problema** de la oscuridad de la fe solo puede ser resuelto por el sujeto llamado a creer: le corresponde al hombre la decisión de abrirse a la gracia de la fe o de, por el contrario, rechazarla y quedarse encerrado en sí mismo.

Joseph Ratzinger se ha referido a la fe como a un "superar" y a un "abandonar": "Únicamente superando ese espacio (de las cosas físicas, de lo tangible) y abandonándolo puede alcanzar la certeza propia de las realidades del espíritu. Llamamos fe a ese camino que consiste en un superar y un abandonar" (*El camino pascual*).

3.4. La fe es cierta

La oscuridad condiciona la certeza de la fe, a la que no se llega en el orden propiamente intelectual, sino a través de factores volitivos (J. Mouroux, *Creo en Ti*). No por ello, sin embargo, la certeza de la fe pertenece a un segundo orden, puesto que en ella no solo interviene la inteligencia, sino la persona entera.

La **certeza de la fe** constituye una forma específica de certeza. Su fundamento es la autoridad infalible de Dios a quien le es ajena la posibilidad de errar o engañar. Por su fundamento en Dios mismo, la certeza de la fe es superior a la certeza del propio conocimiento (Santo Tomás de Aquino, *Suma Teológica*, II-II, q. 4, a. 8, ad). En un plano más personal, la certeza de la fe va ligada a la relación personal con Cristo: "**La fe es cierta no porque implica la evidencia de una cosa vista, sino porque es la adhesión a una persona que ve**" (J. Mouroux, *Creo en Ti*).

> La certeza de la fe es de diferente naturaleza a la que resulta de la evidencia percibida por el sujeto. Por carecer de esta evidencia, al asentimiento de la fe no alcanza la quietud, sino la tendencia a comprender más: es la fe que busca entender (*quaerens intellectum*). Esa tendencia viene después, y no antes, de poseer la fe, aunque previamente a la fe hay también una actividad de la inteligencia que investiga sobre la credibilidad (*intellectus quaerens fidem*).

Al que cree no le cabe la menor duda de la verdad de lo que cree. Es verdad que la fe puede ser puesta a prueba ante las dificultades. Sin embargo, las "dudas" que se le plantean al creyente no constituyen un **estado de duda** en tanto que no afecten a la certeza del creer. Como afirmaba san John Henry Newman: "Diez mil dificultades no hacen una sola duda" (*Apologia pro vita sua*; citado en CEC 157). En el itinerario de la fe, las "dudas" pueden desempeñar un impulso para la misma fe, en cuanto llevan a reafirmarla, a comprenderla mejor y a orar, volviendo la vista hacia la gran nube de testigos de la fe que -como Abraham y María- han superado las pruebas del camino (*Hb* 12, 1-2; CEC 165).

4. Itinerario hacia la fe. Fe y conversión

El camino hacia la fe es único e irrepetible en cada creyente, y se realiza en cada caso según una dinámica original en la que intervienen la gracia de Dios y la libertad humana. Sin embargo, en todos esos caminos personales de conversión pueden distinguirse varios elementos teológicos comunes que conforman lo que se podría llamar el itinerario teológico hacia la fe. Estudiaremos los siguientes: 1) preámbulos de la fe; 2) predicación del Evangelio; 3) percepción del fin último e insuficiencia de toda respuesta finita; 4) percepción de los signos de credibilidad, como convergencia de indicios que ofrece una probabilidad y una seguridad espiritual, en virtud de las cuales la opción por la fe es humanamente posible, intelectualmente responsable y moralmente vinculante; y 5) percepción de la bondad y del deber de creer.

> El orden de exposición de estos elementos es teológico y no cronológico; es decir, en una historia concreta de conversión no tienen por qué presentarse según el orden lógico (teo-lógico) con el que aquí se presentan.

4.1. Preámbulos de la fe

Los **preámbulos de la fe** (*praeambula fidei*) son un conjunto de verdades naturales, religiosas y morales, accesibles a la razón humana, que están en relación con el asentimiento de la fe.

> La fórmula *praeambula fidei* fue usada en la escolástica del s. XIII para indicar las condiciones que se deben satisfacer para que la decisión de creer en Dios no aparezca como arbitraria, y para mostrar que el hombre puede justificar a su razón el hecho de creer. En la encíclica *Fides et ratio* (n. 67) se habla de la "vía propedéutica de la fe" (*via preparatoria fidei*) como expresión equivalente a los *praeambula fidei*. Entre los preámbulos de la fe encontramos: la existencia de Dios, la espiritualidad e inmortalidad del alma, la existencia de la libertad, la apertura humana a lo sobrenatural, el deseo de Dios...

Los preámbulos de la fe son un presupuesto necesario de la fe, de modo que sin ellos la fe podría convertirse en algo arbitrario o en puro voluntarismo humano. Su función no es demostrar el hecho de la revelación, sino hacer inteligible su contenido.

> Se trata de presupuestos en el orden teológico y no necesariamente en el plano temporal o existencial concreto, ya que a veces se accede a ellos o se plantean al creyente después de la conversión.

4.2. Predicación del Evangelio

Al ser una respuesta a la revelación de Dios, la fe requiere el anuncio previo del Evangelio: "Y ¿cómo invocarán a aquel en quien no creyeron? ¿O cómo creerán, si no oyeron hablar de él? ¿Cómo oirán sin alguien que predique?" (*Rm* 10, 14). Donde no hay predicación del Evangelio, no puede haber fe.

4.3. Fin último e insuficiencia de lo finito

La aspiración y la tendencia del ser humano a la plenitud y la felicidad, por un lado, y su experiencia de la finitud de lo creado y la dramaticidad de la vida, por otro lado, le plantean al hombre la cuestión del sentido de su vida (véase Tema 5, apartado 2.). Ni la perspectiva materialista que lleva a considerar el mundo como absurdo y sinsentido (existencialismo ateo), ni la renuncia a las preguntas últimas (pensamiento débil de la **posmodernidad** y crítica de los "grandes relatos"), ni la proyección utópica de la realidad hacia un futuro ideal (marxismo, E. Bloch), son respuestas satisfactorias al problema del sentido de la vida. En cambio, cuando el hombre realiza un juicio sobre la **insuficiencia** de toda respuesta parcial a su anhelo de infinito, se pone en la dirección adecuada en su itinerario hacia la fe.

> En este sentido, las diferentes crisis existenciales que la persona experimenta en su vida pueden ser ocasiones para el planteamiento de la cuestión sobre Dios. Como señala san Agustín: "nos hiciste, Señor, para Ti y nuestro corazón está inquieto hasta que descanse en Ti". (*Confesiones*, I, 1).

4.4. Los signos de credibilidad

La percepción de los signos de credibilidad desempeña un papel fundamental en el itinerario hacia la fe, mostrando que la revelación es digna de ser creída. Gracias a los signos de credibilidad, el acto de fe cristiano se aleja de todo **voluntarismo** o **fideísmo**.

La percepción de los signos depende en gran medida de las **disposiciones del sujeto**. En esas disposiciones hay una opción de orden moral por la cual el sujeto se halla previamente abierto o cerrado a recibir un don y una llamada que le exige salir de sí mismo y abrirse al diálogo confiado de la fe.

> Al hombre con malas disposiciones siempre le es posible interpretar los signos de la presencia de Dios como obras de Beelzebú (*Mt* 12, 22-24) o como hechos puramente naturales. También la inquietud del corazón, la conciencia de culpa o la necesidad de salvación son susceptibles de interpretaciones de orden puramente psicológico, sociológico o de otra forma de explicación inmanente. Una persona con una disposición de apertura a lo sobrenatural, interpretará esos mismos signos de forma más receptiva.

Los signos de credibilidad no eliminan la libertad, pero la ponen a prueba porque le plantean la **necesidad de optar**. Esta necesidad puede surgir ante un signo aislado, aunque ordinariamente es el resultado de un **conjunto de signos** que, a través de un proceso inductivo y de la **convergencia de indicios**, llevan al asentimiento en el acto de fe.

> **San John Henry Newman** se refirió a un *"sentido ilativo" (illative sense)* como una actividad natural e íntima del hombre, que se desarrolla en virtud de la experiencia y que lo pone siempre en relación con lo concreto. Una serie de datos que tomados aisladamente podrían dar solamente una probabilidad, mediante el sentido ilativo son captados como un todo que converge en un punto y que logra engendrar certeza (J. H. Newman. *El asentimiento religioso*). Es semejante al sentido de un detective, que llega a la certeza sobre el caso que investiga a base de una acumulación de indicios convergentes. Al final, la **convergencia de indicios** –de los diversos signos de la revelación– conduce a una inferencia espontánea que prepara para el asentimiento.

En el caso de la fe, la **convergencia de indicios** ofrece una certeza que lleva a confiar en Cristo y a abrirse al encuentro con Él mediante la entrega de la fe.

4.5. Creer es bueno; debo creer

El aspecto moral del sujeto llamado a creer aparece en los diversos momentos del camino hacia la fe que hemos visto, y no solo en su punto final, antes del asentimiento. El deber de creer no lo percibe el hombre como una necesidad extrínseca que le viene de fuera, o como el término de un proceso deductivo cerrado, sino como una **necesidad para mí**, es decir, como una necesidad para mi salvación, para la explicación del sentido de mi vida, etc.

> Junto con los argumentos de la razón, el creer se relaciona también con las "razones del corazón" de las que hablaba Pascal. Las razones del corazón están vinculadas al encuentro y la amistad entre personas. Para la confianza interpersonal nunca hay razones suficientes pues siempre permanece una cierta dosis de indeterminación; sin embargo, la persona puede percibir desde su corazón que debe confiar, y que sería una sinrazón el no hacerlo.

Asimismo, la gracia de Dios tiene un papel de primera magnitud en todo el proceso hacia la fe. En forma de un "instinto interior", según la expresión de santo Tomás de Aquino (*Suma Teológica* II-II, q. 2, a. 9, ad 3), la gracia abre el corazón del hombre al mensaje cristiano, creando en él una orientación interior vivida, no refleja, hacia la comunión de vida con Dios.

> Así lo expresa *Dei Verbum*, 5: para profesar la fe "es necesaria la gracia de Dios, que previene y ayuda, a los auxilios internos del Espíritu Santo, el cual mueve el

corazón y lo convierte a Dios, abre los ojos de la mente y da "a todos la suavidad en el aceptar y creer la verdad (...)". Hay, por tanto, en el hombre una fuerza que le lleva a la fe, que acompaña inseparablemente a la captación de la bondad y de la necesidad de creer. Con todo, el hombre puede también resistir eligiendo la seguridad de la propia certeza o renunciando al compromiso. En este caso, la dimensión moral del creer se convierte en un juicio sobre la negativa a confiar en Dios.

5. La fe, inicio de la deificación

La respuesta a la revelación mediante la fe y el inicio de la deificación son dos aspectos de una misma realidad. La fe es el inicio de la salvación del hombre ("*initium humanae salutis*"), según la enseñanza del Concilio de Trento, reiterada por el Vaticano I (D. 1532; 3008). Creer es la entrada en una nueva forma de vida, es vivir no de uno mismo sino del Espíritu que transforma en Cristo y lleva al Padre. Se manifiestan así las dimensiones trinitaria y escatológica de la fe, y al mismo tiempo se muestra la estrecha relación entre fe y contemplación (San Josemaría Escrivá, "Hacia la santidad", en *Amigos de Dios*).

5.1. Dimensión trinitaria de la fe

La fe en el Dios revelado comienza siendo **fe en Cristo**. Esta fe es, además, **don del Espíritu**: solo en el Espíritu se puede confesar que "Jesús es Señor para gloria de Dios Padre" (1 *Co* 12, 3). La adhesión a la persona de Jesús de Nazaret, crucificado y resucitado, y constituido por Dios Señor y Cristo en la potencia del Espíritu Santo, es lo propio del creer en el Nuevo Testamento (*Hch* 2, 36). A través de Cristo, los hombres "tienen acceso en el Espíritu Santo al Padre y se hacen partícipes de la naturaleza divina (cf. *Ef* 2, 18; 2 *P* 1, 4)" (DV 2).

La fe es inicio de la deificación y salvación del hombre. Esta salvación no consiste en la liberación de peligros externos, sino en la transformación interior que convierte al hombre de pecador en justo, otorgándole la gracia que le asemeja a Jesucristo y haciéndole entrar en la vida íntima de Dios. La **justificación** y **deificación** no tiene lugar solo por la fe, como pretendía Lutero, sino que son necesarias también las obras de la fe con las que el hombre coopera a su salvación. La fe desempeña, sin embargo, una función única que es la de abrir el espíritu a la acción de Dios a través de la entrega de la misma fe y de la comunión con la Trinidad.

5.2. Dimensión escatológica de la fe

La fe es el comienzo de la deificación, pero solo el comienzo, no su realización plena. El *Catecismo de la Iglesia Católica* se refiere a la fe como comienzo de la vida eterna: "La fe nos hace gustar de antemano el gozo y la luz de la visión beatífica, fin de nuestro caminar aquí abajo. Entonces veremos a Dios "cara a cara" (1 *Co* 13, 12), "tal cual es" (1 *Jn* 3, 2). La fe es, pues, ya el comienzo de la vida eterna (…)" (CEC 163).

Mientras el hombre vive de fe está en camino no tiene ciudad permanente, sino que espera la patria celeste, donde está Cristo (*Flp* 3, 20). Esto no quiere decir, sin embargo, que la tensión escatológica de la fe implique que estos dos polos –la fe y la visión– sean la única realidad. Si así fuera, la historia vendría a ser algo irrelevante o residual, como un simple añadido entre paréntesis. Al contrario, **la fe tiene como condición el tiempo y la historia**, y sin ellos carecería de forma humana de existencia. En realidad, la fe solo existe como historia, mientras hay historia, y mezclada con lo histórico.

La fe está llamada, precisamente, a dirigir la historia hacia su objetivo escatológico haciendo que el señorío de Dios se realice en ella. De este modo, la fe –que incluye siempre y necesariamente un aspecto de confianza– necesita poner en ejercicio la **esperanza** como fuerza que actúa y modifica la historia en la línea del reino de Dios.

> La dimensión escatológica de la fe no compromete la verdad ni la realidad de lo que se cree, pues la fe implica el acceso a la verdad eterna de Dios. Sin embargo, hay que reconocer que la fe tiene una naturaleza provisional y, aunque es cierta, no alcanza la plenitud de la verdad ni asegura su posesión definitiva. Por eso, el creyente es un ser de esperanza, ya que no solo anhela transformar la historia a través del poder de la fe, sino también experimentar su propia transformación personal en bienaventurado o comprehensor. El **"ya pero todavía no"** que define la economía cristiana se manifiesta claramente en la fe.

5.3. Fe y contemplación

La fe es un principio vital que introduce al creyente en la vida divina. De ahí que el dinamismo inherente a la fe tienda a trascender el ámbito de la mera reflexión y se oriente hacia la contemplación del **misterio divino**.

> La fe es respuesta a la palabra de Dios (Dios como verdad) y, al mismo tiempo, es respuesta a su iniciativa amorosa (Dios-Amor): la **obediencia de la fe** (*oboedientia fidei*) es al mismo tiempo **obediencia del amor** (*oboedientia amoris*). Por el conocimiento de fe el creyente llega hasta el Amor, y por el amor puede unirse al Amor divino más allá de todo conocimiento.

La contemplación es siempre actividad de la fe, y de la fe recibe las dos propiedades que le dan un aspecto paradójico: la claridad y la oscuridad. La contemplación implica **claridad** por su relación directa con el misterio, pero esa claridad se torna **oscuridad**, porque el creyente percibe la inadecuación de la palabra creada para expresar lo increado. Con la idea de "**tiniebla luminosa**" San Gregorio de Nisa ha expresado magistralmente la naturaleza de la contemplación (*Sobre la vida de Moisés*).

> La contemplación da origen a un tipo específico de experiencia, la **experiencia mística**, que se diferencia de la común experiencia de fe de los creyentes por ser resultado de una gracia específica y particular que Dios concede a algunos. No obstante, "Dios nos llama a todos a esta unión íntima con Él, aunque las gracias especiales o los signos extraordinarios de esta vida mística sean concedidos solamente a algunos para manifestar así el don gratuito hecho a todos" (CEC 2014). La experiencia mística se encuadra en el modelo de la experiencia de fe de todo creyente, ya que aun cuando actúen dones divinos particulares, el protagonista no está aún en la escatología.

El vínculo que el hombre establece con el Dios-Amor mediante la fe, se expresa de manera única e irremplazable en la **oración**, dimensión esencial de la vida cristiana. Este encuentro del alma con Dios se fundamenta en la experiencia de la personal dependencia de Dios, en la toma de conciencia de la propia debilidad y en la disposición absoluta e incondicional para recibir los dones divinos. (véase Cuarta parte del *Catecismo de la Iglesia Católica*).

Ejercicio 1. Vocabulario

Identifica el significado de las siguientes palabras y expresiones usadas en el tema:

- Motivo formal de la fe
- Preámbulos de la fe
- La fe como "tiniebla luminosa" (San Gregorio de Nisa)
- Convergencia de indicios
- «Diez mil dificultades no hacen una sola duda» (San John Henry Newman)

Ejercicio 2. Guía de estudio

Contesta a las siguientes preguntas:

1. Carácter teologal de la fe. ¿Qué significa la expresión: *"credere Deum, credere Deo, credere in Deum"*?

2. ¿Cómo puede la fe ser "oscura"·y "cierta" al mismo tiempo? Explicar la respuesta.

3. ¿Qué significa que "creer es un acto eclesial"?

4. ¿Por qué se dice que la fe es "libre"?

5. ¿De qué aspectos depende la conversión de una persona a la fe?

6. ¿Por qué la fe es el "inicio de la deificación"?

Ejercicio 3. Comentario de texto

Lee el siguiente texto y haz un breve comentario personal utilizando los contenidos aprendidos en el tema:

«El hombre puede ser obligado a hacer cosas de muy variada índole, y no son pocas las que hace en contra de su voluntad. Pero creer solo puede si quiere. Es posible que la veracidad de un hombre se me manifieste de forma tan convincente que no tenga más remedio que pensar: no está bien no creerle; "tengo que" creerle. Sin embargo, este último paso solo puede darse con completa libertad, lo que quiere decir que puede también no darse. Argumentos convincentes respecto a que un hombre es digno de fe puede haber bastantes, pero ningún argumento puede forzarnos a creerle. La unanimidad de las opiniones sobre este punto es asombrosa, y la coincidencia alcanza desde san Agustín y santo Tomás hasta Kierkegaard, san John Henry Newman y André Gide. Es célebre la frase de san Agustín en su comentario de san Juan: *Nemo credit nisi volens*, "nadie cree sino de libre voluntad". Dice Kierkegaard que son muchas las cosas que un hombre puede hacer por otro, "pero darle la fe no puede hacerlo". Newman repite de diversas formas el pensamiento de que la fe es algo distinto al resultado de una argumentación teórica; no es *a conclusion from premises.* "Tan pronto como estás convencido de que tendrías que creer, ha hecho la razón lo suyo; ahora bien, lo que es necesario para creer no es un argumento, sino un acto de la voluntad" (…). Lo que evidentemente se quiere decir con todo esto es que una cosa es encontrar lo que otro dice "interesante", "inteligente", "importante", "magnífico", "genial", o absolutamente "verdadero". Posiblemente, puede uno sentirse forzado a pensar y a decir todo eso de corazón sincero; sin embargo, *otra* cosa totalmente distinta es el aceptar las mismas afirmaciones de la manera propia de la fe. Para que llegue a existir esta otra cosa totalmente distinta que es la fe tiene "además" que producirse un asentimiento voluntario libre: la fe descansa en el querer». J. Pieper, *La fe*, Madrid: Rialp, 1966, 38-40.

LA INCREENCIA

La increencia es un fenómeno complejo que se caracteriza por dejar de lado la cuestión de Dios y las creencias religiosas, bien como resultado de una reflexión consciente personal, bien por mero desinterés. La increencia moderna ha surgido en Occidente en gran medida como una reacción frente al cristianismo, que es visto con sospecha por variados motivos. Interesa analizar este fenómeno, considerado por el Concilio Vaticano II como uno de los "más graves de nuestro tiempo" (GS 19), pues también en este ámbito la Iglesia está llamada a "dar de la esperanza" a los no-creyentes.

Resulta útil la lectura de los siguientes textos: *Catecismo de la Iglesia Católica*, 2123-2128; const. past. *Gaudium et spes* del Concilio Vaticano II, 19-21; enc. *Fides et ratio*, 45-48.

SUMARIO

1. Formas principales de increencia 1.1. Ateísmo 1.2. Agnosticismo 1.3. Indiferencia religiosa · **2. Orígenes de la increencia** 2.1. Origen histórico del ateísmo 2.2. Raíces socioculturales de la increencia contemporánea 2.3. Raíz antropológica · **3. Enseñanzas del magisterio de la Iglesia** · **4. La fe cristiana ante la increencia** 4.1. Diálogo con el ateísmo sistemático 4.2. Diálogo con la indiferencia religiosa 4.3. Vías de acceso al conocimiento de Dios · **5. Valoración moral de la increencia**

El fenómeno de la increencia se presenta en una gran diversidad de formas, situaciones y grados de intensidad. La constitución pastoral *Gaudium et spes*, sin pretender elaborar una clasificación exhaustiva del ateísmo, ofrece una interesante descripción de los modos básicos en que se presenta (GS 19). Por nuestra parte podemos distinguir tres formas principales de increencia: ateísmo, agnosticismo e indiferencia religiosa.

1.1. Ateísmo

Es el rechazo explícito de la existencia de un Dios personal. Suele distinguirse entre el ateísmo "teórico" –que busca un discurso racional que justifique la no creencia en Dios–, y ateísmo "práctico" –actitud existencial que excluye de la propia vida toda referencia a Dios.

En referencia a las razones o motivos que justifican el ateísmo, pueden diferenciarse tres tipos:

- Ateísmo **epistemológico:** pretende fundamentar la negación de Dios en la incapacidad del conocimiento humano de trascender hacia lo Absoluto. Parte del principio de que no se puede conocer nada que esté más allá del alcance propio de las ciencias experimentales y, por tanto, de la experiencia sensible. Este cientificismo supone, por un lado, la reducción de la realidad a lo empírico y, por otro lado, la reducción de la razón humana a la razón técnica. De este modo, no queda lugar para Dios ni para la teología que, a lo sumo, son relegados al ámbito de la imaginación junto con la ética y la estética. La creencia religiosa es considerada como absurda e insostenible en un mundo donde la ciencia es vista como el único conocimiento válido. Al mismo tiempo, esta posición sostiene que las creencias religiosas se oponen al avance de la ciencia y, por tanto, al progreso. Entre los autores que, de un modo u otro, han sostenido esta visión pueden mencionarse Auguste Comte (1798-1847), Sigmund Freud (1856-1939), Émile Durkheim (1858-1917) y diversos representantes del "Círculo de Viena" (Rudolf Carnap, Alfred Ayer) que toman el "principio de verificabilidad empírica", como único criterio de la validez de los enunciados (también de las proposiciones metafísicas, éticas o religiosas).

- **Ateísmo humanista:** se fundamenta en la idea de que la afirmación de Dios supone la negación del hombre. Por tanto, la condición para la plena realización del hombre sería la negación de Dios. En la base de este planteamiento hay una falsa antítesis entre Dios y el hombre, que es consecuencia última del antropocentrismo moderno llevado al extremo. Algunos representantes de este tipo de ateísmo son Ludwig Feuerbach (1804-1872), Karl Marx (1818-1883), Friedrich Nietzsche (1844-1900) y Jean-Paul Sartre (1905-1980).

- **Ateísmo como respuesta frente al mal**: el mal plantea dificultades al creyente y ofrece supuestamente un argumento al ateo para mantener su postura: "si Dios es bueno y todopoderoso, ¿por qué permite el mal?". El filósofo griego Epicuro (341-270 a.C.) fue de los primeros que planteó esta cuestión. Otros autores más recientes han expuesto el problema en términos similares: David Hume (1711-1776), Albert Camus (1913-1960), etc. Gran parte del ateísmo contemporáneo, y también del llamado "Nuevo ateísmo", se presenta como una reacción contra el sufrimiento del inocente, y contra las terribles experiencias recientes del mal en el mundo. La pregunta por el mal, "tan apremiante como inevitable, tan dolorosa como misteriosa" no tiene una respuesta simple. Como enseña el *Catecismo*, "no hay un rasgo del mensaje cristiano que no sea en parte una respuesta a la cuestión del mal" (CEC 309. Sobre el tema de "La providencia y el escándalo del mal", ver, CEC 309-314).

1.2. Agnosticismo

Es el resultado de una reflexión que justifica la imposibilidad de conocer a Dios, es decir, que niega la cognoscibilidad racional de Dios: no podemos decir nada acerca de la existencia o no existencia de Dios.

El término "agnóstico" fue acuñado por el médico y biólogo inglés **Thomas Huxley** (1825-1895) para describir la actitud de quien se abstiene de dar un juicio sobre lo que supera los límites del conocimiento científico y, por tanto, respecto a la existencia de Dios.

El agnosticismo se presenta a sí mismo como una postura equilibrada o intermedia entre la del ateo y la del creyente. Sin embargo, la posición agnóstica proviene de presupuestos gnoseológicos que niegan la capacidad de la razón humana para alcanzar realidades trascendentes. Entre los autores de tendencia agnóstica se encuentran David Hume, Immanuel Kant (1724-1804), Karl Jaspers (1883-1969) o Bertrand Russell (1872-1970).

1.3. Indiferencia religiosa

Desde el punto de vista del sujeto, la indiferencia religiosa se caracteriza por la ausencia de inquietud religiosa o desinterés por la religión; desde el punto de vista objetivo, es la afirmación de que el tema de Dios y la religión es irrelevante para el hombre y la sociedad. En diferentes grados, el indiferente experimenta desinterés por la religión en el plano intelectual, y desafecto en el plano voluntario y emotivo. La indiferencia religiosa es la forma más frecuente de increencia contemporánea.

Sus rasgos principales son: 1) alcance masivo: no está restringido a círculos intelectuales o culturales, sino que se expande de manera generalizada entre las masas; 2) difusión rápida y discreta; 3) Influjo en la cultura y estima social: es considerado como un logro del progreso y como un hecho positivo; 4) se presenta expresamente como un fenómeno poscristiano que supera un periodo ya agotado.

Las motivaciones que dan lugar a la indiferencia religiosa son variadas: abandono paulatino de la práctica religiosa; contacto con un ambiente familiar, social o educativo desprovisto de referencias religiosas; desconfianza o suspicacia hacia los ideales que propone la religión; o reacción de escape ante la frustración experimentada por un conflicto religioso personal.

2. Orígenes de la increencia

La cuestión sobre los orígenes o causas de la increencia no es sencilla, al entrar en juego diversos puntos de vista y numerosos elementos de análisis. Sin pretender hacer un examen exhaustivo, nos detendremos en tres asuntos: los orígenes históricos del ateísmo moderno, los factores sociales y culturales que lo pueden favorecer y las bases antropológicas en las que se arraiga.

2.1. Origen histórico del ateísmo

Según los datos de la etnología, el hombre precristiano y no cristiano de la Antigüedad no ha ignorado a Dios ni ha dejado de relacionarse con el Absoluto a través de diversas formas religiosas. Con algunas excepciones aisladas del área surasiática, es difícil encontrar un ateísmo radical que niegue toda forma de lo divino.

> En los pueblos civilizados de la antigüedad precristiana o no cristiana encontramos ciertamente algunos indicios de ateísmo que, sin embargo, no constituyen formulaciones positivas y radicales. En la **civilización grecorromana**, por ejemplo, surge un ateísmo de tipo religioso-político: la crítica al culto oficial de la *polis* o del imperio, o el rechazo de formas de representación antropomórficas de la divinidad, podían hacer a un individuo merecedor de la acusación de ateísmo, como es el caso de Sócrates. No se trata de una negación de la divinidad, sino de un inconformismo con la religiosidad oficial de Atenas. "Ateo" no era, en primer lugar, el que negaba a Dios, sino el que se comportaba de un modo ilegal e injusto (S. Justino, *Primera Apología*, 1, 6). Tampoco hoy parece tan clara la consideración de algunos pensadores antiguos como ateos -**Epicuro**, **Protágoras**-. Ciertamente, este último, por ejemplo, comienza su obra *Sobre los dioses* con esta afirmación: "Sobre los dioses no puedo tener la certeza de que existen ni de que no existen ni tampoco de cómo son en su forma externa. Ya que son muchos los factores que

me lo impiden: la imprecisión del asunto, así como la brevedad de la vida humana" (Protágoras, *Fragmento* 4). Sin embargo, Protágoras no niega aquí que "lo escondido" tenga mucho que ver con el hombre; lo que sucede es que, si la medida de todas las cosas es el hombre, y el hombre es limitado, no está en condiciones de decidir sobre la presencia o ausencia de la divinidad. En algunas culturas del Asia meridional, pueden encontrarse también algunas señales de ateísmo, aunque la diversa mentalidad y las peculiares categorías de pensamiento de estas culturas hace difícil hacerse cargo de su fundamento y su alcance.

En los orígenes históricos del ateísmo destaca el influjo de la crítica moderna a la idea de revelación. En los últimos siglos, hay dos hechos fundamentales en este sentido: el nacimiento de la filosofía moderna y el rechazo de la idea misma de revelación.

1) La **filosofía moderna**, al centrarse en la **inmanencia**, tiende a cerrarse a toda realidad que esté más allá del propio sujeto. Los nuevos sistemas filosóficos se constituyen como edificios sin ventanas hacia afuera. Aunque algunos autores justifican en cierto modo a Dios, la corriente principal de pensadores lo excluyen del ámbito de la realidad o al menos de la racionalidad.

> Desde la perspectiva mencionada, se argumenta que el mundo y la humanidad pueden explicarse "**como si Dios no existiera**", *etsi Deus non daretur* (H. Grocio), ya que no se necesita invocarlo para comprender las leyes físicas o morales. Esta postura se radicaliza después en una posición que excluye positivamente a Dios, considerándolo una creación humana, ya sea como el mismo mundo (panteísmo) o como una proyección de deseos y necesidades humanas (Feuerbach, Marx, Freud, entre otros). A esta radicalización contribuye la falsa convicción de que la "idea" de Dios que el hombre se forja, va en detrimento del mismo hombre en diversos aspectos, como su libertad, su vida social, su desarrollo psicológico o el avance científico y económico, según argumentan Nietzsche, Sartre y otros autores. (F. Ocáriz y A. Blanco, *Teología Fundamental*).

2) La **crítica a la idea de revelación**, aunque se dirige al carácter revelado del cristianismo, y no, en principio, al conocimiento de Dios ni a la religión, converge con la corriente atea de la filosofía y acabará reforzando la conclusión que niega a Dios o su cognoscibilidad. Esta crítica a la revelación se desarrolló fundamentalmente en dos líneas: una **crítica filosófica**, que busca refutar la **posibilidad** de la revelación, y una **crítica histórica**, que pone en duda su **realidad**, al cuestionar la fiabilidad de las fuentes históricas del cristianismo.

a) **Crítica filosófica.** Con la **Ilustración** comenzó a formularse la crítica a los fundamentos metafísicos del cristianismo, de forma que se ponía en duda la **posibilidad** de que el cristianismo fuera una religión revelada. Las manifestaciones de esa crítica fueron diversas, dependiendo también de culturas y momentos, pero todas ellas coincidían en unos presupuestos comunes, que eran los del racionalismo: el hombre entendido como razón, la naturaleza como lo necesario y universal, y Dios como el origen de la necesidad y universalidad. Ello trae como consecuencia fundamental el rechazo de todo sobrenaturalismo, es decir, de toda acción de Dios distinta o independiente de su relación original con la naturaleza. Para el filósofo neerlandés Baruch **Spinoza** (1632-1677), por ejemplo, admitir que Dios pudiera intervenir ulteriormente en la naturaleza, más allá, por tanto, de las leyes necesarias que la rigen, no podría servir sino para difundir el ateísmo, porque implicaría contradicción en la idea necesaria de Dios. Lo mismo sucedería con la pretendida revelación sobrenatural. Pero no solo lo milagroso sino la misma idea de que Dios pudiera actuar a través de hechos históricos contingentes, no podía ser aceptada por ellos, porque supondría en Dios una libertad distinta de la necesidad. También por el lado del hombre resultaba imposible, desde esa perspectiva, la idea de una revelación divina que reclamara su adhesión, pues supondría una limitación de la propia autonomía humana.

b) **Crítica histórica**. En el s. XIX se comienza a producir un profundo cambio espiritual. El cansancio de una especulación abstracta y general hizo que los hombres se volvieran hacia la vida concreta e individual y hacia su expresión en la historia. Este movimiento promovió, en el campo teológico, el **examen crítico** de las fuentes históricas del cristianismo. Pronto se alzaron y discutieron cuestiones sobre la autenticidad y la fidelidad de los relatos evangélicos, sobre la fecha de su composición, la cuestión sinóptica, la forma original del texto, etc.

2.2. Raíces socioculturales de la increencia contemporánea

Son múltiples los factores socioculturales que favorecen las condiciones para la increencia contemporánea. Podemos mencionar los siguientes (cf. F. Conesa, "Increencia", en *Diccionario de Teología*, 493-506):

a) Influencia del **ateísmo teórico**: las diversas formas del ateísmo sistemático (epistemológico, humanista, protesta frente al mal) han originado un clima cultural y un estilo de vida que propicia la negación práctica de Dios o la indiferencia respecto a lo religioso.

b) **Mentalidad pragmatista**, que aviva el afán por el bienestar en un clima individualista, con el consiguiente olvido de los grandes ideales y la desaparición de Dios del horizonte existencial.

c) **Secularismo**: proceso voluntario de eliminación de lo religioso de la vida social, que es consentido únicamente en la esfera privada. Esta visión ideológica de la realidad desemboca fácilmente en el "laicismo", concebido como una mentalidad y una praxis que propone, y trata de imponer, una visión de la sociedad y de la persona humana sin referencia a Dios, a través de un cambio cultural y de medidas legales (prohibición de manifestaciones públicas de la fe, negación de la objeción de conciencia, etc.).

> Conviene distinguir entre **secularización** y **secularismo**. La **secularización** es un proceso cultural e histórico de transformación desde una sociedad sacralizada –donde la fe y la religión son fuente de explicación de la realidad y norma de conducta social, a una sociedad secular, emancipada de los controles religiosos, que excluye intromisiones o mezclas entre Iglesia y Estado, religión y ciencia, mandamientos religiosos y leyes civiles, etc. El proceso de secularización no afecta inmediatamente a la fe o a la increencia sino a una visión general del hombre y su lugar en el mundo.

d) **Pérdida de confianza en la razón**. La reacción frente a la pretensión moderna de absolutización de la razón fue, en la segunda mitad del siglo XX, el nacimiento de una "razón débil", que rechaza las grandes teorías y doctrinas, y se ve incapaz de alcanzar verdades absolutas. Este pensamiento posmoderno renuncia a las grandes certezas y se sume en lo provisional y fugaz. Este horizonte gnoseológico, donde solo cabe lo parcial y lo provisional (San Juan Pablo II, *Fides et ratio*, 91), facilita el "eclipse de Dios" (M. Buber).

e) **Mentalidad cientificista**. Respaldada por los éxitos de la ciencia, la racionalidad científica se ha impuesto como único modelo válido de conocimiento, de modo que los ámbitos de la realidad no sometibles a la experimentación empírica son dejados de lado. Las preguntas por la verdad, el bien y el sentido, son desplazadas por la cuestión de lo útil o lo técnicamente posible.

f) **Pluralismo social y religioso**. El pluralismo en sí mismo es positivo, al poner en relación visiones culturales diversas que pueden enriquecerse mutuamente. Sin embargo, la multiplicidad de ofertas religiosas unida a la confusión doctrinal y a la mentalidad relativista, puede favorecer un clima sincretista o indiferentista en relación a lo religioso.

g) **Fenómenos sociales** como la emigración o la industrialización han cambiado los resortes culturales y religiosos de numerosas personas, propiciando indirectamente la pérdida de valores morales y religiosos tradicionales.

h) **Los medios de comunicación social,** incluso en zonas donde los cristianos constituyen la mayoría de la población, con frecuencia difunden la increencia y favorecen la indiferencia, relativizando el hecho religioso o presentándolo de un modo deformado.

i) **Acomodación de comportamientos**. El fenómeno de la globalización favorece la homogeneización de convicciones y comportamientos, con el consiguiente riesgo de la difusión de la increencia o la subjetivización de cualquier opción religiosa.

j) **La ruptura en la transmisión de la fe**. Las vías tradicionales de la transmisión de la fe -familia, catequesis, instituciones educativas y predicación- experimentan grandes dificultades y grandes retos para desempeñar su papel fundamental, debido a la creciente descristianización. Esta situación exige incorporar nuevos métodos y nuevos lenguajes.

2.3. Raíz antropológica

Aunque la increencia es un hecho cultural y social, antes que nada constituye una opción personal. ¿Qué es lo que lleva a una persona a rechazar a Dios y a excluir la esfera religiosa de su vida? Para responder a esta cuestión es útil comparar el proceso que lleva a la fe con el que lleva a la increencia. Así como nadie alcanza la fe por una vía meramente racional -se necesita la gracia de Dios, así como la acción libre y razonable del hombre-, tampoco la increencia es la mera conclusión de un proceso demostrativo. Tanto la fe como la increencia son fruto de una decisión, de una opción existencial. Pero la increencia es como una "fe invertida" porque su contenido es, no la adhesión a un Dios trascendente, sino una toma de posición contra el Dios trascendente (J. Maritain, *La significación del ateísmo contemporáneo*).

Eso implica que la increencia no es libre del mismo modo y con el mismo sentido que la fe. La fe y la increencia pueden sufrir influjos que limitan, de hecho, la libertad personal. Pero en la medida en que la fe surge como un acto de elevada calidad moral (la fe lleva consigo compromiso, entrega, obediencia, etc.), su relación con la libertad es más clara y, sobre todo, más acorde con la verdad. Por este motivo, no se puede hablar, en rigor, de las razones de la increencia. En cambio, es posible referirse a la *raíz* que en el hombre hace posible la increencia.

La raíz esencial de la increencia está en el mismo hombre y, más concretamente, en la división íntima que experimenta a raíz del pecado, según recordó en Concilio Vaticano II (GS 13). La división íntima del ser humano tiene varias manifestaciones en la vida de la persona, mostrando que no se autoposee plenamente al estar sujeto a fuerzas que no controla y a oscuridades que no puede iluminar plenamente y que actúan sobre él. Veamos algunas de estas manifestaciones.

- La falta de armonía en el **conocimiento humano**, que se revela en las dificultades que el hombre experimenta en la búsqueda de la verdad, tanto en el conocimiento sensible como en el intelectual, debido a que la verdad de las cosas no se le manifiesta de un modo unívoco.

- En el ámbito de la **libertad** se experimenta la falta de armonía entre lo que se conoce y lo que se quiere (conocimiento-decisión), como también entre lo que se quiere y lo que se hace (decisión-ejecución), a lo que se añade la tentación de una autonomía moral no supeditada a la verdad y al bien objetivo (San Juan Pablo II, Enc. *Veritatis Splendor*, 32 ss.)

- La **cuestión del sentido** ante los grandes interrogantes de la vida no encuentra una respuesta unívoca sino variada, dependiendo de múltiples factores personales, culturales, sociales, etc. Estas respuestas van desde el rechazo de Dios al considerar que todo es absurdo, hasta la apertura a Jesucristo como Aquel que esclarece el misterio del hombre (GS 22).

- A lo anterior hay que añadir también la aportación de otros elementos que afectan a la toma de posición del ser humano respecto a la cuestión sobre Dios: la **cultura**, la **educación** y la **historia**.

> Una cultura o una educación atea o indiferente respecto a lo religioso dificulta y retrasa cualquier posicionamiento favorable a creer en Dios. A su vez, hechos históricos concretos como, por ejemplo, las guerras de religión o la falta de testimonio de los creyentes (GS 19) pueden dificultar el acceso a la fe de algunas personas. Estos factores, sin embargo, no justifican la increencia, aunque la explican.

3. Enseñanzas del magisterio de la Iglesia

El magisterio de la Iglesia se ha ocupado del ateísmo en los concilios Vaticano I y Vaticano II.

El **Concilio Vaticano I** adopta una actitud de **defensa** contra la increencia, pero también de **diálogo** con ella. Por un lado, condena a quien niegue que "existe un único y verdadero Dios, creador de lo visible y de lo invisible" (*Dei Filius*, cap. I, canon 1). Los cánones 2 y 3 se dirigen a su vez contra el materialismo y el panteísmo. Por otro lado, trata de encontrar un terreno de diálogo con el ateísmo en la argumentación lógico-racional. Con la definición de la posibilidad de un conocimiento natural de Dios por medio de la razón, desea garantizar una adecuada base argumentativa respecto al ateo, excluyendo, al mismo tiempo, la posición fideísta que parte solamente de la revelación sobrenatural.

El **Concilio Vaticano II** supone un hito importante en la reflexión de la Iglesia sobre la increencia. Desde una perspectiva principalmente pastoral, lo analiza en tres momentos en la constitución *Gaudium et spes*: formas y causas del ateísmo (n. 19), características del ateísmo sistemático (n. 20) y actitud de la Iglesia ante el ateísmo (n. 21).

> El concilio parte de la convicción de que "la razón más alta de la dignidad humana consiste en la vocación del hombre a la unión con Dios" (GS 19), y reconoce que, sin embargo, son muchos los que desconocen esa relación o la rechazan. Tras describir, sin pretensión de exhaustividad, las diversas formas del ateísmo, alude al tema de la culpabilidad del ateo, que abordaremos en el último apartado de este tema. El texto afirma que el ateísmo, considerado en conjunto, no es un fenómeno originario, sino consecuencia de varias causas, como la reacción crítica contra las religiones. En este punto el concilio añade -por primera vez en un texto magisterial- que también los propios creyentes pueden tener parte de culpa, debido al modo deficiente de vivir su fe, oscureciendo así el rostro de Dios.
>
> GS 20 examina el ateísmo sistemático y señala sus dos causas principales: el deseo de autonomía del individuo, acentuado por el progreso técnico; y la falsa idea de que la religión impide la liberación económica y social del hombre (marxismo).
>
> Por su parte, GS 21, después de rechazar el ateísmo por suponer una negación de la dignidad de la persona, esboza la respuesta de la Iglesia ante el desafío que plantea, no sin antes expresar su interés por conocer las causas de la negación de Dios que se esconden en la mente del hombre ateo. La Iglesia desea tomar con seriedad los dilemas planteados por el ateísmo, motivada por su amor hacia la humanidad. Este número argumenta frente al ateísmo que la dignidad y libertad del ser humano no entran en conflicto con la existencia divina, y que la fe en Dios no se opone a la lucha por la liberación histórica del hombre. Señala también que "todo hombre resulta para sí mismo un problema no resuelto" y, consiguientemente, no puede eludir la cuestión de Dios. Respecto a la actitud de los cristianos y las soluciones pastorales, el concilio sugiere algunas orientaciones: profundización en la doctrina sobre Dios, coherencia entre fe y vida, testimonio cristiano y práctica de la caridad. Y concluye alentando a la colaboración y al diálogo con los no creyentes, así como reiterando la convicción de que el mensaje evangélico lejos de empequeñecer al hombre, lo dignifica.

El tema de la increencia ha sido objeto de especial atención por parte del magisterio posterior al Concilio Vaticano II. **San Pablo VI** erigió el Secretariado para los no creyentes (1964), que posteriormente devino el Consejo Pontificio para el diálogo con los no-creyentes (1988), y que, a su vez, acabó integrado en el Consejo Pontificio de la Cultura (1993), actualmente Dicasterio para la Cultura y la Educación.

Aunque las enseñanzas de GS 19-21 conservan hoy validez como líneas básicas sobre el problema, las profundas transformaciones sociales, políticas y culturales de los decenios posteriores a la asamblea conciliar han originado escenarios diferentes.

> A partir de los años 80 en el horizonte cultural de occidente se dibuja un nuevo mapa de la increencia de rasgos hasta entonces desconocidos: propuestas agnósticas basadas en la sensibilidad posmoderna, gran presencia de la indiferencia religiosa, fenómenos de "nueva religiosidad" caracterizados por una espiritualidad sin Dios y sin religión, críticas a la religión como reacción a la violencia terrorista, intentos políticos de apartar la religión de la vida pública (secularismo, laicismo), nuevas formas de ateísmo (**Nuevo ateísmo**), etc. Este panorama ha planteado a la Iglesia y a la teología nuevos retos en el campo de la increencia.

San Juan Pablo II, en la misma línea del Vaticano II y de san Pablo VI, señala al ateísmo como un pecado, junto con la idolatría y la apostasía (Ex. Ap. *Reconciliatio et Poenitentia*, 17; Enc. *Veritatis Splendor*, 70), que mantiene una relación con el racionalismo mecanicista (Enc. *Centessimus Annus*, 13) y acaba en el desprecio a la persona humana, de lo cual son testimonio la lucha de clases marxista y el militarismo (*ibid.*, n. 14.). En su penúltima encíclica *Fides et ratio* (1998) describe el ambiente filosófico y cultural que sustenta la increencia: tras evidenciar los errores del eclecticismo, el historicismo, el cientificismo y el pragmatismo se ocupa de la relación entre ateísmo y nihilismo (nn. 86-89.90). La abundante presencia de GS 22 en el magisterio de san Juan Pablo indica su convicción de que la fe en Jesucristo es la luz originaria desde la que se iluminan y comprenden todas las realidades humanas.

Benedicto XVI se refiere a menudo a la increencia en la encíclica *Caritas in veritate* (2009), advirtiendo de las repercusiones negativas para el hombre de una cerrazón ideológica a Dios y del indiferentismo ateo (n.78), o criticando los planes de promoción de la indiferencia religiosa o del ateísmo práctico trazados por muchos países (n.29), así como la exclusión de la religión del ámbito público y el laicismo (n.56). Dios es el garante del verdadero desarrollo del hombre (n.29) y el fundamento de un verdadero humanismo. También en la encíclica *Spes salvi* (2007) subraya que la única esperanza cierta y fiable se funda en Dios, de manera que poner en Él la esperanza ayuda a construir una sociedad más libre, justa y fraterna (n.1). La disponibilidad para con Dios provoca la disponibilidad para con los hermanos y una vida entendida como una tarea solidaria y gozosa.

En continuidad con el Concilio Vaticano II y en sintonía con su predecesor Benedicto XVI. El papa **Francisco** menciona en su primera encíclica, *Lumen fidei* (2013), la necesidad de despertar un diálogo sincero y riguroso con los no creyentes. En su primera exhortación apostólica *Evangelii gaudium* se dirige a los cristianos para invitarlos a una nueva etapa evangelizadora que anuncie a todos los hombres la alegría del Evangelio (n. 1).

4. La fe cristiana ante la increencia

La actitud fundamental de la Iglesia en sus diversos niveles -magisterio de los pastores, reflexión teológica, vida cristiana de los fieles- ante los retos que plantea la actual increencia, es el **diálogo crítico y sincero**, tanto con la cultura de la increencia como con las personas concretas alejadas de Dios.

4.1. Diálogo con el ateísmo sistemático

Este diálogo trata de responder a las objeciones que el ateísmo plantea sobre Dios, evidenciar las limitaciones de sus presupuestos y sus consecuencias, y encontrar cauces de colaboración mutua para la construcción de una sociedad más humana. Pueden señalarse las siguientes acciones:

a) **Mostrar lo infundado de la negación de Dios desde la razón**. Si la existencia de Dios no cuenta con una comprobación empírica, tampoco puede existir una rigurosa argumentación lógico-demostrativa de la no existencia de Dios. El diálogo deberá manifestar que la admisión del misterio no contradice a la razón humana, y también que Dios no es un objeto entre otros, por lo que solo podemos conocerlo mediante imágenes y analogías.

b) **Poner de manifiesto las consecuencias negativas del rechazo de Dios en los diversos niveles de la realidad**. En *Rm* 1, 18-32 aparece claramente que la consecuencia de la negación a reconocer a Dios es una gran depravación moral. La misma falta de recursos para fundar una existencia moral si Dios no existe, ha sido ampliamente señalada (en la literatura encontramos la célebre expresión: "Si Dios no existe está todo permitido" (F. M. Dostoievski, *Los hermanos Karamázov*).

> Que alguien no reconozca a Dios no implica que carezca por completo de moralidad. Sin embargo, se observa en la práctica que la propagación de la incredulidad

ha coincidido con una decadencia moral en diversos niveles. Organizar una sociedad sin Dios puede conducir, en última instancia, a organizarla en detrimento del ser humano. El diálogo con la increencia debe examinar si las promesas de felicidad del ateísmo se han cumplido donde se prescindió de Dios o, por el contrario, la negación de Dios ha llevado a la anulación del ser humano (H. de Lubac, *El drama del humanismo ateo*).

c) **Esclarecer el escándalo producido por el misterio del mal en el mundo**, a partir del conjunto de la revelación cristiana. Como indica el *Catecismo de la Iglesia Católica*, "no hay un rasgo del mensaje cristiano que no sea en parte una respuesta a la cuestión del mal" (CEC 309).

d) **Clarificar el lenguaje sobre Dios** con el fin de evitar falsas interpretaciones y puntualizar la crítica que la increencia, en sus diversas manifestaciones, realiza a la religión y a la fe.

> Por ejemplo, a quien sostiene que de Dios no se puede decir nada, se le puede recordar la tradición teológica que afirma que de Dios conocemos más lo que no es que lo que es (por ejemplo, Santo Tomás de Aquino, *In Boetium* I, 2 ad; II 1, 1 ad 6). Asimismo, la clarificación del lenguaje ha contribuido a comprender mejor la legítima autonomía de la realidad terrena, sin confundirla con una absoluta independencia y autonomía de Dios (GS 36).

e) **Mostrar la razonabilidad de la fe y su papel como propuesta de sentido**. Ello implica clarificar las dificultades intelectuales que pueden darse por una defectuosa comprensión de la fe; desenmascarar las falsas imágenes sobre el creer; explicar cómo la fe es un opción libre y razonable; ofrecer las razones de la fe cristiana, etc.

f) **Fomentar iniciativas de colaboración en la construcción de una sociedad mejor** a través de acciones comunes dirigidas a fomentar la promoción y la dignidad de la persona.

g) **Mostrar a Cristo como única y más plena respuesta al sentido de la existencia humana**. Es esta es misión fundamental de la Iglesia y de la teología, según lo declara el Concilio Vaticano II cuando afirma que Cristo "manifiesta plenamente el hombre al propio hombre y le descubre la sublimidad de su vocación" (GS 22).

4.2. Diálogo con la indiferencia religiosa

El diálogo con el indiferentismo religioso puede ser complicado, debido precisamente a la falta de interés por los temas religiosos. En lugar de abordar directamente el tema de Dios o la religión, cabe centrar el diálogo en valores humanos fundamentales como la verdad, el bien, la naturaleza humana y el sentido de la vida, para finalmente llegar a la cuestión esencial: la existencia o no existencia de Dios, que influye en la dirección de nuestras vidas.

> En el terreno práctico, en el diálogo con la indiferencia religiosa es preciso promover una **actitud crítica** frente a las convicciones y creencias dominantes, por medio del fomento de momentos de reflexión y silencio (cultivo del arte, la literatura, etc.), no siempre fáciles de lograr en nuestras sociedades superficiales y apresuradas. También resulta imprescindible la **educación en valores humanos** básicos (generosidad, sinceridad, compromiso, austeridad, etc.), en donde el ejemplo de familiares y educadores, y el testimonio de personas reales, juega un papel decisivo.

4.3. Vías de acceso al conocimiento de Dios

Estas vías son propias de la teodicea o teología natural. Según señala el *Catecismo de la Iglesia Católica*, se trata de "argumentos convergentes y convincentes que permiten llegar a verdaderas certezas" (CEC 31). El conocimiento natural de Dios consiste, según esto, en la percepción de múltiples indicios que apuntan en una dirección determinada, y dan lugar en su conjunto a la fundamentación de una auténtica certeza.

> El acceso del hombre a Dios tiene como presupuesto la llamada de Dios a todo hombre para que le busque y entre en comunión con Él. Esa búsqueda, sin embargo, exige al hombre el esfuerzo de su inteligencia, la rectitud de su voluntad y una recta disposición para aceptar el compromiso. La verdad no siempre se impone; hay verdades que exigen que se exponga la persona, y el conocimiento de Dios es una de las fundamentales. Por otro lado, las *vías*, también llamadas **pruebas de la existencia de Dios**, exigen una capacidad de análisis metafísico y una competencia que no son comunes, y por tanto no son accesibles a toda persona. El "conocimiento natural" de Dios posible a toda persona es un conocimiento intuitivo-deductivo, no el resultado de una demostración rigurosa.

El punto de partida para el acceso a Dios es la creación y, más concretamente, el mundo material y la persona humana. Partiendo del **mundo**, y atendiendo al movimiento y devenir, a la contingencia, al orden y a la belleza, se puede conocer a Dios como origen y fin del universo (CEC 32). El **hombre** es también vía para acceder a Dios. La pregunta del hombre por su propio ser, por su apertura a la verdad y a la belleza de los que él mismo es testigo, abre en el corazón humano un proceso que conduce hacia la verdad plena, fuente de toda verdad, y al sumo bien del que todos los bienes proceden. Especialmente importante para el acceso a Dios es el sentido moral, la libertad y la conciencia y, sobre todo, el amor al prójimo (San Agustín, *Tractatus in Ioan.*, 17, 7-9). La caridad y la abnegación disponen para conocer a Dios.

> "El mundo y el hombre atestiguan que no tienen en ellos mismos ni su primer principio ni su fin último, sino que participan de Aquel que es el Ser en sí, sin origen y sin fin" (CEC 34). A partir de ahí, indica santo Tomás, el hombre puede llegar a conocer la existencia de una realidad que es la causa primera y el fin último de todo, "y que todos llaman Dios".

* * *

La increencia contemporánea es un reto para la fe. Plantea a la Iglesia pastores, teólogos, creyentes la ocasión para purificar la propia experiencia de la fe, así como el desafío de la creatividad en el lenguaje y en los métodos de evangelización, con una actitud alegre y esperanzada (Francisco, Ex. Ap. *Evangelii gaudium*, 11-13).

> Señala el Vaticano II que "el remedio del ateísmo hay que buscarlo en la exposición adecuada de la doctrina y en la integridad de vida de la Iglesia y de sus miembros" (GS 21). La increencia para la Iglesia es un estímulo para reflejar siempre con fidelidad el rostro de Cristo.

5. Valoración moral de la increencia

¿Es culpable moralmente el increyente? Para valorar moralmente la increencia es preciso aclarar previamente dos cuestiones. En primer lugar, se trata de saber si puede darse un ateísmo "natural", o un indiferentismo religioso "espontáneo" en una persona. La segunda cuestión se refiere a la posibilidad intrínseca del ateísmo, es decir, si existen o no principios firmes y razones sólidas para llegar a ser ateo.

1) **¿Es posible un indiferentismo religioso o un ateísmo espontáneos, independientes de toda decisión existencial?** En nuestra época muchas personas ni siquiera se plantean la cuestión de Dios pues, al parecer, no sienten inquietud religiosa ni perciben el motivo para preocuparse por ello (GS 19). Sin embargo, como lo muestra la experiencia humana de siglos y muchos testimonios de nuestro tiempo, el ser humano siempre ha deseado conocer, al menos hasta cierto punto, la respuesta a cuestiones fundamentales como el sentido de su vida y de su muerte o el enigma del dolor. Nadie puede evadirse de esas cuestiones en algunos momentos de su vida, particularmente en los más importantes (GS 21). Solo Dios puede dar una respuesta satisfactoria a esos interrogantes (GS 41).

2) **¿Es intrínsecamente posible el ateísmo?** Aunque de entrada no son desechables las afirmaciones de quienes se consideran a sí mismos ateos, es preciso afirmar al mismo tiempo la imposibilidad de ofrecer un fundamento riguroso del ateísmo. Se puede apelar a diversos argumentos para el ateísmo, pero ninguno puede ser riguroso. La mayoría de las veces esos argumentos se basan en presupuestos reduccionistas (materialismo, cientificismo, etc.). Otras veces, se llega al ateísmo porque se tiene una idea deformada de Dios, que no corresponde a la realidad. Y en todo caso, siempre está abierta la posibilidad de que también en este asunto, "el hombre supera al hombre" (Pascal): el hombre no se conoce plenamente a sí mismo, y el testimonio que puede dar de su increencia no excluye que en lo profundo de su ser exista una actitud más abierta hacia Dios.

Una vez aclarados los dos interrogantes anteriores, nos planteamos la cuestión: ¿es culpable moralmente el increyente?

- El testimonio de la Escritura sobre el rechazo de Dios es claro: Son necios quienes han ignorado a Dios y no han sido capaces de reconocer al creador a partir de sus sobras visibles (*Sab* 13,1). San Pablo menciona la capacidad humana de conocer a Dios desde la creación visible, y considera inexcusables a quienes no le reconocen ni le veneran (*Rm* 1, 19-20). Solo el insensato niega a Dios ("Dice el insensato: no hay Dios", *Sal* 53,2), pues rechazar a quien todo lo produce y todo lo conoce es señal de ceguera y cerrazón del hombre en sí mismo.

- El Vaticano II afronta el tema de la culpabilidad de los no creyentes y afirma que "quienes voluntariamente pretenden apartar de su corazón a Dios y soslayar las cuestiones religiosas, desoyen el dictamen de su conciencia y, por tanto, no carecen de culpa" (GS 19). La cuestión central sobre la culpabilidad moral del increyente, de acuerdo a este texto, radica en la voluntariedad en el rechazo de la cuestión sobre Dios, siendo entonces el empeño por reprimirlo un indicio de voluntariedad. Ya que Dios ofrece a todos, de un modo o de otro, la oportunidad de plantearse la cuestión religiosa en algún momento de la vida, la respuesta habitual más aceptada sobre la culpabilidad del increyente es que **no se puede ser ateo por largo tiempo sin carecer de culpa**.

- El problema de la mayor o menor culpabilidad del no creyente está relacionado con el de la salvación. En este punto es clave la enseñanza de la constitución *Lumen gentium* cuando, tras referirse a la salvación de los no cristianos, señala: "La divina Providencia no niega los auxilios necesarios para su salvación a los que sin culpa suya no llegaron todavía a un claro reconocimiento de Dios y, sin embargo, se esfuerzan, no sin auxilio de la gracia divina, por encontrar una recta vida. La Iglesia aprecia todo lo bueno y verdadero, que entre ellos se da, como una preparación para el evangelio, y como dado por quien ilumina a todo hombre, para que finalmente tenga la vida" (LG 16). El hombre se ve en algunos momentos de su vida en la necesidad de aceptar o rechazar de una u otra forma a Dios, así como su voluntad salvífica. Por este motivo, el esfuerzo personal de búsqueda de la verdad y del bien es un criterio de discernimiento sobre la posibilidad de salvación de los no creyentes.

No parece que pueda haber salvación sin un cierto esfuerzo de búsqueda, al menos implícita, del sentido último de la existencia. Ello implica una forma de conversión de la indiferencia al interés y a la búsqueda confiada y amorosa.

Ejercicio 1. Vocabulario

Identifica el significado de las siguientes palabras y expresiones usadas en el tema:

- Secularización
- Secularismo

- Indiferencia religiosa
- Agnosticismo

Ejercicio 2. Guía de estudio

Contesta a las siguientes preguntas:

1. Enumerar los principales factores socioculturales de la increencia contemporánea.
2. ¿Dónde se encuentran las raíces antropológicas de la increencia?
3. Principales enseñanzas del Concilio Vaticano II sobre la increencia.
4. ¿Cuáles son las actitudes básicas de la teología ante la increencia?
5. ¿Es moralmente culpable el increyente? ¿Por qué?
6. Las llamadas pruebas filosóficas de la existencia de Dios, ¿permiten llegar a verdaderas certezas? Explicar la respuesta.

Ejercicio 3. Comentario de texto

Lee el siguiente texto y haz un breve comentario personal utilizando los contenidos aprendidos en el tema:

«Hoy —lo sabemos— no faltan dificultades y pruebas por la fe, a menudo poco comprendida, contestada, rechazada. San Pedro decía a sus cristianos: "Estad dispuestos siempre para dar explicación a todo el que os pida una razón de vuestra esperanza, pero con delicadeza y con respeto" (1 P 3, 15-16). En el pasado, en Occidente, en una sociedad considerada cristiana, la fe era el ambiente en el que se movía; la referencia y la adhesión a Dios eran, para la mayoría de la gente, parte de la vida cotidiana. Más bien era quien no creía quien tenía que justificar la propia incredulidad. En nuestro mundo la situación ha cambiado, y cada vez más el creyente debe ser capaz de dar razón de su fe. San Juan Pablo II, en la encíclica *Fides et ratio*, subrayaba cómo la fe se pone a prueba incluso en la época contemporánea, permeada por formas sutiles y capciosas de ateísmo teórico y práctico (cf. nn. 46-47). Desde la Ilustración en adelante, la crítica a la religión se ha intensificado; la historia ha estado marcada también por la presencia de sistemas ateos en los que Dios era considerado una mera proyección del ánimo humano, un espejismo y el producto de una sociedad ya adulterada por tantas alienaciones. El siglo pasado además ha conocido un fuerte proceso de secularismo, caracterizado por la autonomía absoluta del hombre, tenido como medida y artífice de la realidad, pero empobrecido por ser criatura "a imagen y semejanza de Dios". En nuestro tiempo se ha verificado un fenómeno particularmente peligroso para la fe: existe una forma de ateísmo que definimos, precisamente, "práctico", en el cual no se niegan las verdades de la fe o los ritos religiosos, sino que simplemente se consideran irrelevantes para la existencia cotidiana, desgajados de la vida, inútiles. Con frecuencia, entonces, se cree en Dios de un modo superficial, y se vive "como si Dios no existiera" (*etsi Deus non daretur*). Al final, sin embargo, este modo de vivir resulta aún más destructivo, porque lleva a la indiferencia hacia la fe y hacia la cuestión de Dios». Benedicto XVI, *Audiencia general* (14.11. 2012).

RAZONES PARA CREER: LA CREDIBILIDAD DE LA REVELACIÓN

Llamamos **credibilidad** a la propiedad de la revelación por la que es digna de ser creída. Gracias a ella la fe es un acto **razonable**, coherente con el ser racional del hombre. **Credibilidad** de la revelación y **razonabilidad** de la fe son dos aspectos inseparables de una misma realidad: el primero apunta, principalmente, al carácter objetivo (revelación), y el segundo al subjetivo (fe), que hacen al acto de fe coherente con el modo humano de conocer y, por tanto, éticamente recto. A la Teología Fundamental le interesa profundizar especialmente en el signo primordial de credibilidad, que es Cristo.

Conviene leer estos textos: – Sobre la fe y la inteligencia: CEC 156-159; – Sobre Cristo y el sentido de la existencia humana: *Gaudium et spes*, 22; – Sobre la interpretación de la Escritura: CEC 101-133.

SUMARIO

1.1. Planteamiento general de la credibilidad

Tanto en la Biblia como en la tradición, la gracia divina aparece como el factor decisivo de la fe pero, al mismo tiempo, se evidencia la importancia de otros elementos, como el papel de los signos que acreditan el mensaje revelado o las buenas disposiciones del sujeto llamado a creer.

> La credibilidad de la revelación se relaciona con su estatuto antropológico, es decir, con los elementos que la revelación posee y que la hacen digna de ser aceptada por el hombre. La credibilidad es así una condición necesaria para que la revelación pueda ser creída como misterio de fe. Es el "para el hombre" de la revelación.

El acto de fe no es un asentimiento al que el hombre se ve forzado por una demostración racional. Creemos "por la autoridad del mismo Dios que revela, el cual no puede engañarse ni engañarnos". (Conc. Vaticano I, const. dogm. *Dei Filius*, c. 3). Sin embargo, Dios ha querido que la revelación contenga unos signos (milagros, profecías, propagación y santidad de la Iglesia, etc.) que la hagan creíble, puesto que el creer no es de ninguna manera un "movimiento ciego del espíritu" (Vaticano I). Los signos de credibilidad, además de revelar a Dios, muestran su intervención en la historia de la salvación y hacen creíble su palabra.

> Aunque en el lenguaje ordinario es frecuente hablar indistintamente de **"signos" de la revelación**, **"razones" de la fe** y **"motivos" de credibilidad**, a grandes rasgos podemos decir que los "signos" de credibilidad, en cuanto conocidos por la razón, son llamados "razones para creer" y, en cuanto mueven a la voluntad, se denominan "motivos de credibilidad".
>
> Los signos de credibilidad no han de verse como unas realidades externas a la misma revelación, que tendrían la función de confirmar desde fuera el carácter divino de Cristo o de la Iglesia. Esta ha sido la manera habitual de enfocar el estudio de los signos de credibilidad en la denominada apologética clásica. En contraste, el Vaticano II ha favorecido una comprensión más teológica y espiritual de los signos de credibilidad: los signos y las razones para creer que el hombre descubre en su propia existencia conducen, en definitiva, a Cristo, que es a la vez el supremo revelador y el signo de la revelación, el misterio y el signo del misterio.

La reflexión sobre la credibilidad de la revelación parte de la legitimidad y la necesidad de una justificación prudente y razonable de la propia fe para poder dar razones de nuestra esperanza (1 P 3,15). Esta necesidad se hace patente desde diversos puntos de vista.

a) Hay una exigencia de orden **existencial**, que apremia a encontrar razones válidas para hacer una opción tan exigente como es la de la fe.

b) Desde el plano **psicológico-intelectual**, la fe reclama las mismas garantías que la prudencia exige a la hora de creer algo a otra persona. Si la investigación sobre la credibilidad de la revelación faltase por completo, el acto de fe, además de no ser prudente y responsable, no podría ser tampoco un obsequio razonable a Dios (*Rm* 12,1). Dejaría de ser un acto verdaderamente humano

c) Desde el orden **social-religioso**, la fe –al no reducirse a un sentimiento individual necesita justificar su identidad ante diversos interlocutores (creyentes, no creyentes, etc.), ofreciéndoles una argumentación razonable y creíble.

d) Finalmente, considerando el plano **sistemático-científico**, la ciencia teológica (*fides quaerens intellectum*) precisa mostrar que la fe es conforme a la razón.

Aunque no hay razones concluyentes y definitivas que obliguen a creer, sin embargo, sí existen razones válidas para hacerlo. "**No creemos por razones, pero tenemos razones para creer**" (A. Manaranche, *Les raisons de l'espérance*).

> Hablar de las razones de la fe presupone una relación adecuada entre la fe y la razón, mediante la cual –siendo ambas realidades específicas, modos de conocer propios, irreductibles entre sí– son al mismo tiempo coherentes y armónicas, y deben acabar encontrándose. La fe no se reduce a la razón, pero tampoco la destruye. Como afirma el Concilio Vaticano I, por ser libre, la fe es homenaje, obsequio (*obsequium*), pero un **obsequio acorde con la razón** (*rationi consentaneum*). Hay, por tanto, una prioridad de la razón sobre la fe en el orden del conocer: el hombre conoce naturalmente, mientras que la fe no pertenece al simple conocer espontáneo, con el cual, sin embargo, la fe debe ser coherente y no contradecirlo. Por este motivo, aunque el **contenido** de la revelación (los misterios) implica una **discontinuidad** con las realidades naturales, la **forma** de la revelación, en cambio, establece una **continuidad** con el modo de conocer humano. A esta continuidad, como propiedad de la revelación que la hace digna de ser creída, la llamamos **credibilidad**.

En resumen, es posible llega a conocer con certeza la credibilidad del cristianismo. No se trata de una demostración apodíctica de la fe, sino de una justificación prudente y razonable ante la razón y las exigencias de la naturaleza humana. Esta fundamentación no es inútil ni despreciable, pues contribuye a evitar la precipitación y la irreflexión en el proceso de la fe, excluyendo así el peligro del fideísmo o del voluntarismo.

La teología de la credibilidad comienza a plantearse de forma sistemática en la época moderna, en reacción a la crítica radical que recibe la revelación cristiana. Sin embargo, tanto en el Antiguo como en el Nuevo Testamento encontramos referencias a los "signos" que hacen creíble la revelación de Dios.

> Estos signos aparecen, por ejemplo, como las obras que atestiguan la credibilidad de la predicación de Jesús: "Si no hago las obras de mi Padre, no me creáis; pero si las hago, creed por las obras..." (*Jn* 10, 37; *Jn* 15, 24). Hay algo en la fe, por tanto, que no es objeto de fe, sino de experiencia personal. "Las obras" de que habla Jesús son hechos accesibles y evidentes a cualquiera, independientemente de su disposición favorable o contraria al mismo Jesús. Estas "obras" podrán ser interpretadas de diversas maneras, pero en cualquier caso ofrecen al hombre un punto de apoyo para creer, y hacen que la fe no sea un puro salto en el vacío, una mera decisión de la voluntad, sino algo fundamento en la realidad y en el propio modo de conocerla. En otras palabras, la fe cuenta con una preparación en el modo normal de conocer y actuar del sujeto llamado a creer.

En la Sagrada Escritura la acción de Dios se presenta ordinariamente como una intervención en la historia. Los hechos y las palabras de Dios en la historia no dan la fe, pero son **signos de credibilidad** su presencia, que se ofrecen al hombre para a través de ellos pueda creer.

A) En el **Antiguo Testamento**, el **signo** (en hebreo ôt, en griego *semeion*, en latín *signum*) desempeña múltiples funciones, todas ellas encaminadas a fundar la fe en Dios.

> Sirven para **conocer** que es Dios quien actúa (p. ej., la liberación de la esclavitud de Egipto, *Ex* 8, 18-19; 10, 2; 13, 14-16; *Dt* 6, 20); indican la **protección** de Dios sobre personas y cosas (p. ej., el signo sobre Caín indica que es un protegido de Dios, *Gn* 4, 15); son **memorial** o recuerdo de la especial relación del pueblo con Yahvé (*Dt* 6, 8: "las atarás (estas palabras) a tu mano como una señal."; 11, 18; *Jos* 4, 6-7); indican el modo concreto como se establece la **alianza** de Dios con el pueblo (*Gn* 9, 12. 13. 17: el arco iris; *Gn* 17, 11: la circuncisión; *Ex* 31, 13. 17: el sábado, etc.).

Asociados a los signos aparecen con frecuencia los **prodigios** (milagros) o **presagios** (en hebreo *môfet*, en griego *téras*, en latín *portentum*), cuya principal función es confirmar y legitimar lo indicado por los signos, así como manifestar el poder misericordioso de Dios. Los episodios del éxodo y la literatura profética son momentos significativos del valor del prodigio o presagio.

> Los "signos y portentos" del **Éxodo** revelan el poder desplegado por Yahvé para librar a su pueblo de la esclavitud de Egipto (*Ex* 7, 33. 55); llevan a reconocer que "Yahvé es, en verdad, Dios, y que no hay otro fuera de Él" (*Dt* 4, 35). En la

literatura profética, Dios se sirve de los profetas para ayudar al pueblo a superar diversas dificultades, confirmarle en la verdad y estimularle a servir solo a Yahvé.

B) En el **Nuevo Testamento**, los signos encierran diversos sentidos, aunque su función es siempre la de servir a la fe: "Estos han sido escritos para que creáis que Jesús es el Mesías, el Hijo de Dios" (*Jn* 20, 31).

En los **Evangelios sinópticos**, su connotación es más bien negativa, porque va unida a la exigencia de signos por las autoridades judías o por Herodes (*Mt* 12, 38-39 y par.; *Mt* 16, 1-4; *Lc* 23, 8).

En los **Hechos de los Apóstoles**, "semeion" aparece solo 3 veces (4, 16-22; 8, 6; 8, 13) para designar milagros de Pedro o de Felipe. Más frecuente en los Hechos es la expresión "signos y prodigios" (*semeia kai térata*, que es traducción de la expresión "ôt" y "môfet" del Antiguo Testamento) la cual aparece con sentido positivo para caracterizar la reanudación de los milagros del éxodo.

El **evangelio de Juan** tiene su propia peculiaridad en el uso y el alcance del "signo", que utiliza frecuentemente en el sentido de "milagro" atribuyéndole una densidad y una significación teológica sin precedentes. Desde el "primero de los signos" (Caná) de *Jn* 2, 11 hasta los "otros muchos signos" de *Jn* 20, 30, el tema de los signos aparece continuamente a lo largo del cuarto evangelio. Para Juan, el signo, que es una realidad visible que se impone al hombre, indica sobre todo a la persona de Jesús. De Él, único signo fundamental, derivan y toman forma los diversos signos que son consecuencia de su poder y fuerza. Jesús multiplica los signos precisamente porque es el Mesías (*Jn* 11, 47; 20, 30): Caná, la multiplicación de los panes, la curación del ciego, la resurrección de Lázaro, están tan unidos al mensaje revelado que forman una sola cosa con él. Ese mensaje proclama que Jesús es alimento ("Yo soy el pan vivo", después de la multiplicación de los panes: *Jn* 6, 34), la Luz ("Yo soy la luz del mundo" antes de la curación del ciego: *Jn* 9, 5), la Vida ("Yo soy la vida", antes de la resurrección de Lázaro: *Jn* 11, 25). En Juan, a diferencia en esto de los Sinópticos, los signos preparan normalmente para la fe (*Jn* 2, 11; 6, 14; 11, 42).

En la Sagrada Escritura, los signos están dirigidos esencialmente a la fe. A través de ellos el hombre puede recibir la acción reveladora de Dios. No dan la fe, pero tienen un papel activo en el camino que conduce hacia ella, y están en función de ella.

1.3. La credibilidad en el magisterio de la Iglesia

Los dos últimos concilios ecuménicos, Vaticano I y II, han tratado el tema de la credibilidad de la revelación. Sin pretender realizar un análisis detallado de la credibilidad, el magisterio se ha ocupado de los *signos* a través de los cuales se llega a ella.

A) El **Concilio Vaticano I** ofrece interesantes enseñanzas al referirse a la fe (*Dei Filius*, capítulo 3): "Sin embargo, para que el obsequio de nuestra fe fuera conforme a la razón (cf. *Rm* 12, 1), quiso Dios que a los auxilios internos del Espíritu Santo se juntaran argumentos externos de su revelación, a saber, hechos divinos y, ante todo, los milagros y las profecías que, al mostrar con toda claridad la omnipotencia e infinita sabiduría de Dios, son signos certísimos de la revelación divina, acomodados a la inteligencia de todos (can. 3 y 4)".

- El concilio define el valor objetivo de los signos de credibilidad, como medios para acceder a la **certeza** del hecho externo de la revelación. No excluye por ello que pueda haber otros signos, además de los externos, ni tampoco exige que estos sean necesarios para todos sin excepción.

- Más adelante, el concilio se refiere al signo fundamental de credibilidad que es la Iglesia, la cual se presenta como un **signo alzado entre las naciones** (*signum levatum in nationes*, D. 3014/1794).

B) El **Concilio Vaticano II** no emplea el término "credibilidad", pero se refiere con frecuencia a los signos que atestiguan y mueven hacia la fe. Considera dos signos principales de credibilidad: Cristo y la Iglesia, que pueden ser reducidos a uno solo: **Cristo-en-la-Iglesia**.

- Jesucristo es el signo fundamental de la revelación ("signum Christi", LG 15). Lo que importa es la realidad de Cristo en todas sus manifestaciones (DV 4).

- El concilio alude repetidamente a la importancia del **testimonio** de los cristianos, como signo mediante el cual queda acreditada la revelación y la salvación. Todos en la Iglesia obispos, presbíteros, religiosos, laicos– están llamados a ofrecer el **testimonio** de una vida santa (GS 43; LG 20; 35; 41; AG 11-12), a dar "un testimonio vivo y firme de Cristo para convertirse en signo luminoso de la salvación que nos llega por Cristo." (AG 21; 15; 37; LG 12). Pero los cristianos solo pueden ser auténticos testigos si están unidos a Jesucristo.

- El planteamiento que el Vaticano II hace de los signos tiene en cuenta al **hombre concreto** que, en el encuentro con Cristo, puede descubrir en Él al mismo Dios que le ofrece la salvación y le invita a una respuesta personal. Se supera así un planteamiento abstracto de la credibilidad, basado en una racionalidad movida unívocamente al conocimiento.

El signo de credibilidad no es una manifestación material y aislada de alguien, sino la persona misma. La personalización de la revelación divina en Cristo, que apela a una respuesta personal en la fe, se ve mediada por signos que expresan ese mismo carácter personal. Y entonces "los signos" conducen al "Signo", que es la entera presencia y realidad de Cristo.

1.4. La credibilidad, propiedad de la revelación cristiana

La credibilidad es la **propiedad de la revelación cristiana por la que, a través de signos ciertos, aparece acreditada como realidad adecuada al modo de conocer humano, y por tanto digna de ser creída**. La credibilidad de la revelación es, en definitiva, la que hace que la entrega de la fe sea razonable.

La credibilidad de la revelación realiza un triple cometido (R. Fisichella, *La revelación: evento y credibilidad*):

1) Hacer **comprender** al hombre contemporáneo el sentido y el alcance del mensaje de salvación traído por Jesucristo;

2) **Acreditar** ese mensaje como proveniente de Dios que en Cristo se ha hecho hombre para tratar con los hombres. Para creer de un modo coherente, es preciso que, una vez escuchada la revelación por el oído ("ex auditu"), se posean suficientes razones para identificar esa revelación como proveniente de Dios.

3) **Provocar** la respuesta de fe que consiste en la aceptación de Jesús como el Cristo, el Hijo de Dios, y en la decisión radical de hacer de su seguimiento la ley fundamental de su vida.

La credibilidad es necesaria para la fundamentación de la fe, pero al mismo tiempo es insuficiente: **necesaria**, porque sin ella el acto de creer resultaría arbitrario e indigno de las exigencias racionales del espíritu humano; **insuficiente**, en el sentido de que el juicio de credibilidad no constituye el motivo último de la fe, que no es otro que la autoridad de Dios.

Ahora bien, de modo correlativo al carácter personal de la fe cristiana, **la percepción de la credibilidad de la revelación y de sus signos es también de índole personal**.

> El teólogo francés Jean Mouroux ha insistido en que la credibilidad de la revelación no es la evidencia de una idea, sino la manifestación de una persona; por tanto, los signos de credibilidad no son pruebas generales y abstractas, de idéntica validez y eficacia para cualquier interlocutor, sino invitaciones concretas y personales: "Búsqueda de la persona, he ahí lo que explica la percepción de la credibilidad; encuentro con la persona, he ahí lo que explica la certeza de la fe" (*Creo en Ti*).

Por otro lado, la percepción de los signos de credibilidad no es fruto de la sola razón, sino esencialmente de la acción de la gracia divina en el hombre (*lumen fidei*), que permite identificarlos como signos de revelación (S. Tomás de Aquino, *Suma Teológica* 2-2, q.2. a.4, ad.2). La causa de la fe no es, por tanto, la indagación racional del hombre sino la gracia, según señaló el Concilio de II de Orange. Esto explica que ante los mismos signos de Jesús por ejemplo, ante el mismo milagro o la misma predicación unos crean y otros no.

1.5. La apertura al signo de Cristo

Para captar la significatividad que se contiene en la persona de Cristo es necesaria, en primer término, una apertura a la cuestión del sentido de la existencia y de la realidad en general, que se manifiesta de diversas maneras: como búsqueda explícita, como testimonio interior de fracaso en esa búsqueda, como experiencia de limitación, etc. Esa apertura es incompatible con una actitud nihilista (no hay sentido) o autosuficiente ante la realidad.

La apertura al signo de Cristo requiere también en concreto unas **adecuadas disposiciones interiores** que permitan y preparen para un encuentro personal y único con Jesús de Nazaret, que tiene que ver con el sentido más profundo de la vida. Esas disposiciones se concretan en una humilde apertura del corazón, el rechazo del pecado, la valentía para asumir el compromiso y la entrega de uno mismo, etc.

> Son numerosos los ejemplos evangélicos que atestiguan la dificultad que tienen los hombres para seguir a Jesús y aceptar su enseñanza, cuando sus disposiciones son estrechas o torcidas, incluso habiendo visto sus milagros o admitido la grandeza de su doctrina.

2. Cristo, sentido de la existencia humana

El signo primordial de credibilidad, que es Cristo, interpela al hombre porque su persona y su vida es portadora de sentido: en Él, el hombre descubre a Dios y se descubre a sí mismo.

Los aspectos de la existencia humana relacionados con la cuestión del sentido –el mal, el dolor y la muerte, la relación con los demás, el significado del trabajo, la libertad, las razones para la esperanza, el sentido de la historia y del progreso, la sociedad, etc.- encuentran una respuesta cumplida y definitiva a la luz de las distintas facetas de la vida de Jesús, como su condición humana, su relación con Dios, sus enseñanzas y acciones, y su cercanía al dolor y a la muerte.

1) **Su condición humana**. Jesús no es un personaje mítico, ni la personificación de ideales éticos o religiosos, ni un modo de manifestarse la divinidad, sino el Hijo de Dios que, por la encarnación, se ha unido, en cierto modo, a todo hombre (GS 22). Su plena y real humanidad es la condición y la vía de su fuerza significativa para el hombre.

2) **Su relación con Dios**. Habiendo asumido en plenitud la condición del hombre y su destino, Jesús ha mostrado que el secreto de la existencia humana se encierra en la relación radical del hombre con Dios. Jesús pone de manifiesto que la vida humana no es resultado del azar, y descubre al hombre la sublimidad de su vocación (GS 22).

3) **Sus enseñanzas**. Por un lado, la perfecta coherencia entre lo que Jesús hace y enseña, otorga a sus palabras una autoridad única (*Mt* 7, 29): la conjunción entre palabras y obras en él es fuente de significado. Además, las enseñanzas de Jesús salen al encuentro de las aspiraciones más profundas del ser humano, mostrando el verdadero orden de realidades y el secreto de la felicidad (p.ej. las bienaventuranzas).

4) **Su ejemplo y su testimonio de vida**. Jesús se presenta como la realización acabada de todas las cualidades que son propias del desarrollo moral pleno del hombre. Su vida se desarrolla de modo armónico, sin rupturas, a lo largo del tiempo. Manifiesta una personalidad única, donde la sencillez, la santidad y el abandono en las manos de Dios Padre, se articulan de manera extraordinaria con la solidaridad con los hombres y la misericordia con los necesitados.

5) **Su cercanía al dolor y a la muerte**. Al asumir íntegramente la vida humana, Cristo ha hecho suyos también el dolor y la muerte. Más aún, ha querido someterse, por amor a los hombres, a la humillación, a la tortura y a una muerte atroz para, al resucitar, manifestar plenamente el sentido que estas realidades tienen en la vida del hombre.

3. Del sentido a la verdad: la realidad histórica de Jesucristo

Después de considerar que Jesucristo se presenta como portador de sentido de la existencia humana y como revelador del misterio de Dios, ahora es necesario que nos preguntemos por su realidad histórica. **¿Qué podemos saber realmente sobre Jesús?** El acceso histórico a su persona viene proporcionado fundamentalmente por los evangelios y los demás libros del Nuevo Testamento, aunque existen también otros testimonios extrabíblicos, de diferente alcance.

3.1.1. *Fuentes romanas*

En las fuentes históricas romanas antiguas destacan tres importantes textos de historiadores de comienzos del siglo II.

1. **Plinio el joven**. Siendo legado del emperador Trajano en Bitinia, envió una carta al emperador en el año 112 en la que le informaba sobre la conclusión obtenida tras una investigación sobre los cristianos, para preguntarle cómo tenía que actuar con ellos. Plinio comunica al emperador que el cristianismo es una gran superstición. Entre sus prácticas está la de reunirse un día fijo "antes de rayar el sol y cantar, alternando entre sí a coro, un himno a Cristo como a Dios" (*Epistola* X, 96,97). Dentro de su brevedad, el texto pone de manifiesto la difusión de la fe en Cristo a comienzos del s. II.

2. El historiador romano **Tácito** es el autor (hacia el año 115) de un texto más extenso y explícito, de sesgo anticristiano, referido al incendio de Roma, del año 64, del que ya entonces se rumoreaba que había sido provocado por Nerón. El texto atestigua: a) la muerte de Jesús en un suplicio romano; b) que el hecho tuvo lugar durante el gobierno de Poncio Pilato en Judea; c) el origen judío del cristianismo (*Annales* XV, 44).

3. El historiador **Suetonio** ha dejado en sus obras (ca. 120) referencias a los cristianos y a Cristo. En la *Vida de Nerón* menciona la persecución de los cristianos, "tipo de gente partidarios de una superstición nueva y peligrosa". En la *Vida de Claudio* se refiere también a la expulsión de los judíos de Roma (de la que habla *Hch* 18, 2), y escribe: "Expulsó de Roma a los judíos, que no cesaban de agitarse bajo el influjo de Chrestos". Suetonio, que escribía unos 70 años más tarde del suceso, y conocía el cristianismo de lejos, parece pensar que "Chrestos" vivía en Roma en tiempo de la expulsión.

* * *

Aunque lo que los escritores romanos dicen sobre Jesús no es mucho, y se refiere sobre todo a la existencia de comunidades ligadas a Cristo, tiene el valor de ofrecer un **testimonio sobre la existencia histórica de Jesús**, y de su **influjo** fuera de Palestina. Las noticias fragmentarias que contienen estas fuentes se muestran concordes con las fuentes cristianas en la substancia de los hechos (R. Fabris, *Jesús de Nazaret. Historia e interpretación*).

3.1.2. *Fuentes judías*

1. La fuente judía más importante proviene del historiador **Flavio Josefo**, que habla de Jesús en dos famosos textos de su obra *Antigüedades Judías* (ca.93-94). En el primero, cuya autenticidad es aceptada comúnmente, menciona a Jesús con el apelativo "Cristo".

2. El segundo texto de Josefo es el conocido **Testimonio Flaviano** (en latín *Testimonium Flavianum*). En su redacción actual resulta de una claridad sorprendente, razón por la cual su autenticidad histórica ha sido puesta en discusión por diversos autores a partir del s. XVI. En el *Testimonium Flavianum* Josefo narra los incidentes que tuvieron lugar en Palestina durante el gobierno del procurador Pilato. Flavio Josefo menciona a Jesús como hermano de Santiago, distinguiéndolo de otros personajes del mismo nombre, con el apelativo Cristo; conoce también su actividad doctrinal y taumatúrgica; señala la iniciativa de las autoridades judías para su condena y muerte de cruz, así como la intervención de Pilato; y menciona la existencia de un movimiento de discípulos judíos y griegos que apelan a su persona y afirman haberlo visto con vida después de la muerte.

3.1.3. *Evangelios apócrifos*

Son escritos de la antigüedad cristiana que tienen alguna semejanza con los evangelios canónicos, tanto por su contenido relacionado con la vida y la enseñanza de Jesús, como por su pretendida autoría apostólica, pero que no pertenecen al canon del Nuevo Testamento bien porque fueron desechados al formarse este, bien porque se escribieron con posterioridad imitando el género evangélico. "Apócrifo" primero significó "secreto" en cuanto que eran escritos que se dirigían a un grupo especial de iniciados y eran conservados en ese grupo; después pasó a significar inauténtico e incluso herético. Los "apócrifos" tenían una doble finalidad: biográfica-popular, para integrar y completar las noticias y el cuadro histórico de los evangelios canónicos; y apologética, en contra de las acusaciones procedentes del ambiente judío o pagano, o de los grupos heréticos (ebionitas, docetas, gnósticos).

El valor histórico de estos escritos no supone ninguna aportación en relación con los evangelios canónicos. La importancia de la tradición extracanónica consiste precisamente en hacer resaltar el valor único de los evangelios canónicos. (J. Jeremias, *Palabras desconocidas de Jesús*).

Las fuentes más importantes para el conocimiento histórico de Jesús son los cuatro evangelios canónicos, pero antes de referirnos a ellos aludiremos brevemente al testimonio de san Pablo en sus escritos.

1. Las **cartas de san Pablo** son los primeros escritos del Nuevo Testamento. Aunque en ellos no abundan los datos sobre la historia de Jesús, recogen algunos testimonios de gran interés que Pablo ha conocido por las tradiciones de la primitiva comunidad cristiana, a las que apela en varias ocasiones (1 *Co* 7, 10; 9, 14; 11, 23; 15, 3; 1 *Ts* 4, 15). Sobre la base de esa tradición, Pablo afirma que Jesús, judío de la estirpe de David, vivió en Palestina, tuvo "hermanos", entre los que distingue a Santiago; reunió un grupo de discípulos conocidos como "los Doce", entre los que sobresalen Pedro –a quien da el nombre honorífico de Cefas– y Juan; la víspera de su muerte celebró con sus discípulos "la Cena del Señor" (1 *Co* 11, 23-25); por iniciativa de los judíos, Jesús fue entregado a la muerte (y más en concreto por sus dirigentes: 1 *Ts* 2, 15; 1 *Co* 2, 6.8), pero con la intervención decisiva de la autoridad romana, ya que Jesús fue crucificado (1 *Co* 1, 13-23; 2, 2; *Col* 3, 1. 13); resucitado, se apareció a diversos testigos. El contenido esencial del anuncio de Pablo está expresado en el texto de 1 *Co* 15, 3-7, sobre la resurrección de Jesús.

2. Los **evangelios canónicos** (Mateo, Marcos, Lucas y Juan) contienen la documentación más amplia y antigua sobre la actividad y la enseñanza de Jesús en Palestina. Son textos de gran trascendencia, cuya legitimación exige el examen de varias propiedades: autenticidad (el evangelio fue escrito en la época y por el autor que se le atribuye), integridad (ha llegado hasta nosotros sin alteración sustancial) e historicidad (el autor conoció los relatos y eventos que refiere y los transmite con fidelidad, sin pretender engañar a los lectores).

    No existe el original de ninguno de los cuatro evangelios, sino solo copias muy antiguas distantes varias decenas de años del texto escrito o dictado por los evangelistas. La confiabilidad histórica del texto de los cuatro evangelios está atestiguada por numerosos manuscritos antiguos -más de 5800 manuscritos griegos, tanto completos como fragmentados; alrededor de 10000 manuscritos en latín; 9300 manuscritos en diversas lenguas como siríaco, eslavo, gótico, etíope, copto y armenio-, cifras muy superiores a las de cualquier otra obra del mundo antiguo. Por lo que se refiere a los papiros -soportes más antiguos de la escritura de los evangelios-, hasta el momento actual, se han identificado más de ciento veinte, la mitad de los cuales son anteriores al siglo IV. El papiro P52 es el más antiguo que se conserva; recoge un fragmento del evangelio de Juan (18, 31-33-37), fue encontrado en Egipto y pertenece a la biblioteca John Ryland, de Manchester. Este papiro se remonta a la primera mitad del siglo II (ca. 125-160), y fue publicado en 1935.

Pero el problema mayor que presentan los evangelios es el de establecer críticamente su historicidad, de modo que constituyan una base firme que permita responder a las preguntas que nos hacíamos sobre el acceso a Jesús de Nazaret que es el Cristo.

4. Historicidad de los evangelios

Los evangelios son la fuente principal para el conocimiento de Jesús. Nos interesa examinar ahora su naturaleza, las coordenadas para comprender su contenido (**principios de interpretación**) y las pautas que han de aplicarse para el estudio histórico de la persona de Jesús, de sus enseñanzas y de sus obras (**criterios de autenticidad histórica**).

4.1. ¿Son los evangelios libros históricos?

La historicidad de los evangelios debe estudiarse a la luz de algunas observaciones básicas: a) Los evangelios no deben ser leídos como un libro de mera historia: son históricos porque "contienen" historia, pero son algo más que libros de historia; b) La historia que contienen es fundamental para la fe y la existencia cristianas; c) La apreciación histórica de los evangelios depende también de factores subjetivos en la interpretación de los lectores.

Todo esto hace suponer que para determinar correctamente la cuestión de la historicidad de los evangelios es necesario tener en cuenta una serie de elementos que, si se pasan por alto, provocan llegar a conclusiones precipitadas o viciadas (J. Caba, *De los evangelios al Jesús histórico*).

Los evangelios son unos documentos históricos especiales, en cuanto recogen la vida, hechos y palabras de Jesucristo, revelador y revelación de Dios. Esta certeza básica de fe provoca en el investigador creyente una actitud de respeto hacia el texto que, siendo compatible con el rigor científico en el estudio de la historicidad, facilita la sintonía con el espíritu con que fueron escritos. El historiador no creyente, por su parte, puede también investigar sobre el carácter histórico de los relatos evangélicos debiendo hacerlo, como es claro, con la misma seriedad científica que el creyente.

Hasta el siglo XVIII hubo una aceptación unánime acerca de la historicidad de los evangelios y, más concretamente, sobre su contenido de verdad. Hasta el tiempo de la Ilustración, las palabras y las acciones de Jesús que se relatan en los evangelios eran consideradas como la correspondencia fiel de lo que Jesús hizo y dijo. Sin embargo, al final del siglo XVIII algunos autores comenzaron a poner en duda el carácter histórico de los evangelios, y fue generalizándose la idea de que hay una *distancia* entre el Jesús de los evangelios y la realidad histórica. La desconfianza y la duda sustituyeron entonces a la pacífica seguridad anterior.

En la crítica histórica a los evangelios pueden distinguirse **tres períodos**. En el primero, la crítica histórica afirma la realidad humana de Jesús, pero no su carácter sobrenatural y divino (H.S. Reimarus, D.F. Strauss, Escuela escatológica, etc.). En el segundo, se acentúa la fe en Cristo, pero se niega en buena medida la historicidad de Jesús (R. Bultmann). En el tercer periodo, se busca un punto de equilibrio entre las anteriores posturas (es la llamada "nueva búsqueda" y más tarde "tercera búsqueda"; cf. C. Izquierdo, *Teología Fundamental*, 431-440).

La enseñanza del Concilio Vaticano II sobre la historicidad de los evangelios se recoge en *Dei Verbum* n. 19. El texto señala los tres niveles implicados en la historicidad de los evangelios: Jesús, los apóstoles y los hagiógrafos (o escritores sagrados).

4.2. Principios de interpretación

¿Cómo leer los evangelios? ¿Cuáles son los principios que proporcionan el necesario marco de referencia para comprender la verdad que encierran? Suelen distinguirse los siguientes principios de interpretación de los evangelios: dogmático, literario e histórico (F. Lambiasi, *Teologia Fondamentale)*.

a) **El principio dogmático**. Se podría formular según el texto de DV 11: "Hay que confesar que los libros de la Escritura enseñan firmemente, con fidelidad y sin error, la verdad que Dios quiso consignar en las sagradas letras para nuestra salvación". Esta afirmación pone de manifiesto la **relación que se da entre la verdad y la salvación**. En virtud del principio dogmático, no todos los hechos narrados en los evangelios tienen la misma importancia: hay **hechos fundamentales para la salvación** que forman parte del núcleo central de la fe (misterio pascual, divinidad de Jesucristo, institución de la Iglesia, etc.) y **hechos accidentales** o secundarios, que no inciden en la forma como la salvación tiene lugar.

b) **El principio literario**. Este principio permite hacerse cargo del proceso de elaboración de los evangelios y percatarse de que constituyen un género literario particular. Ello es debido, en primer lugar, a la manera en que fueron conformándose (DV 19), según se ha mencionado en el apartado anterior. Esta singularidad literaria de los evangelios también se sigue de su particular finalidad, que no es narrar y conservar simplemente la memoria de Jesús, sino proclamar una historia salvadora y confesar la fe. En resumen, los evangelios son una "historia kerigmática" que busca comunicar la auténtica verdad sobre Jesús y suscitar el compromiso de la fe. Por ello, al acercarse a los textos evangélicos, es necesario tener en cuenta los distintos géneros literarios que pueden encontrarse (DV 12).

c) **El principio histórico**. Se refiere a los tres estratos históricos fundamentales -Jesús, la comunidad, los evangelistas- que se siguen de las tres fases de la redacción de los evangelios descritas a propósito del principio literario. Cada uno de estos estratos constituye una realidad histórica que, de un modo o de otro, queda reflejado en los textos y es identificable a partir de sus propias características, pero sin estar aislado o ser independiente de los otros.

> La fundamentación histórica de los evangelios se concreta precisamente en seguir el trazo que arranca de los evangelistas, pasa por la comunidad y, a través de los apóstoles, llega a Jesús. El paso de un estrato a otro se apoya en una correcta utilización de las dos principales metodologías de la exégesis bíblica del s. XX, la "historia de la redacción" e "historia de las formas", con las que descubre la continuidad literaria.

4.3. Criterios de autenticidad histórica

Estos criterios sirven para fundamentar la historicidad de los evangelios -la continuidad entre Jesús, la comunidad y los evangelistas- de modo riguroso desde el punto de vista científico, ayudando así a conocer con certeza la realidad histórica de Jesús. Entre los criterios propuestos por los diversos autores destacan los llamados **criterios fundamentales**, que poseen un valor propio en sí mismos y autorizan un juicio cierto de autenticidad histórica. Se pueden enumerar cuatro (R. Latourelle, *A Jesús el Cristo por los evangelios*, 207 ss):

a) **Testimonio múltiple**: "Se puede considerar como auténtico un dato evangélico sólidamente atestiguado en todas las fuentes (o en la mayor parte de ellas) de los evangelios (...) y en los otros escritos del Nuevo Testamento" (*ibid*, 207).

> La certeza se basa en la convergencia e independencia de las fuentes, y es mayor si las diversas fuentes se encuentran en formas literarias diferentes. Así, por ejemplo, el tema de la misericordia de Jesús aparece en todas las fuentes de los evangelios y en las más diversas formas literarias (parábolas: *Lc* 15, 11-32; controversias: *Mt* 21, 28-32; relatos de milagros: *Mc* 2, 1-12).

b) **Discontinuidad**: "Se puede considerar como auténtico un dato evangélico (sobre todo si se trata de las palabras y actitudes de Jesús) que no puede
reducirse a las concepciones del judaísmo o a las concepciones de la Iglesia
primitiva" (*ibid*, 210).

> Este criterio debe ir complementado por el criterio de continuidad o de confor-
> midad. Por ejemplo, algunas expresiones singulares o actitudes particulares de
> Jesús, como el uso de *Abbá*, el término "amén", el paralelismo antitético ("habéis
> oído que se dijo a los antiguos (…), pero Yo os digo"), el "Yo soy", etc., se pueden
> atestiguar históricamente apoyándose en este criterio; todas ellas suponen una
> ruptura con el uso judío de esos términos o expresiones.

c) **Conformidad** (también llamado de **continuidad** o de **coherencia**): "Se
puede considerar como auténtico un dicho o un gesto de Jesús en estrecha
conformidad, no solo con la época y el ambiente de Jesús (ambiente lin-
güístico, geográfico, social, político, religioso), sino además y, sobre todo,
íntimamente coherente con la enseñanza esencial, con el corazón del mensaje de Jesús, a saber, la venida y la instauración del reino mesiánico" (*ibid*,
214).

> Con este criterio se justifica la historicidad de las parábolas del reino, de las bien-
> aventuranzas, de la oración del "Padrenuestro" (que originariamente sería una
> oración para la instauración del reino), etc. Este criterio se complementa con el
> criterio de discontinuidad: el criterio de conformidad permite situar a Jesús en
> su tiempo, y en la cultura y tradiciones de su época; el criterio de discontinuidad
> ayuda a captar su originalidad y singularidad.

d) **Explicación necesaria**: "Si, ante un conjunto considerable de hechos o de
datos que exigen una explicación coherente y suficiente, se ofrece una explicación que ilumina y agrupa armónicamente todos esos elementos (que
de lo contrario seguirían siendo un enigma), podemos concluir que estamos en presencia de un dato auténtico (hecho, gesto, actitud, palabra) de
Jesús" (*ibid*, 215).

> Este criterio supone aplicar el principio de "**razón suficiente**" al ámbito del de-
> recho o de la historia. En el caso, por ejemplo, de la investigación de un delito, se
> trataría de formular una hipótesis que consiguiera aclarar el mayor número de
> pruebas o evidencias referidas a ese delito. En el caso de los evangelios, este cri-
> terio es una vía de acceso a la personalidad única y transcendente de Jesús, como
> razón suficiente para explicar las líneas esenciales de su ministerio.

Existen otros criterios, como el **criterio derivado**, llamado así por ser el resultado del análisis y aplicación de los criterios fundamentales. Este criterio
hace referencia al **estilo de Jesús**, es decir, a todo aquello que caracteriza y distingue su personalidad y permite identificarlo como fuente de expresiones o

hechos. Con este criterio se puede analizar, por ejemplo, el **lenguaje** de Jesús, caracterizado por una conciencia de sí mismo, de una majestad, autoridad, sencillez, etc. singulares; también su **comportamiento**, en el que resplandecen las mismas características junto a un amor y bondad extraordinarios. Simplicidad, sobriedad y autoridad emergen como rasgos característicos de Jesús.

En resumen, sobre los criterios de historicidad de los evangelios podemos afirmar:

1) La historicidad de los evangelios se apoya en el **uso convergente** de los criterios. Aunque en algún caso no pueda aplicarse un criterio concreto –por ejemplo, el de testimonio múltiple– en la mayoría de los episodios se da la convergencia de varios criterios.

2) Con los criterios aplicados rigurosamente "casi la totalidad del material evangélico se ve recuperado" (*ibid*, 223), como lo muestran los estudios particulares de varios exegetas.

3) La actitud del historiador frente a los evangelios no puede guiarse por el prejuicio sistemático de la sospecha sobre la historicidad evangélica, como ha ocurrido durante más de un siglo. Ese recelo debe dar paso a la actitud más coherente y racional de que los evangelios merecen confianza y, mientras no se demuestre lo contrario, hay que atenerse al hecho de que Jesús está en el origen de las palabras y de las acciones que aparecen recogidas en los mismos evangelios.

Ejercicio 1. Vocabulario

Identifica el significado de las siguientes palabras y expresiones usadas en el tema:

- Credibilidad de la revelación
- Testimonio Flaviano
- Evangelios apócrifos
- Criterios de testimonio múltiple / discontinuidad / conformidad o coherencia

- Principio dogmático (de interpretación de los evangelios)
- Principio literario (de interpretación de los evangelios)

Ejercicio 2. Guía de estudio

Contesta a las siguientes preguntas:

1. ¿Cuál es el papel de los signos, según la Sagrada Escritura?

2. ¿Qué triple cometido realiza la credibilidad de la revelación?

3. ¿Se requieren determinadas disposiciones personales para captar la credibilidad de la revelación? Explicar la respuesta.

4. Comentar la siguiente afirmación: "El signo de credibilidad que es Cristo interpela al hombre porque su persona y su vida es portadora de sentido: en Él, el hombre descubre a Dios y se descubre a sí mismo".

5. Enumerar las principales fuentes extrabíblicas para el conocimiento histórico de Jesús.

6. ¿Puede decirse que los evangelios son "libros históricos"? ¿Por qué?

7. ¿Cuáles son los principios necesarios para la interpretación de los evangelios?

8. ¿Qué función desempeñan los llamados "criterios de autenticidad histórica"? ¿Cuáles son los criterios principales?

Ejercicio 3. Comentario de texto

Lee el siguiente texto y haz un breve comentario personal utilizando los contenidos aprendidos en el tema:

«La tradición católica ha rechazado desde el principio el denominado fideísmo, que es la voluntad de creer en contra de la razón. *Credo quia absurdum* (creo porque es absurdo) es la fórmula que interpreta la fe católica. De hecho, Dios no es absurdo, en todo caso es misterio. El misterio, a su vez, no es irracional, sino sobreabundancia de sentido, de significado y de verdad.

» Si contemplando el misterio, la razón ve oscuro, no es porque en el misterio no haya luz, sino más bien porque hay demasiada luz. Al igual que cuando los ojos del hombre se dirigen a mirar directamente al sol y solo ven tinieblas ¿quién podría decir que el sol no es brillante? Aún más, es la fuente de la luz. La fe le permite ver el "sol" de Dios, porque es acogida de su revelación en la historia y, por así decirlo, recibe verdaderamente toda la luminosidad del misterio de Dios, reconociendo el gran milagro: Dios se ha acercado al hombre y se ha ofrecido a su conocimiento, condescendiendo al límite de la criatura de la razón humana (cf. Conc. Vat. II, Const, Dog. *Dei Verbum*, 13).

» Al mismo tiempo, Dios, con su gracia, ilumina la razón, le abre nuevos horizontes, inconmensurables e infinitos. Por este motivo, la fe es un fuerte incentivo para buscar siempre, sin parar nunca y sin desfallecer, el descubrimiento de la verdad y la realidad inagotable. Es falso el prejuicio de algunos pensadores modernos, que aseveran que la razón humana quedaría como bloqueada por los dogmas de la fe. En realidad, es todo lo contrario, como han demostrado los grandes maestros de la tradición católica.

» San Agustín, antes de su conversión, busca con tanta inquietud la verdad, a través de todas las filosofías disponibles y las encuentra todas insatisfactorias. Su fatigosa búsqueda racional es para él una pedagogía significativa para el encuentro con la Verdad de Cristo. Cuando dice, "comprende para creer y cree para comprender" (Discurso 43, 9: PL 38, 258), es como si estuviera contando su propia experiencia de vida». Benedicto XVI, *Audiencia General* (21.11.2012).

<table>
<tr><td>TEMA
9</td><td># CRISTO, SIGNO PRIMORDIAL
DE CREDIBILIDAD</td></tr>
</table>

La credibilidad de Jesucristo se apoya primeramente en su existencia histórica que, según comprobamos en el tema anterior, recibe su fundamento de los datos históricos sobre su persona. Pero también se sustenta en la conciencia que Jesús tenía de su propio ser y de su misión. Es, por tanto, necesario contar con razones que avalen la correspondencia entre la conciencia que Jesús tenía de sí mismo y la verdad de las cosas.

Si Jesús hubiera carecido de la conciencia de su identidad divina y de su misión salvadora, o hubiera expresado dudas sobre ellas, todo el significado de sus palabras y de su vida dejaría de tener un sentido claro y privaría a la fe de razones para creer. La fe se convertiría en voluntarismo o pura credulidad.

Para el estudio de la conciencia de Jesús, analizaremos varias cuestiones: los llamados títulos cristológicos, su manera de enseñar y obrar, su estilo de vida y todo lo relacionado son su muerte y su resurrección. Este análisis se realiza por medio de la "cristología implícita", es decir, de aquellos aspectos de la vida de Jesús que sin constituir datos explícitos sobre la conciencia que tenía de sí mismo, la ponen indirectamente de manifiesto.

> Conviene leer los siguientes puntos del *Catecismo de la Iglesia Católica*: – sobre Jesús: nn. 430-451; – sobre la muerte y resurrección de Cristo: nn. 571-655.

SUMARIO

1. Introducción: la conciencia de Jesús como Mesías y Señor · **2. Los títulos cristológicos** 2.1. Mesías 2.2. Hijo del hombre 2.3. Hijo de Dios · **3. Conciencia de Jesús a través de sus enseñanzas y su conducta** 3.1. Jesús y el reino. Jesús, centro de su mensaje 3.2. La autoridad de Jesús: a) La ley; b) la manera de enseñar y de obrar 3.3. El "estilo" de Jesús · **4. Muerte y resurrección de Jesús** 4.1. La muerte de Jesús 4.1.1. Historicidad de la muerte de Jesús en la cruz 4.1.2. Por qué fue condenado 4.1.3. La previsión de Jesús sobre su propia muerte 4.1.4. El sentido que dio a su muerte 4.2. La resurrección de Jesús: hecho y significado 4.2.1. Posturas sobre la resurrección de Jesús 4.2.2. El testimonio apostólico 4.2.3. El sepulcro vacío y las apariciones 4.2.4. ¿En qué sentido es histórica la resurrección de Jesús? 4.2.5. Significado de la resurrección de Jesús

1. Introducción: la conciencia de Jesús como Mesías y Señor

La cristología dogmática se ha ocupado abundantemente de la difícil cuestión sobre la conciencia de Jesús para explicar, en último término, cómo se concilian en Él la conciencia de su filiación divina con una verdadera humanidad, que incluye esencialmente la dimensión de historicidad.

Ciertamente, del hecho de que Jesús haya tenido conciencia de su mesianidad y de su divinidad no se deduce necesariamente que fuera el Mesías y el Señor. Más aún, a primera vista esta pretensión es tan inconcebible y escandalosa para la razón, que tomarla en serio exige un examen profundo de la conciencia de Jesús a través de sus palabras y sus acciones.

> Autores como *Loisy* y *Bultmann*, atribuyen la conciencia mesiánica y divina de Jesús que testimonian los evangelios a **la fe de la comunidad cristiana**, que habría concentrado en su figura una síntesis de ideales judíos y helenísticos, y lo habría presentado como un Mesías divinizado y bajo la figura mítica del Hijo de Dios. Según estos autores, Jesús nunca se habría considerado a sí mismo ni una cosa ni otra, por lo que los textos de los evangelios en los que Jesús aparece con atribuciones mesiánicas o divinas deberían ser considerados como totalmente ajenos al Jesús histórico.

Sin embargo, a partir del análisis crítico de las fuentes con que contamos, es posible concluir que **la fe en Jesús como Mesías y Señor es un acto humano coherente y razonable**. Es en los evangelios donde encontramos reflejado el misterio que Jesús expresa respecto a su identidad.

> Para afrontar el tema de la conciencia de Jesús debe recordarse nuevamente que el mero estudio de los documentos difícilmente moverá hacia la fe a quien no esté previamente abierto a aceptar las implicaciones intelectuales y vitales que la fe comporta. En cambio, la persona con una disposición abierta, sea o no creyente, encontrará en la investigación sobre la conciencia de Jesús las suficientes razones para creer.

2. Los títulos cristológicos

Entre los **títulos cristológicos** que se atribuyen a Jesús en el Nuevo Testamento destacan tres fundamentales: **Mesías**, **Hijo del hombre** e **Hijo de Dios**. Su estudio nos permite conocer no solo la fe de la comunidad, sino el uso y la aceptación por parte de Jesús de atribuciones cargadas de significado mesiánico y aun divino. Constituyen por ello una vía de acceso a la conciencia misma de Jesús sobre su persona y misión.

La figura del Mesías (*Masiah*, Cristo, ungido) es el núcleo del mesianismo que, a su vez, es el eje de la Biblia (M. Cimosa, "Mesianismo", en *Nuevo Diccionario de Teología Bíblica*). La continua **expectativa mesiánica** y la consiguiente tensión hacia el futuro, son elementos que definen la identidad de Israel y le infunden una esperanza viva de un futuro glorioso en el que se establecerá el reino de Dios.

> Este mesianismo se manifestó de manera diferente en cada período de la historia de Israel, asumiendo formas como el mesianismo **real** durante la monarquía, basado en las promesas a David; el mesianismo **profético** durante el exilio, vinculado a los profetas y el Siervo de Yahvé; y el mesianismo **sacerdotal** a la vuelta del destierro, donde el Mesías se vincula a la figura del sacerdote.

La actitud de Jesús ante el título de "Mesías" es, al principio, de reserva. Se ha hablado por ello del "**secreto mesiánico**". Esto se debe a que la gente interpretaba al Mesías como alguien que liberaría a Israel del dominio romano, un enfoque político que Jesús quería evitar. Su intención era resaltar su figura como **Siervo sufriente** antes de aceptar abiertamente el título de Mesías. Sin embargo, en momentos específicos, como la embajada del Bautista (*Mt* 11, 2-6) y la confesión de Pedro (*Mt* 16, 16-18; *Mc* 8, 27-30), reconoció su mesianismo. Pero fue sobre todo durante la Pasión, cuando la proximidad de la muerte eliminó cualquier ambigüedad, que Jesús proclamó solemnemente su **mesianidad** en respuesta a la pregunta del sacerdote: "¿Eres tú el Cristo, el Hijo de Dios bendito?". Jesús respondió afirmativamente: "Lo soy" (*Mc* 14, 61-62).

Esta clara **conciencia mesiánica** de Jesús fue fundamental para que la Iglesia primitiva, después de la resurrección, proclamara que Jesús es el "Cristo", llegando incluso a considerarlo como un segundo nombre de Jesús (*Hch* 2, 36).

2.2. Hijo del hombre

Para referirse a sí mismo y a su misión Jesús prefiere el título "Hijo de hombre", a pesar de que resultaba enigmático para sus contemporáneos, como se evidencia en la pregunta de los discípulos: "¿Quién es ese hijo del hombre?" (*Jn* 12, 34). Este título aparece 69 veces en los Evangelios Sinópticos (J. Caba, *El Jesús de los evangelios*).

> El término "Hijo del hombre" se encuentra en la tradición bíblica, particularmente en la visión de Daniel (*Dn* 7, 13-14), donde se describe como una figura que recibe poder y gloria eterna. La interpretación del "Hijo del hombre" varía entre

ser una figura **colectiva** que representa al pueblo de Israel o un **individuo** con un papel escatológico-mesiánico. Algunos sugieren que puede tener un significado dual, representando tanto a un individuo como al pueblo de Israel. El uso de este título era infrecuente en el contexto de Jesús y no aparece en textos relevantes de la época, como los Rollos del Mar Muerto en Qumrán. En la Iglesia primitiva tiende a desaparecer al representar a un hombre sufriente y despreciado, lo que contrasta con su significado original glorioso. Esto plantea interrogantes sobre cómo la comunidad primitiva transformó este título en un sentido tan diferente, y en los Evangelios, los discípulos rara vez lo usaron.

Jesús utiliza este título en tres contextos principales: 1) Para describir su **vida terrena**, más precaria que la de los zorros y los pajarillos (*Mt* 8,20), pero también con poderes extraordinarios, como el de perdonar los pecados (*Mc* 8,31) y la autoridad sobre la ley del sábado (*Mc* 2,28); 2) Para referirse a su **destino final** de humillación, sufrimiento y cruz (*Mc* 8, 31; 9,31; 10,33ss), fusionando las figuras del **Hijo del hombre** y el **Siervo de Yahvé**, siendo rechazado por los hombres pero exaltado por Dios; 3) Para señalar su regreso al final de los tiempos (*Mc* 13,26; 14,62, etc.).

La afirmación más clara de Jesús como "Hijo del hombre" ocurrió durante su juicio ante el Sanedrín, cuando se identificó con el Hijo del hombre de Daniel: "De ahora en adelante veréis al Hijo del hombre sentado a la derecha de Dios y venir sobre las nubes del cielo". "Sentarse a la derecha de Dios" pertenecía solo al Hijo de David, según el Salmo 110; "aparecer sobre las nubes del cielo" significaba la venida de Dios al final de los tiempos. En consecuencia, esta declaración de Jesús es la más clara y firme afirmación de su mesianidad. Esta declaración fue considerada blasfemia y llevó a su condena a muerte.

Resumiendo, Jesús eligió el título "Hijo del hombre", en primer lugar, porque evita las connotaciones políticas y nacionales del título "Mesías". Además, expresa bien la doble dimensión de su vida: la tensión entre presente y futuro, entre la pobreza y la humillación, por un lado, y el poder y la gloria, por otro, reflejando así su naturaleza tanto humana como divina.

2.3. Hijo de Dios

Aunque pudiera parecer otra cosa, el título "Hijo de Dios", tal como se muestra en los evangelios, no proporciona la descripción más precisa sobre la naturaleza de Jesucristo, dado que no se usa con un significado unívoco.

En el Antiguo Testamento, "hijos de Dios" se aplica a los ángeles, al pueblo de Israel, al rey como representante del pueblo y a los justos, con un significado moral debido al monoteísmo hebreo, que excluye la filiación natural o física. El vínculo entre Dios y sus "hijos" está basado siempre sobre la alianza y, por tanto, sobre la elección y adopción. En contextos paganos, tenía significados variados, como la consideración de los estoicos de todos los seres humanos como hijos de Dios, o las genealogías mitológicas que incluían seres engendrados por dioses en mujeres humanas.

La fe cristiana reconoce a Jesús como "Cristo", pero va más allá del sentido meramente mesiánico al proclamarlo también como "Hijo de Dios" (*Mc* 1,1). Este título no se relaciona con el significado mitológico pagano ni implica una filiación adoptiva como en el judaísmo. Jesús no es simplemente un "hijo" de Dios entre otros, ni un simple enviado de Dios; es el **Hijo único** que procede directamente del Padre (*Rm* 8,3), el "Unigénito" (*Jn* 1,14).

La importante cuestión que nos concierne es la siguiente: el título "Hijo de Dios" atribuido a Jesús, ¿procede del mismo Jesús, o ha sido construido a partir de diferentes mediaciones e influjos por la primitiva comunidad cristiana?

En los **Evangelios sinópticos**, Jesús nunca proclama explícitamente su filiación divina, pero su **conciencia de una relación filial única** con el Padre impregna todo el Evangelio y se manifiesta a través de sus palabras y acciones.

> La conciencia de Jesús de su singular filiación divina se refleja en el uso del término "**Abbá**" ("papá"), en su dirigirse a Dios como "mi Padre" y en su autodenominación como "el Hijo". Esto es inusual en el contexto judío y se manifiesta especialmente cuando Jesús afirma que todo le ha sido entregado por el Padre y que solo el Padre conoce completamente al Hijo, y viceversa (Mt 11, 27; Lc 10, 22). La historicidad de estos textos aparece atestiguada por el criterio de **discontinuidad**, pues difieren de las creencias judías, helenísticas y de la primitiva comunidad cristiana. Si la comunidad hubiera inventado la filiación divina de Jesús, habría añadido más declaraciones explícitas o incluso las habría puesto en labios de Jesús.

Aunque el título de "hijo de Dios" no tiene un significado unívoco en los evangelios, algunos pasajes subrayan la filiación divina de Jesús de manera especialmente significativa.

– La **parábola de los viñadores** (*Mc* 12, 102; *Mt* 21, 23-46; *Lc* 20, 9-19) muestra la interpretación que hace Jesús de su propio itinerario y misión. No es Él como uno de tantos siervos o enviados, sino como el "hijo predilecto", es decir, el único, el heredero que es rechazado y muerto.

– El **himno de exultación** (*Mt* 11, 25-30; *Lc* 10, 21-22): "Yo te bendigo Padre, Señor del cielo y de la tierra (...) Todo me ha sido entregado por mi Padre, y nadie conoce bien al Hijo sino el Padre y nadie conoce bien al Padre sino el Hijo, y aquel a quien el Hijo se lo quiera revelar". En este *logion* aparece un conocimiento íntimo y recíproco entre el Padre y el Hijo; solo ellos se cono-cen mutuamente de un modo que no supone revelación. Es el Hijo quien lo revela a quien quiere, del mismo modo que el Padre lo revela a los pequeños. La revelación del Padre es una revelación "interna" (*Mt* 16, 16), y la del Hijo "externa". En el texto –que pertenece a una tradición muy antigua– se refleja la conciencia que Jesús tiene de su propia persona.

- **El tiempo de la parusía** (*Mc* 13, 32; *Mt* 24, 36): "Mas de aquel tiempo y hora nadie sabe nada, ni los ángeles, ni el Hijo, sino solo el Padre". Jesús se pone en una relación con el Padre distinta de la de los hombres y los ángeles. Al mismo tiempo afirma que no conoce el día de la parusía. Esta es la señal de la historicidad de las palabras de Jesús. Si Jesús no se hubiera expresado así, la comunidad no hubiera puesto en boca de Jesús unas palabras que afirmaban ignorancia sobre un hecho.

En resumen, se puede afirmar con certeza que, en los evangelios, Jesús mues-tra en sentido único y trascendente tener **conciencia de su origen en Dios y de su naturaleza de Hijo del Padre**. A partir de esta cristología implícita, la Iglesia en su confesión de fe le ha proclamado como Hijo de Dios, Hijo con-sustancial al Padre.

3. Conciencia de Jesús a través de sus enseñanzas y su conducta

Después de estudiar los títulos cristológicos, examinaremos tres cuestiones relacionadas con la conciencia de Jesús tal como se nos manifiesta en su modo de enseñar y comportarse: Jesús y el **reino**, la **autoridad** de Jesús y el **estilo** de Jesús.

3.1. Jesús y el reino. Jesús, centro de su mensaje

En la predicación de Jesús, el reino ocupa un lugar central y original, en con-traste con los ambientes judíos de su tiempo en los que el término "reino" no era frecuente, y con la Iglesia primitiva en la que muy pronto desapareció. En la predicación de Jesús, en cambio, es muy frecuente y lo es, además, en un sentido completamente nuevo.

A diferencia de la apocalíptica judía, donde el reino se veía como un evento futuro que traería juicio y signos terribles, Jesús anuncia que "el reino ya ha llegado" (*Mt* 12, 28; *Lc* 11, 20) y no se manifiesta a través de grandes señales, sino de manera oculta (*Lc* 17, 20). Además, **Jesús se identifica** de manera clara y consciente **con el reino de Dios**. Jesús no vacila en equiparar la causa del reino de Dios con la suya propia: dejarlo todo por el reino de Dios (*Lc* 18, 29) es dejarlo todo por "causa de mi nombre" (*Mt* 11, 29). Por otro lado, identifica el reino de Dios con la misericordia. Así se entiende por ejemplo la parábola del hijo pródigo (*Lc* 15, 11-32): Jesús se defiende de ese modo del escándalo producido por su cercanía a los pecadores.

La conciencia de Jesús de ser él mismo el reino que ha llegado se destaca cuando se coloca en el **centro de su mensaje**. De modo diferente a los grandes profetas, como Moisés, y también los fundadores de religiones, Jesús se sitúa a sí mismo como el centro de la vida religiosa (R. Guardini, *La esencia del cristianismo*). No se limita a indicar el camino para ir a Dios, sino que pide que se le acoja a él en persona (*Mt* 10, 32-33).

> Seguir a Jesús implica colocarlo en el centro de la vida y aceptarlo como el fundamento último. Jesús destaca la radicalidad requerida en su seguimiento y advierte sobre el posible escándalo que su persona podría causar (Mt 11, 6; 10, 39; 10, 37; 12, 30). Esto se refleja en la llamada a sus seguidores para actuar y creer **en su nombre**, sacrificando todo por él, y predicar en su nombre. En el contexto judío, el "nombre" implica una referencia al nombre supremo de Dios (Ex 23,21; etc.), conectando la manifestación del nombre de Dios a través de Jesucristo con la fe en que Él es el enviado de Dios, especialmente en el Evangelio de Juan (Jn 17, 6-8).

Por tanto, Jesús no se limita a enseñar la verdad, a mostrar el camino y a ofrecer un modelo, sino que manifiesta expresamente que Él es el centro de su mensaje: Él es **el camino, la verdad y la vida** (*Jn* 14, 6).

3.2. La autoridad de Jesús

a) La ley

Jesús tiene una relación única con la **ley judía**, que era altamente venerada por el pueblo como **don supremo** de Dios. Su conducta frente a la ley es, a la vez, de **fidelidad** y de **libertad**. Aunque respeta la ley de Moisés (*Toráh*), también la diferencia de la tradición oral (*halaká*) de los escribas, criticando la sustitución de la Torá por preceptos y tradiciones humanas (*Mt* 7, 8). Jesús incluso corrige algunos aspectos de la ley mosaica: suprime la ley del repudio (*Mc* 10, 1-12) dada por Moisés (*Dt* 24, 1), y anula los preceptos sobre la pureza legal (*Lv* 11; *Dt* 3, 21) al afirmar que lo que sale del hombre es lo que le hace impuro y no lo que entra en él (*Mt* 7, 15), destacando la importancia de la sinceridad y enfocando la ley como un medio para acercarse a Dios en lugar de un fin en sí misma. Su enfoque busca un cambio cualitativo de las disposiciones y actitudes en su cumplimiento, sin eliminar su relevancia (*Mt* 5, 17).

> Jesús critica el legalismo formal de los escribas y fariseos (Lc 10, 29-36: parábola del buen samaritano), así como su teología del mérito, incapaz de comprender

la misericordia de Dios con los pecadores (*Lc* 18, 9-14: parábola del fariseo y del publicano; *Lc* 15, 11-31: parábola del hijo pródigo).

La explicación última de la actitud de Jesús ante la ley, su reinterpretación y los cambios que introduce respecto a los antiguos preceptos, es su **autoridad** única que, de ese modo, se pone **por encima de la ley**: "Habéis oído que se os dijo... pero yo os digo..." (*Mt* 5, 38-39. No solo se arroga autoridad para modificar la ley, sino que Jesús llega a sustituirla, a ponerse en lugar de la ley: el que escucha sus palabras construye sobre un fundamento sólido (*Mt* 7, 24), llegando incluso a afirmar que "el cielo y la tierra pasarán, pero mis palabras no pasarán" (*Mc* 13, 31).

> Su autoridad también se manifiesta en su pretensión de perdonar los pecados. En dos ocasiones aparece Jesús en los Sinópticos afirmando: "Tus pecados te son perdonados" (al paralítico: *Mt* 9, 1-9 y par.; y a la mujer pecadora: *Lc* 7, 36-50). En los dos casos, esta afirmación de Jesús produce escándalo en los oyentes que piensan que perdonar pecados es exclusivo de Dios. Estas reacciones negativas garantizan la autenticidad histórica de la escena.

Otra pretensión que resultaba impensable para la mente de un judío era la de ser **superior al sábado** (*Mc* 2, 27-28: "el Hijo del Hombre es dueño del sábado" e incluso al **templo** (*Mt* 16, 6). Esta actitud de Jesús ante la ley y ante el templo es el motivo que llevaría a los dirigentes del pueblo a proceder contra él (J. Jeremias, *Teología del Nuevo Testamento*).

En suma, solo la conciencia que Jesús tenía de su filiación divina puede explicar en último término la autoridad única que muestra ante la ley, en contraste con el modo de entender el cumplimiento de la ley en su época: "la gente se asombraba de su doctrina; porque les enseñaba como quien tiene autoridad, y no como sus escribas" (*Mt* 7, 28-29).

b) La manera de enseñar y obrar

En los evangelios se destaca de diversos modos la autoridad excepcional con la que Jesús enseña y actúa, superando la autoridad de los profetas del Antiguo Testamento y los maestros de Israel. A diferencia de los profetas, que decían "así habla Yahvé", Jesús utiliza una fórmula única: "**En verdad os digo**..." ("Amen dico vobis..."), que no se encuentra en los textos rabínicos ni proféticos. Esta innovación lingüística es exclusiva de Jesús y se repite en varias fuentes, incluyendo los escritos de san Juan (J. Jeremias, *Teología del Nuevo Testamento*).

Otro indicio de la autoridad única de Jesús se evidencia en su uso del "**yo enfático**", especialmente cuando se apropia la potestad de reformar la Ley del Antiguo Testamento con declaraciones como "Habéis oído que se os dijo... pero yo os digo..." (*Mt* 5, 21 ss.). Al hacerlo, Jesús declara imperfecta a la Ley y la modifica con una autoridad semejante a la de Dios, que no tiene parangón en el ambiente en que vivió (J. Jeremías, *Teología del Nuevo Testamento*). La plena confianza de Jesús en su propia palabra lo lleva a dar testimonio de sí mismo, considerándolo suficiente (*Jn* 8, 14), prescindiendo de la necesidad de más testigos.

De igual manera, cuando realiza milagros, Jesús exhibe la misma autoridad que al enseñar. A diferencia del Antiguo Testamento, donde se actúa "en el nombre de Yahvé", Jesús sana y realiza milagros en su propio nombre, como se ve en sus palabras al curar a los enfermos: "Quiero: queda limpio" (*Mc* 1, 41); "A ti te lo digo, levántate" (*Mc* 2, 11). Esta manera de hacer milagros contrasta también con el de la Iglesia primitiva, que los realiza en el nombre de Jesús (*Hch* 3, 6; 9, 34; *Rm* 15, 18-19).

El mismo **yo enfático** que aparece en sus enseñanzas y en sus milagros, se muestra también en otros momentos: al enviar en misión a los discípulos (*Mc* 10, 16), en las palabras de aliento (*Lc* 22, 32: "...pero yo he rogado por ti..."), o en otras acciones en las que Jesús muestra una autoridad inaudita, como es el acto –especialmente significativo por las consecuencias derivadas– de la **purificación del templo** (*Mc* 11, 15 ss).

> En sus relaciones con los demás hombres se hace también patente la autoridad de sus palabras y sus acciones. Lee los corazones, refuta los argumentos de los adversarios o les hacer callar, con frecuencia accede a las peticiones de los que imploran su ayuda, pero a veces pone a prueba su paciencia o su fe; en otras ocasiones se adelanta a las necesidades de los hombres. En definitiva, Jesús domina la situación sea cual sea la persona con la que se encuentra: discípulos, enemigos, jefes de Israel.

Por último, una muestra particularmente significativa de la pretensión de autoridad de Jesús es la expresión "**yo soy**", que en el Antiguo Testamento es exclusiva de la trascendencia divina.

> Aparece fundamentalmente en **cuatro textos** que recoge san Juan: 1) "Porque si no creyereis que yo soy moriréis en vuestros pecados" (*Jn* 8, 24); 2) "Cuando levantéis en alto al Hijo del hombre, entonces conoceréis que yo soy" (*Jn* 8, 28); 3) "Antes de que Abraham existiese, yo soy" (*Jn* 8, 58); 4) "Desde ahora os lo digo antes de que suceda, para que cuando suceda creáis que yo soy" (*Jn* 13, 19). En opinión de algunos exegetas solamente el texto de *Jn* 8, 58 alude al nombre de Dios en Éxodo 3,14 ("Yo soy el que soy"). Los otros tres se relacionarían, en cambio, con *Is* 43, 10, en cuyo caso la traducción adecuada no sería "yo soy" sino "soy

yo" y su sentido propio sería de tipo profético: los acontecimientos, la elevación en la cruz, mostrarán que **soy yo aquel** al que Dios ha enviado.

3.3. El "estilo" de Jesús

Si el cristianismo se fundamenta principalmente en la relación con una persona, Jesucristo, y en el encuentro con Él, la singularidad y el atractivo de su personalidad desempeñan un papel relevante en la validación de su credibilidad. Después de haber examinado algunos aspectos de la personalidad de Jesús, como su autoridad al obrar y enseñar y su convicción de su divinidad, mencionaremos otras cualidades relevantes.

• La **sencillez** y la **humildad** son rasgos característicos y constantes en la persona de Jesús. Jesús se presenta como ejemplo de mansedumbre y humildad ("aprended de mí que soy manso y humilde de corazón"), y esas cualidades son una constante en el modo en que los evangelios nos presentan su figura: Jesús no se autoalaba, muestra con su vida que no ha venido a ser servido sino a servir, a cumplir la voluntad del Padre, a dar la vida por los amigos; ama a los pequeños, predilectos de Dios, se apiada de los pobres, enfermos y necesitados, enseña el perdón de los enemigos y pide el perdón de Dios incluso para sus verdugos; en la Pasión no se rebela ni se defiende ante la acusación injusta, sino que se abandona humildemente en las manos de Dios...

• El **amor a la libertad** es una cualidad significativa de su vida, pero no a una libertad vacía sino regida por la verdad. Por eso invita a la coherencia ("que vuestro sí sea sí, vuestro no, no"), condena la hipocresía, alaba a quienes no se guían por la doblez y el engaño, no impone su cruz sino invita a llevarla, se muestra sin respetos humanos a la hora de tratar con publicanos y pecadores, sin prejuicios hacia los socialmente menos considerados en la época (hacia la mujer, hacia los samaritanos...).

• Finalmente, Jesús manifiesta un ejemplo atrayente de **santidad de vida** llena de heroísmo: presenta una vida impecable, una relación muy estrecha con Dios, una vida de oración intensa, una incesante preocupación por los demás, una continua vida de obediencia a la voluntad de Dios, todo ellos llevado con serenidad y alegría.

En resumen, el estilo y ejemplo de Jesús, que cautivó a sus contemporáneos y ha perdurado a través de la historia, continúa siendo un sólido fundamento para la credibilidad de su persona y su mensaje en la actualidad.

La **resurrección de Jesús** es el **núcleo del mensaje apostólico** después de la Pascua, y los Apóstoles tienen la misión de testificarla como testigos privilegiados (*Hch* 1, 22).

> Tanto Pedro como Pablo inician su predicación poniendo en el centro la resurrección de Jesús. Pedro afirma que Dios resucitó a Jesús de entre los muertos (*Hch* 2,24. 3-36)) y que ellos son testigos de ello (*Hch* 3,15), proclamando que Dios lo ha constituido Señor y Cristo (*Hch* 2,36). Del mismo modo, Pablo enfatiza la resurrección de Jesús como parte central de su mensaje, destacando que Dios cumplió la Buena Nueva mediante la resurrección, y este tema ocupa un lugar central en su kerigma (1 *Co* 15, 3-8).

La resurrección de Jesús es un **misterio de fe y salvación** que expresa su triunfo sobre la muerte y el pecado. Pero es también **signo de su misión divina y garantía de nuestra fe en Él**. Quiere esto decir que la resurrección no es solamente un **misterio**, sino también un **acontecimiento** que tiene una dimensión histórica. No es la fe la que genera la resurrección, sino al revés, la resurrección la que sirve de apoyo a la fe.

La resurrección de Jesús como acontecimiento está intrínsecamente relacionada con su muerte, que también lleva consigo un significado profundo basado en la intención y el propósito de Jesús. Por lo tanto, es esencial examinar estos aspectos relacionados con la muerte de Jesús antes de adentrarnos en la resurrección.

4.1. La muerte de Jesús

Aunque la muerte violenta y humillante de Jesús podría considerarse un desafío para su credibilidad (Orígenes, *Contra Celso*), la aceptación que hace de su muerte y la atribución de un significado arrojan luz sobre la credibilidad de su resurrección y su identidad divina. Por este motivo, la muerte de Jesús, en conexión con su resurrección, se convierte en un punto central en la revelación de Dios a través de Jesucristo (DV 4).

Nos interesa examinar las siguientes cuestiones: a) ¿murió realmente Jesús en la cruz?; b) ¿Por qué fue condenado?; c) ¿Previó Jesús su propia muerte?; d) ¿Qué sentido le otorgó? La respuesta a estas preguntas determina el significado de la muerte de Jesús en relación con la credibilidad de su resurrección y su significado.

4.1.1. *Historicidad de la muerte de Jesús en la cruz*

La muerte en cruz de Jesús es un **dato histórico bien documentado**, confirmado por diversas fuentes, tanto no cristianas (Tácito, Flavio Josefo, Talmud Babilonio) como los evangelios. Los relatos de la pasión y de la resurrección son la parte más antigua y desarrollada de la tradición evangélica, lo que confirma la autenticidad del evento de la cruz mediante el criterio de testimonio múltiple.

La muerte de Jesús en la cruz también está respaldada por el criterio de discontinuidad debido a su naturaleza infamante, que chocaba violentamente en el ambiente judío y romano de la época. Sobre el que cuelga del madero pesaba la maldición divina (*Dt* 21, 23; *Ga* 3, 13), y el horror a la cruz seguía existiendo como lo atestigua Trifón en su diálogo con Justino en el s. II (San Justino, *Dialogo con Trifón*). Esto se refleja también en el escándalo y el comportamiento de Pedro y otros discípulos en las últimas horas de Jesús, incluyendo la traición de Judas, las negaciones de Pedro y la huida de los discípulos. Por todo ello, los primeros discípulos no pudieron haber inventado una muerte tan infame.

4.1.2. *Por qué fue condenado*

Según la teoría de Reimarus (1694-1768) y otros autores, Jesús habría muerto como resultado de su implicación política, pero esto requiere reinterpretar pasajes evangélicos que muestran su rechazo a ser un líder político o usar la violencia (*Jn* 6,15; *Mt* 4,8; *Mt* 26, 51-53). Los evangelios evidencian que cuando se le presentó una alternativa política, Jesús respondió de manera sapiencial: "Dad al César lo que es del César y a Dios lo que es de Dios" (*Mt* 12, 17). Ahora bien, ¿por qué, entonces, el título de la cruz contenía un motivo político ("el rey de los judíos": *Mc* 15,26)? Para entender a esta cuestión, debemos considerar los dos tipos de motivos que lo llevaron a la cruz, que se corresponden con los dos procesos a que fue sometido, el proceso judío y el proceso romano.

- En el **proceso judío** (*Mc* 14, 53-65), las acusaciones contra Jesús se centraron en cuestiones religiosas, como su identidad mesiánica y divina, y la cuestión del templo. Los sumos sacerdotes y escribas de Jerusalén no estaban motivados por razones políticas, sino porque las enseñanzas de Jesús desafiaban las bases de la ortodoxia judía. La acusación más grave contra el maestro de Nazaret fue el haberse atribuido una relación tan singular con Dios, que resultaba una igualdad inaceptable para los guardianes del monoteísmo judío "Por esto los judíos seguían tratando de matarlo: no solo porque violaba la ley del sábado, sino porque llamaba a Dios su padre, haciéndose igual a Él" (*Jn* 5, 18). Aunque la Ley judía contemplaba la pena de muerte para falsos profetas y blasfemadores (*Lv* 24, 16; *Dt* 13, 5; 18, 20), el tribunal judío carecía del poder para ejecutarla en la época de Jesús y requería la aprobación del gobernador romano.

• En el **proceso romano**, Jesús fue acusado de ser un pretendiente mesiánico que incitaba a la rebelión contra los romanos: "Hemos encontrado a este sublevando a nuestro pueblo, impidiendo pagar el tributo al César y afirmando que es el Cristo rey" (*Lc* 23, 2). En los otros evangelios, se deja entrever la misma idea cuando Pilato le pregunta a Jesús: "¿Eres tú el rey de los judíos?" (*Mc* 15, 2; *Mt* 27, 11; *Jn* 18, 33). La ambigua inscripción de la cruz, "Jesús Nazareno, rey de los judíos" (*Jn* 19, 19), refleja este contexto.

Por lo tanto, la muerte de Jesús se decidió en el primer proceso, y las razones detrás de la condena del tribunal judío fueron religiosas, en particular, la atribución de poderes y atributos divinos por parte de Jesús. La inscripción en la cruz ("Jesús Nazareno, rey de los judíos") se originó en el juicio del procurador Pilato, cuya cooperación era necesaria para llevar a cabo la pena de muerte prevista en la Ley para los blasfemos.

4.1.3. *La previsión de Jesús sobre su propia muerte*

Jesús no experimentó su muerte de manera inesperada; era consciente de que su vida culminaría en una muerte violenta. Esta conciencia le permitió **aceptar su muerte libremente** como la realización máxima de su misión reveladora y salvífica, convirtiéndola en un **supremo acto de amor**. ¿Cómo sabemos que Jesús previó su muerte? Se refleja, por un lado, en sus **predicciones de la pasión**, pero se evidencia también en el **itinerario de su vida**: su comportamiento general, su predicación y su conflicto temprano con las autoridades judías. Estos elementos proporcionan pruebas irrefutables de que Jesús era consciente de su inminente final.

En los **Sinópticos**, encontramos tres anuncios de la muerte y resurrección de Jesús (*Mc* 8,31; 9,31; 10,33-34 y paralelos). Dejando a un lado sus peculiaridades exegéticas, estos pasajes revelan que Jesús tenía conciencia de su próxima pasión, muerte y resurrección. Esta anticipación de su destino se manifiesta en palabras como: "El Hijo del hombre será entregado en manos de los hombres, lo matarán, pero después de tres días resucitará" (*Mc* 9,31).

Además de estos anuncios, la narrativa sinóptica recoge otros elementos importantes. Desde el comienzo, surge la polémica en torno al sábado, que se evidencia en eventos como la recolección de espigas y la curación de un hombre en sábado (*Mc* 2,1-3,6). Esto culminó en la alianza de los fariseos y los herodianos con el propósito de condenar a muerte a Jesús (*Mc* 3,6), en línea con la ley mosaica que prescribía la pena de muerte para quienes transgredieran el sábado (*Ex* 3,14). Además,

Jesús fue percibido como un endemoniado, un falso profeta y un blasfemo debido a su postura desafiante ante la Ley y las tradiciones, todas ellas acusaciones que conllevaban la pena de muerte. Sin embargo, la acusación más decisiva contra Jesús surgió a raíz de su acción de purificar el templo, un tema que se presentaría más tarde durante el proceso judío (*Mc* 14,58 par.).

Jesús no podía estar ajeno al posible destino que le aguardaba. Sus palabras en torno a su futuro martirio se reflejan en el enigmático pasaje: "Mientras el esposo está con ellos, no pueden ayunar. Pero llegará el día en que les será arrebatado el esposo, y entonces ayunarán" (*Mc* 2,19-20).

4.1.4. *El sentido que dio a su muerte*

Desde las primeras formulaciones de la fe cristiana, se profesa que Jesús murió "por nuestros pecados" (1 *Co* 15, 3; *Ga* 1, 4; *Rm* 5, 2; 8, 32; 1 *Ts* 5, 10; 2 *Co* 5, 15; 1 *P* 2, 21, etc.). Esta muerte, como resultado de su entrega, se refleja en la declaración: "El Hijo de Dios me amó y se entregó por mí" (*Ga* 2, 10). Surge la pregunta de si Jesús comprendió y aceptó su muerte como un acto de salvación para la humanidad.

> Algunos, como Bultmann, argumentan que la idea de la muerte salvífica de Jesús es mitológica y producto de la primitiva comunidad cristiana, ya que no se puede determinar cómo Jesús entendió su propia muerte. Según esta premisa, la comunidad formuló la noción de que Dios asumió la muerte de Jesús, sin que él fuera consciente de ello, para manifestar su misericordia hacia la humanidad pecadora. Esto, en esencia, reduciría a Jesús a un puro objeto instrumental de una acción que es exclusiva de Dios. Sin embargo, los datos de los evangelios desmienten esta interpretación.

¿Qué nos dicen los evangelios sobre el significado que Jesús atribuyó a su muerte? Un análisis de su vida pública muestra que entendía su existencia como un acto redentor, marcado por la cercanía a los pecadores y la identificación con el siervo de Yahvé, el pastor que sacrifica su vida por las ovejas. Además, evidencia una conciencia del valor salvífico de su propia muerte.

> El bautismo recibido de Juan marca el inicio de la llamada de Jesús a los pecadores (*Mc* 2, 7), mostrando su propósito de servir (*Lc* 22, 26-27) y rescatar a la humanidad. Jesús ha venido a "buscar lo que estaba perdido" (*Lc* 19, 10), y ahí se encuentra toda la humanidad sin excepción, a cuyo servicio se pone él mismo. En el texto llamado "**del rescate**" Jesús lo expresa claramente: "El que quiera ser grande entre vosotros sea vuestro servidor, y el que quiera ser el primero entre vosotros sea el servidor de todos. El Hijo del hombre no ha venido para ser servido sino para servir y dar su vida en rescate por muchos" (*Mc* 10, 43-45; *Mt* 20, 26-28). Otros pasajes claros son las palabras de Jesús sobre el **esposo** que les "será quitado" (*Mc* 2, 19-20) y del **pastor golpeado** (*Mc* 14, 27). El cuarto evangelio

es especialmente relevante, ya que Jesús revela su voluntad de autodonación, al vincular su muerte inminente con la venida del reino de Dios (*Mc* 14, 25), interpretando así su muerte como un acto salvador.

4.2. La resurrección de Jesús: hecho y significado

La muerte de Jesús y su resurrección están intrínsecamente vinculadas. Sin la resurrección, su muerte habría tenido un sentido meramente ejemplar, como la de Sócrates, pero nada más. A la luz de la resurrección, en cambio, su muerte adquiere un significado pleno de revelación del amor de Dios hacia la humanidad. Aunque son eventos distintos, la muerte de Jesús es un requisito para su resurrección que, a su vez, desafía la muerte al demostrar que no tiene la última palabra.

En nuestro estudio de la resurrección de Jesús abordamos primero su carácter histórico: algunas de las principales interpretaciones, el testimonio apostólico, el papel del sepulcro vacío y las apariciones, y el sentido en que la resurrección es "histórica". Luego, examinamos el significado teológico de este acontecimiento.

4.2.1. *Posturas sobre la resurrección de Jesús*

Dado que la resurrección es un hecho central del mensaje cristiano, no es sorprendente que las diferentes posturas teológicas hayan interpretado los textos evangélicos sobre este tema de diversos modos dependiendo de los propios presupuestos. En general, la mayoría de los planteamientos, excepto los de enfoque racionalista, aceptan la resurrección como misterio. Su principal diferencia radica en si consideran que la resurrección de Jesús fue un evento histórico real o no.

1. H. S. **Reimarus** (1694-1768) sostenía que los discípulos de Jesús robaron su cuerpo del sepulcro y luego anunciaron falsamente su resurrección a partir del sepulcro vacío. En una línea similar, *H. E. G.* **Paulus** (1761-1852) argumentaba que Jesús no murió realmente, sino que entró en un estado de catalepsia (muerte aparente) en el sepulcro y se despertó debido a circunstancias favorables, como la humedad y el frescor de la tumba. Ambas teorías han sido ampliamente descartadas, pero destacan indirectamente la importancia fundamental del sepulcro vacío en la narrativa de la resurrección de Jesús.

2. El teólogo protestante alemán R. **Bultmann** (1884-1976) considera que la resurrección no es un acontecimiento histórico como el de la cruz, sino que forma parte del **kerigma**, del anuncio posterior realizado por los discípulos. **Cristo**

habría resucitado en el kerigma, pero no en la realidad. La resurrección sería una descripción en lenguaje mitológico de que la muerte de Jesús en la cruz no es una muerte como las demás, sino una revelación de la salvación de Dios. En ese acto Dios juzga al mundo y le abre la posibilidad de llevar una vida auténtica. De esta manera, el misterio de la resurrección, desprovisto de toda densidad histórica, queda reducido a su mera significación salvífica. Según Bultmann, los relatos relacionados con la resurrección deben ser sometidos a un proceso de desmitificación para alcanzar su significado salvífico.

3. W. **Marxsen** (1919-1993) argumenta que las narraciones de la resurrección de Jesús arrancan de la conciencia pascual de la comunidad primitiva apoyada en una experiencia de *"visión"*. Por ejemplo, la convicción de **san Pablo** en la resurrección se apoyaría en esa experiencia de ese tipo, y no en una aparición real del Resucitado. Cuando afirma que "fue visto por mí", no quiere decir que hubiese visto a Jesús resucitado, sino solo significar que, a través de una experiencia original, la predicación cristiana que él rechazaba acabó por imponérsele. Otros testigos habrían tenido experiencias similares a través del sepulcro vacío y las apariciones. Marxsen sugiere que los discípulos interpretaron estas experiencias recurriendo a la tradición judía sobre la resurrección de los muertos al final de los tiempos. Según este autor, lo que estaría en el fondo de esta experiencia de los apóstoles es la afirmación de que **la causa de Jesús sigue adelante** –a pesar de su muerte– y que **debe continuarse mediante la predicación**. El planteamiento de Marxsen, al sostener la necesidad de una interpretación funcional de la resurrección de Jesús, hace que esta quede desprovista de su contenido histórico.

4. En una línea muy distinta a las anteriores, W. **Pannenberg** (1928-2014) destaca el carácter histórico de la resurrección de Jesús, argumentando que todo suceso histórico es real por el hecho de ser histórico. Según este teólogo protestante, la resurrección puede datarse y ubicarse en un lugar de Palestina, Jerusalén el sepulcro vacío, lo que la hace tan históricamente confiable como cualquier otro acontecimiento antiguo. Sin embargo, la propuesta de Pannenberg tiende a despojar la resurrección de Jesús de su carácter de misterio y de su significado más profundo. Como veremos más adelante, la resurrección, siendo un hecho histórico, trasciende a la historia: no es el retorno de Jesús a una historia mundana al estilo de la resurrección de Lázaro, sino la instalación de Jesús en una vida distinta; la resurrección es un acontecimiento escatológico que supera los límites de la historia entendida como sucesión cronológica de hechos experimentables (CEC 639).

Frente a las posturas que vacían de contenido real la resurrección de Jesús, la mayoría de los teólogos y muchos exegetas afirman su realidad histórica (G. O'Collins, *Jesús resucitado*), una convicción que pertenece a la fe de la Iglesia, que ha mantenido constante e inequívocamente la realidad corporal de la resurrección de Jesucristo.

Como señalo san Juan Pablo II, "**la fe en la resurrección** es desde el comienzo, una **convicción basada en un hecho**, en un acontecimiento real, y no en un mito o una «concepción», una idea inventada por los Apóstoles o producida por la comunidad pospascual (...) La fe cristiana en la resurrección de Cristo está ligada, pues, a un hecho, que tiene una **dimensión histórica** precisa" (*Discurso*, 1.02.1989).

4.2.2. *El testimonio apostólico*

La **afirmación más antigua** diseminada por el Nuevo Testamento hace referencia a la resurrección de Jesús: "**Cristo ha resucitado**" (*Rm* 6,9; 7, 4; 8, 34; 2 *Co* 5, 15; 1 *Ts* 1, 10; 4, 14; *Lc* 24, 4 además de los textos de *Hch*). Con esas palabras u otras semejantes se expone el núcleo del anuncio pascual. Pero al estudiar el testimonio apostólico sobre la resurrección de Jesús conviene dividir dos tipos principales, tal como lo presenta Benedicto XVI en su obra *Jesús de Nazaret*: la tradición en forma de confesión y la tradición en forma de narración.

a) **La tradición en forma de confesión** sintetiza el núcleo del acontecimiento de la resurrección de Jesús en enunciados breves y claros, fáciles de recordar y transmitir. Ejemplos notables de confesiones son el relato de los discípulos de Emaús (*Lc* 24,1-35), el pasaje de *Rm* 10,9 ("Si tus labios profesan que Jesús es el Señor y tu corazón cree que Dios lo resucitó, te salvará") y, especialmente, el texto de 1 *Co* 15, 3-5, que examinaremos a continuación.

b) **La tradición en forma de narración** ofrece relatos detallados de los encuentros de Jesús resucitado con sus discípulos. Estas narraciones proporcionan un testimonio visual y experiencial de la resurrección, ya que los discípulos ven y dialogan con Jesús resucitado. A diferencia de la tradición en forma de confesión en la que los testigos son solo hombres, en la tradición en forma de narración las mujeres tienen un papel decisivo.

El importante texto de 1 *Co* 15, 3-5 ofrece una síntesis desarrollada del anuncio y el significado de la resurrección de Jesús:

"Os transmití lo que a mi vez recibí:
que Cristo murió por nuestros pecados según las Escrituras;
que fue sepultado;
que resucitó al tercer día según las Escrituras;
que se apareció a Cefas y luego a los Doce..."

El texto recoge una fórmula de fe anterior, establecida posiblemente en torno a los **años 35-38**. El uso del **paralelismo sintético** (muerto y sepultado; resucitado y aparecido) y del **paralelismo antitético** (muerto y resucitado; sepultado y aparecido) muestra una intención de enumerar los hechos fundamentales del **kerigma** y, al mismo tiempo, la identidad perfecta entre el Jesús muerto y sepultado y el Cristo resucitado y aparecido. Este anuncio constituye la "buena noticia" sobre la que se fundamenta la fe: el "Evangelio que os he predicado y que habéis recibido, en el que os mantenéis firmes, y por el cual sois salvos si lo retenéis tal como yo os lo he anunciado" (1 *Co* 15, 1-2). Por otro lado, el texto se encuentra en un **contexto especial**: Pablo está interesado en subrayar, no tanto la resurrección de Cristo, sino la resurrección de los creyentes. La referencia a la resurrección de Cristo aparece aquí como algo dado por supuesto, un hecho muy bien conocido sobre el que no es necesario insistir. De este modo, 1 *Co* 15, además de contener el **texto más antiguo sobre la resurrección de Cristo**, orienta a no quedarse en el acontecimiento mismo sino a ir más allá, a la significación que posee para la vida cristiana.

Por otro lado, san Pablo habla de las apariciones de Jesús resucitado empleando el **verbo "ophté"** ("fue visto", "apareció"), que se refiere a percepciones reales y externas al sujeto, y no a sueños o ilusiones (*Hch* 16, 9). Hace un amplio elenco de los que han visto al Resucitado: Pedro (*Lc* 24, 34), a los Doce apóstoles (*Lc* 24, 36-43; *Jn* 20, 19-23) y a otros muchos. El Apóstol no menciona explícitamente las apariciones a las mujeres, probablemente porque su testimonio carecía de valor en la mentalidad hebrea de su tiempo.

También se debe prestar atención a los relatos de los **Sinópticos** y de **san Juan**. No se trata de relatos del hecho de la resurrección de la que no hay testigos sino de los hechos ocurridos antes y después de la resurrección, atestiguados por los que los vivieron. **Antes de la resurrección**, el hecho fundamental es que Jesús murió realmente y fue sepultado. **Después de la resurrección**, los hechos fundamentales que se relacionan con ella son que el sepulcro de Jesús estaba vacío, y que los discípulos vieron en diversas ocasiones a Jesús resucitado.

El relato de la resurrección de **Marcos** influyó en los de Mateo y Lucas. En *Mc* 16, 1-8, tres mujeres (María Magdalena, María de Santiago y Salomé) se dirigen al sepulcro de Jesús para embalsamar su cuerpo. Al llegar, se dan cuenta de que la gran piedra que cerraba la entrada ya está apartada. Un joven dentro del sepulcro les dice que Jesús ha resucitado y no está allí, y les encarga que anuncien a los discípulos y a Pedro que el Resucitado irá delante de ellos a Galilea, donde lo verán. Las mujeres, llenas de temor y asombro, huyen del sepulcro sin contarle a nadie lo sucedido, debido a su miedo. El relato de Marcos refleja la reacción de asombro y miedo ante el misterio (J. Caba, *Resucitó Cristo, mi esperanza*). En todo caso, el evangelista recoge una tradición anterior en la que se afirma **la ida de las mujeres a la tumba**, el descubrimiento del **sepulcro vacío**, el **anuncio del ángel** y la **huida del sepulcro**.

Mateo (28, 1-8) presenta un relato de marcado carácter apologético. Incluye elementos apocalípticos como un terremoto, un ángel que mueve la piedra del sepulcro y soldados que quedan asustados (*Mt* 28, 2-4). Junto con los elementos comunes como el mensaje del ángel a las mujeres, la invitación a comprobar la ausencia del cadáver y el encargo de informar a los discípulos, Mateo agrega detalles como el sepulcro sellado y custodiado (*Mt* 27, 62-66) y el soborno de los soldados por parte de los sacerdotes (*Mt* 28, 11-15). Además, relata dos apariciones de Jesús: una a las mujeres (28, 9-10) y otra a los once discípulos, algunos de los cuales vacilaron (28, 16 ss).

En el evangelio de **Lucas**, los ángeles anuncian la resurrección de Jesús a las mujeres, lo que sirve para resaltar la **realidad corpórea** del Resucitado y el valor de los **testigos**. Jesús demuestra su corporeidad al comer (24,28), permitir que lo vean y toquen (24, 39), y conversar con los discípulos (24, 15. 25). Sin embargo, los discípulos no lo reconocen de inmediato (24, 16). Lucas expone **diversos grados de personas** a quienes se mostró Jesús: las mujeres, Pedro, los discípulos de Emaús y los Once. Para Lucas, el testimonio directo de los apóstoles, que proviene del contacto directo con Cristo, es el fundamento de la fe de la Iglesia. En los Hechos de los Apóstoles lo recuerda señalando las palabras de Jesús antes de su ascensión a los cielos ("Vosotros sois mis testigos", *Hch* 24, 28) y recordando que el sustituto de Judas debe ser "testigo de su resurrección" (*Hch* 1, 22).

El evangelio de **Juan** presenta varias apariciones de Jesús resucitado, comenzando con María Magdalena, Pedro y "el otro discípulo" (refiriéndose a sí mismo). La relación entre *ver* y *creer* se presenta como el núcleo del testimonio joaneo. Juan "vio y creyó" (20, 8); María "vio" al Maestro (20, 14); los discípulos "se alegraron al ver al Señor" (20, 20) y cuentan a Tomás que han visto al Señor (20, 24). Tomás, por su parte, exige ver y tocar la señal de los clavos para creer (v. 25). La conclusión del relato es: "Dichosos los que sin ver creyeron" (v. 29). Junto al "ver", el cuarto evangelio introduce la nota del amor, que aparece más sugerida que explicitada, pero gracias a la cual se verifica plenamente el alcance de la resurrección.

En resumen, los textos del Nuevo Testamento presentan una visión realista de la resurrección con estos elementos clave:

1) Insistencia en que el Señor ha resucitado verdaderamente;

2) Testimonio de que Jesús se ha dejado ver y ha sido efectivamente visto por sus discípulos y por otros testigos;

3) Acuerdo en el hecho de que el sepulcro donde había sido puesto el cuerpo del Crucificado estaba después vacío;

4) Descripción de los efectos de la Pascua que se encierran en el **kerigma** primitivo.

Al mismo tiempo, cada texto mantiene su identidad propia. Marcos enfoca el aspecto de misterio; Mateo enfatiza el dato apologético; Lucas destaca la función de los testigos; Juan subraya la importancia de "ver"; y Pablo ofrece el testimonio más antiguo de la profesión de fe. Todos intentan expresar en lenguaje humano un hecho real y concreto que es, al mismo tiempo, inefable. (R. Fisichella, *La revelación, evento y credibilidad*).

* * *

Del testimonio apostólico se deduce que la fe en la resurrección es, desde el principio, una convicción basada en un hecho: un acontecimiento real. Conviene tener en cuenta que los que testifican haber visto a Jesús resucitado son los mismos apóstoles que se ocultaron decepcionados y llenos de temor después de la muerte terrible y humillante de su Maestro. No esperaban su resurrección como tampoco esperaban su muerte ignominiosa, pues no comprendían las Escrituras (*Lc* 24, 25). Y por eso mismo no pudieron inventarla.

4.2.3. *El sepulcro vacío y las apariciones*

La apologética clásica intentaba demostrar la resurrección basándose en el **sepulcro vacío** y las **apariciones**, pero esto a menudo simplificaba los textos bíblicos y limitaba su significado, que tiene mayor alcance que el de proporcionar simples argumentos a favor de la resurrección, aunque sea al servicio de la verdad de fe. Sin embargo, estos hechos guardan una **relación estrecha con la fe** en la resurrección, ya que atestiguan que fue un evento real: no producen la fe en Jesús resucitado, pero son en todo caso requeridos para atestiguar el carácter de acontecimiento real de la resurrección.

> Concretamente, el simple hecho de un sepulcro vacío no constituye una prueba definitiva de la resurrección, ya que podría explicarse de varias maneras (como, por ejemplo, porque Jesús en realidad no hubiera sido enterrado allí; o no hubiera muerto realmente; o porque su cadáver hubiera sido robado, etc.). Sin embargo, un sepulcro ocupado por el cadáver de Jesús desafiaría la realidad de la resurrección como un evento cósmico. Lo mismo se aplica a las apariciones ya que, si nadie hubiera visto a Jesús resucitado, no podríamos hablar de su resurrección.

El sepulcro vacío y las apariciones son **signos en el orden fenoménico** que apuntan a la resurrección de Jesús, y existe una estrecha relación entre ellos. El hecho del sepulcro vacío se aclara a través de las apariciones de Jesús, y a su vez, el sepulcro vacío respalda las apariciones. Estos dos elementos son como los **efectos de la resurrección de Jesús** y representan las **comprobaciones más próximas** a ese acontecimiento. Aunque la resurrección dada su naturaleza de misterio, no tuvo ni podía tener testigos, estos efectos pueden conducirnos a su causa.

a) Las apariciones

Tres datos esenciales se desprenden del testimonio unánime del Nuevo Testamento sobre las apariciones de Jesús resucitado:

1. El que se aparece **no es un fantasma**. Las apariciones ocurren en un contexto histórico concreto, aunque la descripción del Resucitado no sea susceptible de una narración puramente humana.

2. El Resucitado es **el mismo Jesús, el Maestro**, a quien los discípulos conocían y con quien habían convivido, pero goza una *libertad* que refleja una nueva forma de vida: se hace ver cuando quiere y no está sometido como antes a las leyes físicas.

3. Los discípulos **tuvieron una experiencia real y física de las apariciones**. Vieron a Jesús, como afirma santo Tomás, *"oculata fide"*, es decir, con ojos de creyentes, pero de modo auténtico y real (Santo Tomás de Aquino, *Suma Teológica*, III, q. 55, a. 2 ad 1). El haber visto a Jesús resucitado les legitimó para la misión de ser testigos de la resurrección (1 *Co* 9, 1). Las apariciones pertenecen al corazón del mensaje cristiano: "A ese Jesús, Dios lo ha resucitado, de lo cual todos nosotros somos testigos" (*Hch* 2, 32).

b) El sepulcro vacío

El sepulcro vacío no se presenta como prueba directa de la resurrección en los Evangelios, pero su valor radica en confirmar la certeza histórica de la muerte real de Jesús y su enterramiento en un lugar conocido, hechos que no se pueden cuestionar seriamente hoy. Aunque no demuestra la resurrección, el sepulcro vacío tiene un papel importante en la fe, en primer lugar, por su papel como **criterio negativo**, al demostrar que el cuerpo muerto no permaneció en su lugar. Además, tanto para la comunidad primitiva de Jerusalén como para los creyentes actuales, el sepulcro vacío es una señal convincente de la verdad de la predicación apostólica sobre la resurrección (J. Caba, *Resucitó Cristo, mi esperanza*).

> El sepulcro vacío no solo tiene un significado elocuente para la comunidad que ya creía, sino que también simboliza el **puente de unión** entre el Crucificado que fue puesto en el sepulcro y el Resucitado que lo abandonó, destacando su identidad. Los textos sobre el sepulcro vacío no se limitan a constatar el vacío en la tumba, sino que enfatizan la apertura de la tumba y el sujeto que la abrió, simbolizando la derrota de la muerte y la acción salvífica de Dios que liberó a Jesús de ella (*Hch* 2, 24; 1 *Co* 15, 54-55).

4.2.4. *¿En qué sentido es histórica la resurrección de Jesús?*

La **historicidad** de la resurrección es un tema que ha generado un gran debate, entre otras cosas porque el término "historicidad" puede prestarse a equívocos. Algunos autores, siguiendo posturas influenciadas por Bultmann, argumentan que la resurrección no es un hecho histórico, ya que consideran que pertenece exclusivamente al ámbito de la fe y, por lo tanto, no puede ser verificada históricamente. Otros afirman firmemente la realidad de la resurrección, incluso desde una perspectiva histórica, pero evitan calificarla como un "hecho histórico" al pensar que el momento de la resurrección y la persona de Jesús resucitado escapan a una comprobación histórica rigurosa por trascender la realidad espacio-temporal propia de la historia.

Para responder adecuadamente a la pregunta de en qué sentido es histórica la resurrección de Jesús, es necesario mantener al mismo tiempo dos tesis:

La resurrección es un **hecho real, independiente del modo subjetivo como es vivido** por los creyentes, que da lugar a manifestaciones también independientes de la fe;

La resurrección es un acontecimiento **meta-histórico**, trasciende la historia, es decir, **no es el retorno de Jesús a la vida en este mundo**, sino su ingreso en una realidad diferente, a través de la anticipación escatológica de los tiempos finales y definitivos que todos los seres humanos experimentarán en la resurrección final.

> La fe en la resurrección se basa en la realidad del Resucitado, no en meras palabras. Jesús vive plenamente después de su muerte, no solo en el pensamiento y recuerdo de los creyentes, sino en una existencia real. El testimonio de los discípulos no se debe a alucinaciones, sino en un real "haber visto" en el orden físico (CEC 643). A diferencia de la resurrección de Lázaro, la resurrección de Jesús no es un retorno a la vida terrenal; es un evento que trasciende las categorías puramente históricas y espacio-temporales, lo que impide la verificación histórica directa debido a la falta de testigos presenciales. La resurrección es un **acontecimiento escatológico** que marca el inicio de una nueva vida divina y definitiva, trascendiendo los límites de la historia entendida como sucesión cronológica de hechos o como serie de acontecimientos experimentalmente documentables o verificables (W. Kasper, *Jesús, el Cristo*).

Asentados los dos principios anteriores queda implícitamente respondida la cuestión sobre el carácter histórico de la resurrección de Jesús: **la resurrección de Jesús es histórica en cuanto es real, es decir, resurrección corporal, con manifestaciones en el ámbito de la verificación histórica.**

> La resurrección de Jesús es un hecho definitivo que va más allá de la cronología y contiene el sentido más profundo de la historia. El enfoque positivista, que ve la historia como una mera comprobación de datos y hechos materiales, limita la comprensión de la resurrección, que es una realidad más densa y rica. Para comprender la resurrección de Jesús en su contexto histórico, es necesario ampliar nuestra concepción de lo histórico y situar la resurrección en el marco de la historia de

la salvación divina. La investigación histórica puede mostrar la veracidad de los relatos, pero la percepción plena del valor de la resurrección requiere fe y amor.

4.2.5. *Significado de la resurrección de Jesús*

Tras examinar la dimensión histórica de la resurrección de Jesús, es esencial considerar su **significado**. Además de ser un signo de la intervención divina y una acreditación de la vida y la misión de Jesús, la resurrección también tiene un alcance **revelador** y **salv*ífico***. Podemos resumir su significado en cuatro aspectos clave:

1) La resurrección de Jesús es la respuesta de Dios Padre a su entrega redentora, y la **manifestación de su gloria de Hijo** amado de Dios.

> La resurrección no solo confirma a Jesús como Señor, sino que también revela su gloria como Hijo único de Dios (*Rm* 1, 3-4). La naturaleza divina de Jesús, oculta durante su vida terrena, se manifiesta con claridad en la resurrección, donde Jesús se manifiesta como el Hijo amado del Padre, cumpliendo así el plan eterno de Dios.

2) La resurrección es la **culminación de la historia de la salvación** y la revelación plena de Dios.

> A la luz de la resurrección, toda la revelación adquiere su sentido último, especialmente la pasión y muerte de Jesús como entrega al Padre por amor a los hombres. La fe en la resurrección plantea al hombre una elección fundamental: vivir la vida de Jesús, lo que implica compartir su muerte, o aferrarse a los bienes terrenales, persistiendo en la vida del el "hombre viejo" (2 *Co* 4, 8-11).

3) La resurrección de Jesús es **principio de salvación y de vida nueva**. Tiene, por tanto, un carácter salvífico, unida a su pasión y muerte.

> San Pablo, apoyándose en las Escrituras, enfatiza que Jesús "fue entregado por nuestros pecados y resucitó para nuestra justificación" (*Rm* 4, 25). La resurrección de Cristo, como principio de vida nueva para la humanidad, se refleja en pasajes como el de Efesios 2, 5-6 y Colosenses 2, 13, donde se destaca que el cristiano nace a la vida de Cristo resucitado. Además, a través del bautismo, nace a la vida de Cristo resucitado (*Rm* 6, 1-11). En consecuencia, aquel que ha resucitado con Cristo debe vivir para las cosas de arriba donde está Cristo a la derecha de Dios (*Col* 3, 1).

4) La resurrección de Jesús es un **acontecimiento escatológico**, por ser la intervención definitiva de Dios y anticipación en la historia de las realidades últimas.

> Con su resurrección corporal y su manifestación a los discípulos, Jesucristo revela el destino glorioso del universo y de los hijos de Dios. La resurrección aparece

como **plenitud de la entera creación** y, al mismo tiempo, como **fundamento de la esperanza** en nuestra propia resurrección a la vida eterna, "principio y fuente de nuestra resurrección futura" (CEC, 655; 1 *Co* 15, 20-22; *Flp* 3, 11; 2 *Tm* 2, 11).

Ejercicio 1. Vocabulario

Identifica el significado de las siguientes palabras y expresiones usadas en el tema:

- Título cristológico
- "Secreto mesiánico"
- *halaká*

- "Yo enfático"
- Acontecimiento meta-histórico

Ejercicio 2. Guía de estudio

Contesta a las siguientes preguntas:

1. ¿Qué título cristológico prefiere usar Jesús? ¿Por qué?
2. Actitud de Jesús ante el título de "Mesías".
3. El "estilo" de Jesús de cara a la credibilidad de su persona y de su mensaje.
4. ¿Por qué al examinar la credibilidad de la revelación es importante el estudio de la conciencia de Jesús?
5. Describir algunos aspectos donde se manifiesta la autoridad única de Jesús, de los que se pueda deducir la conciencia que tenía de su filiación divina.
6. ¿Murió Jesús realmente en la cruz? ¿Por qué fue condenado? ¿Previó Jesús su propia muerte? ¿Qué sentido le otorgó?
7. Contexto y contenido del texto paulino 1 *Co* 15, 3-5, sobre la resurrección de Jesús.
8. ¿Qué papel tienen el sepulcro vacío y las apariciones en referencia a la credibilidad de la resurrección de Jesús?
9. ¿En qué sentido es histórica la resurrección de Jesús?
10. ¿Cuál es el significado teológico de la resurrección de Jesús?

Ejercicio 3. Comentario de texto

Lee el siguiente texto y haz un breve comentario personal utilizando los contenidos aprendidos en el tema:

«Quien se acerca a los relatos de la resurrección con la idea de saber lo que es resucitar de entre los muertos, sin duda interpretará mal estas narraciones, terminando luego por descartarlas como insensatas. Rudolf Bultmann ha objetado a la fe en la resurrección que, aunque Jesús hubiera salido de la tumba, se debería decir no obstante que "un acontecimiento milagroso de esta naturaleza, como es la reanimación de un muerto" no nos ayudaría para nada y, desde el punto de vista existencial, sería irrelevante (cf. *Neues Testament und Mythologie*, p. 19).

» Efectivamente, si la resurrección de Jesús no hubiera sido más que el milagro de un muerto redivivo, no tendría para nosotros en última instancia interés alguno. No tendría más importancia que la reanimación, por la pericia de los médicos, de alguien clínicamente muerto. Para el mundo en su conjunto, y para nuestra existencia, nada hubiera cambiado. El milagro de un cadáver reanimado significaría que la resurrección de Jesús fue igual que la resurrección del joven de Naín (cf. *Lc 7,1117*), de la hija de Jairo (cf. *Mc 5,22-24.35-43* par.) o de Lázaro (cf. *Jn 11,1-44*). De hecho, estos volvieron a la vida anterior durante cierto tiempo para, llegado el momento, antes o después, morir definitivamente.

» Los testimonios del Nuevo Testamento no dejan duda alguna de que en la "resurrección del Hijo del hombre" ha ocurrido algo completamente diferente. La resurrección de Jesús ha consistido en un romper las cadenas para ir hacia un tipo de vida totalmente nuevo, a una vida que ya no está sujeta a la ley del devenir y de la muerte, sino que está más allá de eso; una vida que ha inaugurado una nueva dimensión de ser hombre. Por eso, la resurrección de Jesús no es un acontecimiento aislado que podríamos pasar por alto y que pertenecería únicamente al pasado, sino que es una especie de "mutación decisiva" (por usar analógicamente esta palabra, aunque sea equívoca), un salto cualitativo. En la resurrección de Jesús se ha alcanzado una nueva posibilidad de ser hombre, una posibilidad que interesa a todos y que abre un futuro, un tipo nuevo de futuro para la humanidad». J. Ratzinger - Benedicto XVI, *Jesús de Nazaret, Desde la entrada en Jerusalén hasta la resurrección*, Encuentro 2011, (extracto del cap. 9: "La resurrección de Jesús entre los muertos"), 283-284.

TEMA 10

LA CREDIBILIDAD DE LA IGLESIA DE CRISTO

Si en los temas anteriores hemos visto que Cristo es el signo primordial y, en cierto modo, único de la credibilidad de la revelación, ahora abordaremos dónde puede encontrarse la imagen verdadera de Cristo en nuestra época. Es en la Iglesia donde perdura la memoria de Cristo y su acción a lo largo de los siglos. La Iglesia no nos muestra a Cristo como un mero personaje del pasado, sino como el Señor resucitado que permanece presente en la vida de las personas.

La *Iglesia* es un signo especial de credibilidad por ser la Iglesia *de Cristo*, lo que significa que transmite y encarna la acción de Cristo a través de los tiempos. Entre Cristo y la Iglesia existe una relación esencial: **Cristo es el origen y fuente de la Iglesia**; **la Iglesia**, por su parte, **a través de su testimonio y de su predicación**, es la que **permite acceder a Cristo**. A pesar de las dificultades y debilidades humanas presentes en quienes formamos la Iglesia, su significado como signo de la revelación y la salvación de Dios se clarifica cuando se entiende en relación con Cristo, y no de manera aislada.

> Para este tema conviene leer atentamente los nn. 748-870 del *Catecismo de la Iglesia Católica*.

SUMARIO

1. La comprensión de la Iglesia en la historia · **2. El origen y la fundación de la Iglesia** 2.1. Enseñanzas del magisterio de la Iglesia 2.2. "Hechos fundacionales" de la Iglesia 2.3. Cristo y el Espíritu Santo en el origen de la Iglesia · **3. La verdadera Iglesia de Cristo** · **4. La Iglesia como signo de revelación y de salvación** · **5. La santidad de la Iglesia** 5.1. Iglesia santa 5.2. El signo de la santidad de la Iglesia

Hasta el siglo XVI, la relación entre la Iglesia católica y Cristo era un postulado generalmente indiscutible, compatible con la convicción común de que la Iglesia es también una realidad humana y que, como tal, está siempre necesitada de reforma (*Ecclesia semper reformanda*). La Reforma protestante no cuestionó esta relación original, pero sí la fidelidad de la Iglesia histórica a la misión de Cristo.

La eclesiología católica postridentina reaccionó contra la protestante tratando de demostrar que la Iglesia católica, con toda su estructura institucional, cumplía los requisitos para ser **la verdadera Iglesia de Cristo**.

> El cardenal jesuita **Roberto Belarmino** (1542-1621), por ejemplo, resaltó el carácter visible y jerárquico de la Iglesia, definiéndola como "la sociedad de los hombres en marcha hacia su patria, unida por la profesión de la misma fe cristiana y por la comunión en los mismos sacramentos, bajo la autoridad de los pastores legítimos, y en particular del Soberano Pontífice". Esta acentuación de lo institucional llevó a afirmar que la Iglesia era una sociedad "tan palpable y visible como el pueblo romano, el reno de Francia o la república de Venecia" (*De controversiis*, 1, II, 2).

Para demostrar que la Iglesia católica era la verdadera Iglesia de Cristo, se utilizaron dos vías de argumentación. La **vía histórica**, basada en una demostración de tipo histórico, se enfocó en el primado del papa (*via primatus*), tratando de evidenciar la voluntad de Jesús de instituir a Pedro como cabeza visible de la Iglesia y la legitimidad del papa como su sucesor. La **vía de las notas** (*via notarum*) se centró en las notas o características esenciales de la Iglesia, que con el tiempo quedaron reducidas a las cuatro notas del Símbolo de la fe.

El **Concilio Vaticano I** abordó principalmente el tema del primado y la infalibilidad del papa, sin desarrollar una enseñanza específica sobre la Iglesia. No obstante, se incluyó la llamada **vía empírica**, una contribución del arzobispo de Malinas, Mons. Deschamps, en la que la Iglesia en sí misma, como es de hecho, es presentada como un motivo de credibilidad (*Dei Filius*, 3).

En la época del **modernismo**, la aplicación del método crítico a los evangelios cuestionó la argumentación apologética a parir de las **vías**, especialmente de la vía histórica. Al **contraponer reino de Dios e Iglesia**, algunos autores afirmaron que la formación de esta última se debió a los discípulos, puesto que el Jesús histórico solo habría predicado el reino de Dios. Esta idea, surgida en el protestantismo liberal (Harnack) influyó también en algunos autores católicos (Tyrrell, Loisy) y, de una forma o de otra, continúa presente en la actualidad.

La **respuesta de la apologética** fue afirmar la fundación de la Iglesia por el Jesús histórico mediante actos explícitos. Al responder así, sin embargo, aceptaban de alguna manera la separación modernista entre el Jesús histórico y el Cristo glorioso, lo que dificultaba la adecuada presentación de la acción del Espíritu Santo en la concreción histórica de la voluntad de Jesús con respecto a la Iglesia.

El **Concilio Vaticano II**, en particular en la constitución dogmática *Lumen gentium*, ha modificado la perspectiva en la comprensión de la Iglesia. En lugar de centrarse en la Iglesia en sí misma, ha enfocado el misterio de la Iglesia en relación con Cristo y la Trinidad, presentándola como un "**sacramento universal de salvación**" (LG 48). Se destaca la unidad de los aspectos visibles e invisibles de la Iglesia, a imagen del misterio del Verbo encarnado. También introduce la noción de la "**Pueblo de Dios**" (LG 9) para evitar el riesgo de deriva jerarcológica de alguna teología anterior al concilio.

La "eclesiología fundamental" estudia la Iglesia en cuanto realidad que ayuda a suscitar la fe en Jesucristo, a la vez que muestra tensión entre presente y futuro su propia credibilidad como transmisora e intérprete de la revelación. La credibilidad de la Iglesia se ha de estudiar en dos niveles: en primer lugar, su **origen** en Dios, así como su **fundación** a partir de la voluntad y la acción de Jesús; en segundo lugar, su **significatividad** en relación a Cristo y la salvación, es decir, cómo la Iglesia hace presente, en el aquí y en el ahora de la historia, a Jesucristo y el plan salvífico de Dios.

2. El origen y la fundación de la Iglesia

Para que la Iglesia sea creíble se debe llegar a constatar que proviene de Dios, y para ello hay que estudiar primeramente su origen y fundación.

> Ambos aspectos origen y fundación deben considerarse en la eclesiología para evitar simplificaciones en la comprensión del nacimiento de la Iglesia. Cuando hablamos de **origen de la Iglesia**, expresamos que la Iglesia no apunta a sí misma, sino al principio del que procede: el amor de Dios Padre que entrega a Cristo y, por medio del Espíritu Santo, se comunica a los hombres para ofrecerles la salvación. Cuando nos referimos a la **fundación de la Iglesia** por Jesucristo, señalamos que **la Iglesia fue prevista, querida e iniciada por Jesús durante su vida terrena**. Esta afirmación puede precisarse añadiendo, por un lado, que la Iglesia depende en su ser de la acción histórica de Jesús y, por otro lado, que la configuración actual de la Iglesia no es simplemente el resultado de la intención y las acciones de Jesús, sino también fruto de la acción del Espíritu Santo.

A continuación, examinaremos tres aspectos fundamentales relacionados con el origen y la fundación de la Iglesia: las enseñanzas del magisterio sobre este tema; los "hechos fundacionales", o elementos principales de la actividad de Jesús en relación a la Iglesia; y el origen trinitario de la misma Iglesia.

2.1. Enseñanzas del magisterio de la Iglesia

A lo largo de la historia, el magisterio de la Iglesia ha tratado la cuestión del origen de la Iglesia en Cristo. El **Concilio de Vienne** (1312) hizo una afirmación explícita sobre la Iglesia nacida del costado abierto de Cristo en la cruz. Por su parte, **san Pío X** respondió a las doctrinas modernistas sobre el origen pospascual de la Iglesia al afirmar que esta fue fundada directamente por el Cristo histórico. Más tarde, la Encíclica *Mystici Corporis* (1943) de **Pío XII** matizó una visión excesivamente jurídica de la Iglesia al presentar a la Iglesia como **Cuerpo místico de Cristo**.

> La imagen de la Iglesia como "Cuerpo místico de Cristo", junto con la de "Pueblo de Dios" y la de "sacramento universal de salvación" – provenientes estas últimas del Vaticano II, han sido los ejes de la eclesiología contemporánea, y también los que han permitido afrontar de una nueva forma la cuestión de la fundación de la Iglesia.

El **Concilio Vaticano II**, a pesar de su amplio enfoque en la Iglesia, ha abordado la cuestión de su fundación de manera breve en tres textos. En *Lumen gentium* 5, se destaca que "el misterio de la Iglesia se manifiesta en su fundación" (n.1), haciendo referencia a "los dones de su Fundador" (n.2). La constitución pastoral *Gaudium et spes* también menciona la fundación de la Iglesia por Cristo en un contexto trinitario (GS 40). Por su parte, en el Decreto *Ad Gentes* 5, se señala que Jesús, antes de ascender al cielo, estableció su Iglesia como un sacramento de salvación. Esta misma sobriedad en las referencias a la fundación de la Iglesia aparecen en el *Catecismo de la Iglesia Católica*, que destaca que la Iglesia está "fundada sobre las palabras y obras de Cristo" (n.778) y enfatiza el papel de los apóstoles como "piedras de fundación de la Iglesia" (n.642). La Comisión Teológica Internacional también se ha ocupado de la fundación de la Iglesia en dos documentos: "Temas selectos de eclesiología" (1984) y "La conciencia que Jesús tenía de sí mismo y de su misión" (1985).

2.2. "Hechos fundacionales" de la Iglesia

El concepto de "fundación" es limitado para expresar el inicio de la Iglesia, ya que apunta a un acto externo y jurídico que no abarca completamente su dimensión de misterio. La investigación sobre la fundación de la Iglesia no consiste, por tanto, en la búsqueda de un acto formal y explícito de Jesús mediante el cual la Iglesia quedó constituida en su estructura y en sus rasgos fundamentales. Se debe hablar, más bien, de "actos de Cristo en orden con la fundación de la Iglesia" o "actos fundacionales de la Iglesia".

Mediante estos actos, se pone de manifiesto la intención, previsión y acción de Jesús sobre la Iglesia. Estos actos no pueden separarse, sin embargo, de los actos del Resucitado y de la acción del Espíritu Santo en Pentecostés, pues todos ellos forman una unidad. Por eso, **Jesús** es **fundador** de la Iglesia, pero también **fundamento**.

¿Cuáles son los actos de Jesús relacionados con el comienzo de la Iglesia? La Comisión Teológica Internacional ("Temas selectos de eclesiología", 1984) plantea que **toda la acción y todo el destino de Jesús constituyen, en cierta manera, la raíz y el fundamento de la Iglesia**. De este modo, **es posible reconocer en la acción de Jesús una serie de actos a través de los cuales se pone de manifiesto y se transparenta su intención sobre la Iglesia.**

Algunos de los actos más importantes que expresan la intención de Jesús con respecto a la Iglesia son los siguientes: su predicación sobre el reino de Dios, que presupone las promesas del Antiguo Testamento que conciernen al pueblo de Dios; el llamamiento general a la conversión, acompañado y especificado como invitación a creer en Él; la vocación e institución de los "Doce"; el cambio de nombre de Simón-Pedro, su puesto privilegiado en el círculo de los discípulos y su misión específica; el hecho de que al instituir la Cena y afrontar su pasión y muerte resalta el señorío universal de Dios y el don de la vida que ofrece a todos. Tras la resurrección de Jesús destacan estos elementos esenciales: la reconstrucción de la comunidad entre Jesús y sus discípulos, así como el inicio de la vida propiamente eclesial; el envío del Espíritu Santo en Pentecostés; la misión con respecto a los paganos; y la ruptura radical entre el "verdadero Israel" y el judaísmo.

> Aunque **ninguno de estos actos tomado aisladamente es totalmente significativo**, **todos ellos en conjunto muestran que la fundación de la Iglesia es un proceso histórico de revelación** en el que la Iglesia terrestre misma es ya el lugar de reunión del pueblo escatológico de Dios. Esto implica que la Iglesia continúa la misión confiada por Jesús a sus discípulos y puede considerarse el germen y el comienzo en la tierra del Reino de Dios y de Cristo (LG 5).

> Estos "hechos fundacionales" de Jesús hacen razonable, desde un punto de vista histórico, que la Iglesia no sea simplemente el resultado de decisiones humanas posteriores a la resurrección, sino una realidad que Jesús quiso, previó y comenzó a desarrollar durante su ministerio en medio de Israel.

De entre todos estos hechos que manifiestan la voluntad de Jesús sobre la Iglesia, analizaremos los siguientes: la predicación del reino de Dios, la voluntad de reunir al pueblo de Dios, la institución de los Doce, la vocación de Pedro, y el significado de la Cena y de la cruz.

a) El reino de Dios

El mensaje central de la predicación de Jesús es el **anuncio del reino de Dios** y la invitación a acogerlo. Contrariamente a lo que algunos autores han sugerido erróneamente, de este hecho no se desprenden conclusiones necesarias sobre el origen de la Iglesia (J. Collantes, *La Iglesia de la Palabra*, I). La confusión surge al tratar de determinar el momento en que Jesús situaba la llegada del reino a partir de los textos evangélicos. Hay textos que sugieren una proximidad inminente (*Mc* 9,1; 13, 30; y *Mt* 10, 23, con sus variantes en *Lc* 9, 27 y *Mt* 16, 28), otros apuntan hacia un reino futuro (*Mt* 6, 10; también imagen del banquete, *Mt* 8, 11, y del vino nuevo, *Mc* 14, 25 y par.) y, por último, algunos indican que el reino de Dios ya ha llegado (el más claro, *Lc* 11, 20: "el reino de Dios ha llegado ya a vosotros"). Estas interpretaciones pueden variar según el contexto y deben considerarse con precaución en la exégesis de los evangelios.

> Se discute si la pronta llegada del reino de Dios excluye la posibilidad de una Iglesia con una misión universal. Esta perspectiva plantea dificultades y contradice la idea de Jesús sobre su misión. La **Comisión Teológica Internacional** ("La conciencia que Jesús tenía de sí mismo", 1985) señala: "Jesús conocía el fin de su misión: anunciar el Reino de Dios y hacerlo presente en su persona, sus actos y sus palabras para que el mundo sea reconciliado con Dios y renovado" (Prop. 2). Textos difíciles como *Mt* 10, 23 y Mc 9, 1, que apuntan a un fin próximo, se explican como recursos literarios que no indican una espera inminente del reino por parte de Jesús, sino que más bien pretender señalar la seriedad de una situación, en la misma línea en que el estilo profético se refería a la proximidad temporal del "día de Yahvé. En el caso de *Mt* 10, 23 ("No habréis terminado vuestra misión en las ciudades de Israel cuando vendrá el Hijo del hombre"), la proximidad del reino habría que entenderla en el contexto de la misión de los discípulos y simbolizaría las dificultades que se encontrarán en su ministerio.

Una interpretación adecuada de los textos demuestra que no es objetiva la contraposición entre el reino y la Iglesia (J. Ratzinger, *La Iglesia. Una comunidad siempre en camino*). Según la concepción judía, el reino de Dios consiste en reunir y purificar a los hombres. Para Jesús, el "Reino de Dios" no representa un lugar o cosa, sino el obrar actual de Dios. Por eso, la afirmación programática de *Mc* 1, 15 ("Ha llegado el reino de Dios") podría traducirse por "Dios ha llegado". De este modo se ve la **conexión del reino con la persona de Jesús**:

Él mismo es la proximidad de Dios. Donde está Jesús allí está el reino. "Cuando Jesús predica el Reino de Dios no anuncia simplemente la gran mutación escatológica; convoca primeramente a los hombres para entrar en el Reino" (Comisión Teológica Internacional, "La conciencia que Jesús tenía de sí mismo"). Y Jesús ha venido a reunir a los que estaban dispersos (*Jn* 11, 52; *Mt* 12, 30), a reunir el nuevo pueblo.

b) *El nuevo pueblo de Dios*

Jesús establece con Israel una relación original, buscando transformar a ese pueblo escogido en el pueblo definitivo de Dios mediante la predicación y la aceptación del Mesías. Su intención no es crear una comunidad separada, sino lograr la conversión de Israel.

> Algunos argumentan que, como Jesús nunca intentó establecer una Iglesia separada de Israel, la Iglesia se habría originado después de la resurrección, cuando los discípulos notaran el rechazo de Israel y decidieron organizarse como una entidad separada. Sin embargo, esta suposición no se corresponde con los datos del evangelio sobre la actitud de Jesús respecto al pueblo de Israel.

El objetivo de Jesús es fundar un **nuevo pueblo de Dios** a partir de Israel para la salvación de todas las naciones. A pesar de que se sabe enviado y envía a sus discípulos, en primer lugar, a las ovejas perdidas de la casa de Israel" (*Mt* 10, 6; 15, 24), su rechazo por parte de Israel cambiará no la intención inicial de convocar a la humanidad a partir de Israel, sino el camino que tomará la convocación de todos los hombres en torno a Jesús (Comisión Teológica Internacional, "La conciencia que Jesús tenía de sí mismo", prop. 3ª).

> Un pasaje revelador es este lamento de: "Jerusalén, Jerusalén… ¡cuántas veces he querido reunir a tus hijos como una gallina reúne a sus polluelos bajo sus alas, y no habéis querido" (*Lc* 13, 34; 19, 41-44). Esto refleja el intento constante de Yahvé en el Antiguo Testamento de unir a los hijos de Israel en un solo pueblo.

La Iglesia tal como la quería Jesús solo adquirirá "forma" concreta después del misterio pascual, una vez que los apóstoles comprendan el significado profundo del rechazo de Jesús por parte de Israel. Pero ese momento está ya relacionado con la acción del Espíritu Santo en el origen de la Iglesia.

c) *"Los Doce"*

Jesús demuestra su voluntad sobre la Iglesia al **elegir e instituir a los Doce apóstoles** dentro de la comunidad de los discípulos. Esta elección, que incluye a Pedro como cabeza (*Mc* 3, 14 ss), es fundamental para su proyecto (Comisión Teológica Internacional, "La conciencia que Jesús tenía de sí mismo", 3ª).

Lo que distingue a Jesús de otros rabinos es que él escoge a sus discípulos (*Mc* 1, 16-20; *Mt* 4, 18-22; *Lc* 5, 1-11; 10, 1-12), no al revés, como era habitual. Otro rasgo distintivo es que Jesús no les llama a unirse a una escuela o tradición determinada, sino a adherirse de manera irrevocable a su persona. Así, los llamados por Jesús forman una comunidad nueva alrededor de él: los hermanos y discípulos de Jesús son los que cumplen la voluntad del Padre (*Mc* 3, 31-35 y par.).

En los evangelios sinópticos se destaca que la elección de "los Doce" es uno de los hechos más importantes en la vida pública de Jesús (*Mc* 3, 13 ss; *Mt* 10, 1-4; *Lc* 6, 12-16). Son elegidos por Jesús de entre sus discípulos, y forman un grupo distinto del pueblo y del pequeño rebaño de seguidores. **Solo a ellos Jesús descubre su misterio de Mesías**, y da a conocer las **profecías de la pasión** y las enseñanzas sobre el verdadero **discipulado** (*Mc* 8, 31; 9, 30; 10, 32; *Mt* 10, 5, 33). Solamente ellos celebran con el Señor la *última cena* (*Mc* 14, 17 y par.). La elección de los Doce indica que se trata de la formación de una comunidad nueva. La expresión frecuentemente repetida "uno de los Doce" es señal de la profunda conciencia que se tenía de que formaban un grupo fijo y concreto.

El "doce" es un número que rebosa de plenitud y significado al estar vinculado con los doce patriarcas y las doce tribus de Israel, representando así el comienzo de un **nuevo Pueblo** de doce tribus, el Israel renovado profetizado por Isaías y Jeremías. Los Doce representan el comienzo de un nuevo Pueblo del que son nuevos patriarcas. La importancia de los Doce queda manifiesta tras la traición de Judas, cuando se ve necesario restaurar esa cifra con la elección de Matías (*Hch* 1, 21, 26). Sin embargo, una vez que el nuevo Pueblo de Dios comenzó a desarrollarse, la continuación de los Doce ya no fue necesaria.

d) Pedro

El **primado de Pedro** es una cuestión de especial relevancia para la fe cristiana, que debe ser tratada con atención, acudiendo al testimonio de la Biblia y a la fe de la Iglesia desde los primeros siglos del cristianismo. Nos interesa examinar la voluntad de Jesús de establecer una Iglesia asentada en la roca de Pedro. El argumento principal en contra de la autenticidad jesuana del texto es, como vamos a ver más adelante, la presencia del término "**iglesia**" (*ekklesía*) en Mt 16, 17-19, que es ajeno a la cultura y mentalidad aramea.

En respuesta a esta objeción se ha de decir, sin embargo, que la primacía de Pedro constituye un testimonio omnipresente en las tradiciones y en los escritos del Nuevo Testamento, donde el tema **Pedro** aparece dotado de un significado universal que supera toda particularidad local o personal. Así lo encontramos en **el epistolario de san Pablo, en los escritos de san Juan y en la tradición de los evangelios sinópticos**.

1. **San Pablo** destaca el papel de Pedro como el primer testigo de la resurrección de Jesucristo en una fórmula de fe transmitida con gran veneración como un elemento intangible de la tradición: "Porque os transmití, en primer lugar, lo que a mi vez recibí: que Cristo murió por nuestros pecados según las Escrituras; (...) que se apareció a Cefas y luego a los Doce..." (1 *Co* 15, 3-7). San Pablo presenta a Cefas –utilizando el nombre arameo que significa *roca*– como el primer testigo de la resurrección de Jesucristo. El Apóstol considera que la misión apostólica consiste esencialmente en dar testimonio de la resurrección de Cristo, lo que otorga un significado especial a la aparición de Pedro como **el primero que ha visto al Señor** y el primer testigo de la confesión de la comunidad primitiva.

   En la carta a los **Gálatas**, san Pablo menciona su viaje a Jerusalén para conocer a Pedro, lo que subraya la importancia de Pedro como figura destacada en la Iglesia primitiva (*Ga* 1, 18). Pablo visita a Pedro, Santiago y Juan, quienes eran considerados "columnas" de la comunidad (*Ga* 2,9), para exponerles el evangelio que anunciaba ante los gentiles, "para saber si corría o había corrido en vano". Este encuentro refleja la conciencia de Pablo de que solo existe un evangelio común y que la autenticidad de su mensaje está vinculada a la comunión con estas figuras, y a Pedro de manera muy especial. La referencia a las tres "columnas" no oscurece la preeminencia del puesto de Pedro entre los apóstoles, pues cada uno de ellos se distingue por un aspecto particular. Puede pensarse, en efecto, que Santiago desempeñara una especie de primado sobre el judeo-cristianismo que tenía su centro en Jerusalén, y que el papel destacado de Juan se debiera a su posición exclusiva entre los Doce, como muestra el cuarto evangelio. En todo caso, la singular preeminencia de Pedro permanece inalterada, porque se remonta al Señor mismo. Además de esto, la carta a los *Gálatas* atestigua la persistencia de esa preeminencia incluso cuando el comportamiento personal queda por debajo del cometido ministerial (2, 11-14)

2. En el Evangelio de Juan hay una fuerte presencia del tema de **Pedro**, al que normalmente sirve como contrapunto la figura del "discípulo amado". El texto más importante es *Juan* 21:15-19, donde Jesús confiere el primado a Pedro. Independientemente de las interpretaciones de este pasaje, queda claro que también en la tradición joánica, como en la paulina, aparece claramente la posición preeminente de Pedro, derivada del Señor.

3. En la tradición sinóptica, se destaca la posición especial de Pedro dentro del grupo de los Doce. Las cuatro listas de los apóstoles –incluyendo la de los Hechos, dentro de sus variantes, sitúan a Pedro en el primer lugar. (*Mt* incluso

lo dice expresamente: "el primero": *Mt* 10, 2-4; *Mc* 13, 16-19; *Lc* 6, 14-16). El puesto especial de Pedro aparece también en la fórmula "Pedro y sus compañeros" (*Mc* 1, 36; *Lc* 9, 32). Pedro, junto con Juan y Santiago, forma un grupo de testigos especiales de varis acontecimientos de la vida de Jesús: la resurrección de la hija de Jairo (*Mt* 5, 37), la transfiguración (*Mc* 9, 2), la agonía del huerto (*Mc* 14, 33). De estos tres, el portavoz es Pedro (en la transfiguración), y a él se dirige Jesús en Getsemaní.

El **cambio de nombre de Simón a Pedro** es significativo. "Pedro" significa "roca-piedra". El hecho de que el término arameo "Kefas" haya sido traducido y haya pasado a la historia en la forma griega de *Pedro* confirma que no se trata de un nombre propio de persona, porque, como ha observado el teólogo Oscar Cullmann, los nombres propios de personas no se traducen nunca. La denominación de "roca-piedra" no tiene un significado psicológico o pedagógico. Solo se la puede concebir a partir del encargo recibido por Jesús, por el cual Simón Pedro se convertirá en algo que no es según la carne. Simón es el primero que confiesa a Jesús como el Cristo, y es también el primer testigo de la resurrección; por eso, con su fe renovada cristológicamente se convierte en la roca que se opone a la incredulidad y a la fuerza destructora de lo humano.

El conocido pasaje de **Mateo 16:17-19** ha generado diversas interpretaciones a lo largo de la historia, aunque lo que en la actualidad señala el punto de inflexión de todas ellas es la afirmación o negación del **carácter histórico del texto**. A favor de su autenticidad histórica destaca el **cuño semítico** del que está impregnado, como se ve por las concepciones típicamente judías que contiene. Así, las palabras "Bar-Jona", "carne y sangre", "poderes del infierno", "llave del reino de los cielos", "atar y desatar", son expresiones que proceden del mundo palestino y no del ámbito greco-romano. Igualmente, el juego de palabras entre Pedro y piedra ("tú eres 'piedra' y sobre esta piedra...") no funciona bien en griego, porque es necesario un cambio de género (H. Fries, *Teología Fundamental*).

Ciertamente hay elementos que parecen levantar dificultades especiales, sobre todo la presencia del vocablo "**iglesia**" (*ekklesía*), que en los evangelios aparece solamente aquí y en *Mt* 18, 17. Si la *ekklesía* es la asamblea comunitaria para la que se establecen determinadas reglas, parecería que estamos ante un añadido posterior del término. Sin embargo, la sospecha de inautenticidad solo se mantendría si la realidad de lo que se describe con el término *ekklesía* no apareciera de ninguna otra forma en los Sinópticos. No es este el caso, ya que conceptos similares se expresan de otras maneras en los evangelios, bajo la forma del rebaño y el pastor, de la edificación y la piedra angular, de la viña, o de la vid y los sarmientos. Por otra parte, el hecho de que se trate de una tradición exclusiva de un solo evangelista no es un argumento en contra, si se tiene en cuenta que la singularidad se utiliza otras veces como señal de texto auténtico.

El relato más antiguo de la ***última Cena*** se encuentra en 1 *Corintios* 11,23-25, escrito alrededor del año 54. La Cena de que habla Pablo no es una creación suya, sino algo que ha recibido, a partir de lo que el mismo Jesús hizo la noche en que iba a ser traicionado y entregado. El relato de Pablo es confirmado y completado por los de los **Sinópticos**.

En la Cena de Jesús, celebrada como solemne banquete pascual, las palabras de Jesús adquieren pleno significado. Así se explica la referencia a la "nueva alianza" y a la muerte "por muchos". A través del acontecimiento de la Cena se establece la nueva alianza escatológica basada en la muerte de Jesús, que se realiza y continúa en la Iglesia.

> La relación entre la última Cena y la Pascua pone de relieve que, al igual que la primera noche pascual fue el nacimiento del pueblo de Israel, la última Cena, donde Jesucristo se ofrece a Sí mismo como el nuevo y verdadero cordero pascual, tiene un sentido similar como acto fundacional de la Iglesia por parte de Jesús. Según Ratzinger, Jesús creó una "Iglesia", una comunidad visible de salvación que es como un nuevo Israel, centrada en la celebración de la Cena, de la cual nace y se sustenta. La comunidad de la nueva alianza se convierte en un cuerpo a través del cuerpo y la sangre de Cristo (J. Ratzinger, *La Iglesia*).

2.3. Cristo y el Espíritu Santo en el origen de la Iglesia

En el origen del ser y de la estructura concreta e histórica de la Iglesia se encuentra la acción de Jesucristo y del Espíritu Santo. La apologética clásica atribuía solo a una acción concreta del Jesús histórico la formación de la Iglesia. Posteriormente se ha adquirido conciencia de la relevante influencia del Espíritu Santo en la Iglesia. Sin embargo, es fundamental mantener un equilibrio para evitar excesos en esta perspectiva.

1. Un enfoque unilateral y excesivamente centrado en la fundación de la Iglesia por Jesús, a expensas del papel del Espíritu Santo, carecería de una comprensión completa de la Iglesia como entidad histórica y concreta. La Iglesia encuentra su origen tanto en la acción de Cristo como en la del Espíritu Santo. La separación entre la cristología y la pneumatología, que ha sido una tentación a lo largo de la historia, resulta errónea y perjudicial.

    > Algunos planteamientos teológicos recientes ilustran este problema. Por ejemplo, H. **Küng** (*La Iglesia*), acepta la vieja idea de la teología protestante de principios de siglo según la cual la estructura originaria de la Iglesia era carismática. Así, sugiere que Jesús no fundó la Iglesia, y que esta es completamente obra del Espíritu

Santo, una creación pospascual cuya estructura es fruto de las vicisitudes históricas. Su teoría se basa en la distinción que hace entre los escritos primeros y los tardíos del Nuevo Testamento, argumentando que los primeros (las dos cartas a los Tesalonicenses y la primera a los Corintios) expresan una estructura carismática, mientras que los tardíos (cartas Pastorales y Hechos de los Apóstoles) promueven una teología del ministerio que habría ido relegando paulatinamente la concepción carismática a segundo plano. Sin embargo, esta perspectiva está viciada por un doble reduccionismo metodológico: poner atención solo en la Escritura, y atribuir un valor mayor a unos libros que a otros (un "canon" dentro del canon). El resultado es una reconstrucción de los orígenes de la Iglesia –abusando del argumento *ex silentio* de los textos– en una línea no institucional sino democrática, porque la Iglesia no es ya el Cuerpo de Cristo, sino solamente el Pueblo de Dios.

2. La estructura de la Iglesia proviene de Cristo a través del Espíritu Santo. Pentecostés es un acontecimiento esencial en esta conexión pues allí se realiza la **efusión del Espíritu Santo sobre la Iglesia**. Esta acción del Espíritu Santo no es algo añadido a la propia acción de Cristo, sino que está intrínsecamente relacionada con los "actos fundacionales" de Jesús. El Espíritu Santo no actúa como un agente autónomo sobre la Iglesia, sino vinculado a la acción de Cristo.

3. El Espíritu Santo es don del Señor glorioso, por lo que su acción está constantemente referida a Cristo. El Espíritu Santo es entonces el Espíritu de Cristo, el que consuma y lleva a plenitud su obra. Al mismo tiempo, situar el origen radical de la Iglesia en Pentecostés, sin conexión con el Jesús histórico, refleja una desconfianza en la voluntad fundacional de Jesús y en el significado de su vida, muerte y resurrección.

4. Como ha señalado Congar, el Espíritu Santo es "**cofundador de la Iglesia**", no una especie de vicario de Cristo: su acción no se limita a actualizar las estructuras de la alianza establecidas por el Cristo terrenal antes de su ascensión a los cielos, sino que es "fuente de novedad en la historia", siempre en línea con la obra de Cristo y la edificación del Cuerpo de Cristo (Y. M.-J. Congar, *El Espíritu Santo*).

5. Cristo y el Espíritu Santo se implican mutuamente: Cristo remite al Espíritu Santo, y el Espíritu reenvía a Cristo. Más aún: en lo que se refiere a la Iglesia, Cristo "fundador" remite al Espíritu "fundamento", y el Espíritu Santo "cofundador" reenvía a Cristo "fundamento" de la Iglesia. Los actos "fundacionales" de Jesús son acogidos e iluminados por la acción del Espíritu Santo y, a su vez, la concreción en el Espíritu de los elementos eclesiales encuentra su fundamento en el misterio de Jesús Señor. Como consecuencia, Jesucristo es no solo fundador, sino también fundamento de

la Iglesia (Y. M.-J. Congar, *Le Concile de Vatican II. Son Eglise, Peuple de Dieu et Corps du Christ*). Esta relación nos lleva al misterio fontal de la Trinidad, donde se encuentra el origen y la raíz última de la Iglesia.

> El Vaticano II ha vinculado el misterio de la Iglesia al misterio de Dios, destacando su origen en el plan salvífico del Padre, ejecutado a través de la doble misión del Verbo-Hijo y del Espíritu Santo (LG, 2-4; GS 40), las dos manos de Dios, en palabras de san Ireneo (*Adversus Haereses* V, 6, 1; V, 28, 4). La Iglesia se describe como el **Pueblo de Dios**, el **Cuerpo de Cristo** y el **Templo del Espíritu Santo** (PO 1; AG 7; 9; LG 5).

3. La verdadera Iglesia de Cristo

El comienzo de la Iglesia en la voluntad y en la acción de Jesús durante su vida terrena es la condición fundamental para afirmar su significatividad de cara a la salvación y a la revelación de Dios. La Iglesia no remite a sí misma, sino que apunta al amor de Dios que ofrece la salvación en Cristo a través del Espíritu Santo. Su fundación por Jesús le otorga una autoridad que proviene de Cristo y está legitimada por su papel en la economía salvífica de Dios.

> En el planteamiento de la apologética, afirmar que Jesucristo fundó la Iglesia no era suficiente para identificar cuál era de hecho la verdadera Iglesia, ya que las diversas propuestas cristianas pretendían ostentar ese título. Esto se volvió especialmente relevante durante la Reforma protestante. Comenzaron a elaborarse tratados "sobre la verdadera Iglesia de Cristo" (*De vera Ecclesia Christi*), con objeto de establecer criterios que permitieran identificarla y distinguirla de las demás que, por consiguiente, eran calificadas como "falsas". Los criterios se basaban en la continuidad histórica entre la voluntad de Jesús y la primitiva Iglesia, así como en la sucesión apostólica que conecta la Iglesia del Nuevo Testamento con la Iglesia católica actual. El método utilizado era fundamentalmente histórico. Con las **vías**, la apologética se dirigía sobre todo a demostrar la credibilidad de la Iglesia, y en primer lugar su **unidad**, entendida principalmente como unicidad: la Iglesia católica es la única Iglesia fundada por Jesucristo, y por tanto es la única verdadera Iglesia.

La cuestión de la verdadera Iglesia de Cristo ha evolucionado notablemente, en gran parte debido al ecumenismo, que ha llevado a reconsiderar aspectos clave del tratamiento apologético sobre la Iglesia. Esto ha afectado particularmente al concepto de unidad y unicidad de la Iglesia, así como a las demás notas (santidad, catolicidad, apostolicidad). Se ha producido un cambio de enfoque, pasando de evaluar la credibilidad de la Iglesia en sí misma a comprenderla como un signo de la acción reveladora y salvífica de Dios. Este "descentramiento eclesial", que cede el puesto a una concentración cristológica y trinitaria, ha sido desarrollado a partir de la enseñanza del Concilio Vaticano II. Además, se ha adoptado una **visión** no excluyente sino **gradual de la eclesialidad**.

Jesús dotó a su Iglesia de unas características propias y le confió una misión que se cumplirá plenamente en la escatología. Esta misión implica anunciar el Evangelio y vivir la fidelidad a Cristo, su Esposo; un proceso que se desarrolla en la historia y culminará con los dones finales del Señor. A la luz de estos principios se reconoce que pueden darse elementos de auténtica eclesialidad fuera de la Iglesia católica, aunque solo en ella reside la plenitud de esa eclesialidad. *Lumen gentium* 8 expresa esta idea cuando declara que la Iglesia querida por Jesús "subsiste en" la Iglesia católica: "**Esta Iglesia**, establecida y estructurada en este mundo como una sociedad, **subsiste en** *(subsistit in)* **la Iglesia católica** (...) aunque fuera de su estructura *(extra eius compaginem)* se encuentren muchos elementos de santificación y de verdad que, como dones propios de la Iglesia de Cristo, impulsan en dirección a la unidad católica" (LG 8).

> Este importante pasaje del concilio afirma que la Iglesia se establece y organiza en el mundo como una sociedad y tiene elementos de santificación y verdad incluso fuera de su estructura, los cuales son dones propios de la Iglesia de Cristo y promueven la unidad católica. Por la historia de este concilio sabemos que en el texto inicial aparecía el término "**es**" *(est)* que fue posteriormente sustituido por "**subsiste**" *(subsistit)*. Este cambio muestra la intención de evitar una presentación excluyente de la Iglesia católica hacia las demás confesiones cristianas. Esto no niega que la Iglesia católica sea la única Iglesia de Cristo, pero reconoce que no agota la eclesialidad, y que otras confesiones también tienen elementos de santificación y verdad. "Fuera de la comunidad católica, no existe el vacío eclesial" (San Juan Pablo II, Enc. *Ut unum sint*, 13).

Para entender que la Iglesia católica no agota la eclesialidad es necesario remitirse a **dimensión escatológica**. Aunque la Iglesia mantiene que ha permanecido fiel a los dones de Dios a lo largo de su historia, reconoce que será plenamente fiel a Cristo en la recapitulación final.

Por tanto, una vez afirmado que la Iglesia de Cristo subsiste en la Iglesia católica, es posible referirse a la Iglesia católica no solo como aquella que *ya es,* sino también como aquella que **está llamada a ser**. Lejos de todo relativismo eclesial, cabe formular las diversas propiedades y notas de la Iglesia en un sentido indicativo e imperativo: la Iglesia *ya es* una, santa, católica y apostólica; pero al mismo tiempo está llamada a serlo cada vez más. Aquí se asienta la necesidad de reforma constante de la Iglesia católica y las demás Iglesias y Confesiones cristianas (*Ecclesia semper reformanda*) para llegar a ser plenamente la Iglesia de Cristo.

La Iglesia resulta creíble cuando es en el mundo un signo de la presencia salvadora de Dios, y de la comunión entre Dios y los hombres que se ha realizado en Cristo. Ser **signo de revelación y salvación** implica para la Iglesia hacer presente, en el aquí y el ahora de la historia, a Jesucristo y el plan salvífico de Dios. Ello depende de su fidelidad histórica a la voluntad del Señor de ser en el mundo el lugar donde esa salvación se realiza. El tema es importante pues el único y verdadero acceso a Jesús solo puede realizarse **en** y **a través** de la Iglesia.

> La idea de que la presencia de la Iglesia en el mundo, con todos los bienes que ella representa, constituye un signo de su origen divino, ha sido un argumento tradicional en la Iglesia, respaldado por la vida ejemplar de la comunidad primitiva (*Hch* 2, 44-45) y por testimonios de los padres de la Iglesia como Ireneo, Tertuliano, Orígenes y Agustín. El Concilio Vaticano I, a través de la llamada "vía empírica", describió a la Iglesia como un signo de la presencia salvadora de Dios en el mundo, basándose en su expansión **admirable**, su santidad **eminente**, su fecundidad **inagotable**, su unidad **católica** y su estabilidad **invicta** (D. 3013-3014). Sin embargo, es fácil advertir las limitaciones de esta formulación, que debe comprenderse en el contexto sociológico del siglo XIX, cuando la Iglesia era concebida más según un modelo ideal como una sociedad perfecta, libre de las vicisitudes de las sociedades humanas, que como una comunidad de fieles itinerante, frágil, pecadora. El Concilio Vaticano II, sensible a esta diferencia de contexto, ha modificado las perspectivas y, aunque alude con frecuencia al texto del Vaticano I, no lo cita nunca por completo.

Las perspectivas eclesiológicas abiertas por el Concilio Vaticano II facilitan una comprensión más adecuada de la Iglesia como signo de credibilidad. Ya no se enfoca la credibilidad de la Iglesia desde sí misma, sino desde su referencia a Cristo. La Iglesia es signo en la medida en que conduce y trasparenta a Cristo (LG 15), en cuanto remite **al misterio salvador de Cristo**. Este cambio de perspectivas ya aparece al comienzo de *Lumen gentium*: "La Iglesia es, en Cristo, como un sacramento, es decir, signo e instrumento de la íntima unión con Dios y de la unidad de todo el género humano" (LG 1).

> También en el concilio la Iglesia es llamada "signo visible de la salvación" (LG 9), y de ella se dice que "no ha cesado de ser signo de salvación en el mundo" (GS 43). El ser signo se atribuye también a los miembros de la Iglesia. Así, los laicos son llamados "signo del Dios vivo" (LG 38), y su testimonio de vida "signo muy adaptado también a nuestros tiempos para manifestar a Cristo" (AA 16). Lo mismo se dice sobre los obispos, sacerdotes y religiosos (LG 21, 28, 46). Los santos, finalmente son "signo de su reino" (LG 50)

Al abordar la significatividad de la Iglesia como **signo de credibilidad**, como **signo de salvación**, como **signo del reino de Dios**, como **signo de la acción del Espíritu Santo** se busca una relación lo más clara y estrecha posible entre su realidad humana visible y su dimensión divina. Se intenta, por tanto, poner de manifiesto la continuidad, no solo histórica sino también teológica, entre el acontecimiento de Cristo y la presencia y acción de la Iglesia. La mayor dificultad que aparece en esta tarea es la presencia de lo humano y defectible en la Iglesia, así como de la realidad del pecado que se da en ella, y que desfigura su rostro de Esposa del Señor.

El Vaticano II afronta esta cuestión y sostiene que la Iglesia ha sido enriquecida con toda la verdad revelada y los medios de salvación (UR 4) y, aunque muestre signos de pecado, este no la destruye ni la separa de su Señor. La Iglesia, recuerda *Lumen gentium*, "al recibir en su propio seno a pecadores, es al mismo tiempo santa y necesitada de purificación constante, busca sin cesar la penitencia y la renovación" (LG 8). Además, se ve confortada con la gracia que el Señor le prometió, lo que la hace una digna esposa de su Señor (LG 9). Interesa abordar, en consecuencia, la relación pecado-santidad en la Iglesia como una cuestión fundamental para acceder a la significatividad de la Iglesia.

5. La santidad de la Iglesia

Para el estudio de la credibilidad de la revelación es decisivo el examen de la nota "santidad" de la Iglesia. Si la Iglesia es signo de la salvación de Dios a los hombres, signo de Cristo, debe reflejar en su realidad histórica y visible la santidad de la fuente de la que ella misma procede. Se hace entonces necesario explicar coherentemente la **presencia de la santidad y al mismo tiempo del pecado** en la Iglesia, de forma que el signo de la santidad no quede anulado.

5.1. Iglesia santa

La explicación de la nota de la santidad de la Iglesia no puede venir, ciertamente, desde la concepción abstracta de una Iglesia ideal, que olvide la realidad del pecado de sus miembros.

> La idea de que el pecado excluya de la comunión de la Iglesia ha sido rechazada por el cristianismo desde sus inicios. En la historia, ha habido intentos de presentar a la Iglesia como una comunidad exclusivamente de santos (gnósticos, donatistas, montanistas, cátaros, jansenistas), pero estas visiones no han prosperado en la concepción cristiana, que siempre ha reconocido sin vacilar

la condición eclesial del pecador. San Ambrosio presentó a la Iglesia como "Ex maculatis immaculata" (inmaculada y compuesta por los que están manchados). Y el Vaticano II ha enfatizado la diferencia entre la santidad de Cristo y la de la Iglesia, señalando que, la Iglesia, recibiendo a los pecadores en su seno, es santa pero siempre está necesitada de purificación y renovación (LG 8; LG 9, 15, 36, 65; UR 1, 4, 6; GS 43).

Desde un punto de vista teológico, conviene señalar que la santidad, según la Escritura, es esencialmente lo propio de Dios. A partir de ahí se puede hablar de otros sentidos de la santidad aplicables a la Iglesia: su especial cercanía o relación con Dios (consagración, pertenencia) y su capacidad instrumental de santificación (por ejemplo, los sacramentos).

El **Nuevo Testamento** presenta a la Iglesia con algunas imágenes que ayudan a comprender mejor su naturaleza y el sentido de la nota santidad: **Pueblo de Dios**, **Cuerpo de Cristo**, **Esposa**, **Templo del Espíritu Santo**.

> El Vaticano II adoptó la imagen de la Iglesia como "Pueblo de Dios", destacando así su origen en la iniciativa divina, su aspecto comunitario y su continuidad histórica, y su acogida a pecadores. También se la representa como "Esposa de Cristo" (*Ef* 5, 24-27), imagen paulina de precedentes veterotestamentarios (Oseas, Ezequiel), con Cristo como el Esposo que purifica y santifica a su esposa infiel y pecadora. Además, se la concibe como el "Cuerpo de Cristo", enfatizando la unión indisoluble con Él y la diversidad de funciones de sus miembros. Finalmente, se la considera "Templo del Espíritu Santo" (PO 1), santificada por la presencia y los dones del Espíritu, con una santidad recibida y permanente mientras siga viviendo en ella el Espíritu de Dios, aunque eso no excluye la imperfección y el pecado. La santidad que le confiere la presencia del Espíritu produce necesariamente frutos de santidad.

En **conclusión**, la tensión pecado-santidad en la Iglesia debe entenderse a la luz de los siguientes principios:

1) La Iglesia, Pueblo de Dios, está formada por **santos y pecadores**.

2) La **nota decisiva** de la Iglesia es la **santidad**, y no el pecado; esta santidad es fruto de la elección de Dios y de los medios con los que Cristo la vivifica por medio de su Espíritu.

3) La Iglesia como totalidad es subjetivamente santa gracias a la **fidelidad indefectible que le ha merecido Cristo**, que la ha incorporado para siempre a sí mismo como Esposa y como Cuerpo.

4) La Iglesia es, independientemente de la santidad o del pecado de sus miembros, **sacramento universal de salvación**.

5) La santidad de los miembros depende de su mayor o menor **fidelidad a** **Cristo**; esta santidad enriquece a la Iglesia, así como el pecado oscurece su rostro y frena su acción en el mundo.

6) La Iglesia totalmente pura y santa solamente llegará a realizarse en la **escatología**.

5.2. El signo de la santidad de la Iglesia

Tras afirmar el hecho y el significado de la santidad de la Iglesia, es necesario examinar el modo en que esta santidad se convierte en un signo de credibilidad. En cuanto signo, la santidad de la Iglesia debe manifestarse con claridad para así mostrar a todos la realidad y acción de Dios, que es el origen y la fuente de toda santidad. ¿Qué manifestaciones tangibles de santidad hay en la Iglesia que, a pesar del pecado de sus miembros, pueden atraer la atención incluso de los no creyentes? Sin pretender abordar esta cuestión en su totalidad, puede afirmarse que la santidad de la Iglesia se muestra, entre otros, en cuatro aspectos fundamentales: la **liturgia**, la **llamada a la santidad**, la **vida de los santos** y el **testimonio de los creyentes**.

1) A través de los signos litúrgicos, la santidad de Dios adquiere una dimensión histórica y representativa.

> El sentido teocéntrico y la dimensión sacramental de la **liturgia**, expresan el signo de la santidad de la Iglesia, que no se autofunda en ella misma, sino que mantiene siempre abierta su referencia a la santidad de Dios. Además, la liturgia, y particularmente su centro, que es la eucaristía, es la fuente original del testimonio cristiano (SC 2).

2) El **anuncio constante de la conversión** en que la Iglesia está comprometida está relacionado con el redescubrimiento de la llamada universal a la santidad que el Vaticano II ha puesto en primer plano (LG, cap. V).

> Ningún miembro de la Iglesia puede considerarse completamente santo o suficientemente convertido. También la Iglesia debe estar siempre abierta a una continua renovación de su aspecto institucional para ser cada vez un signo más adecuado y expresivo del otro aspecto, el mistérico, con el que está esencialmente unido. De aquí adquiere su sentido el principio clásico, comentado más arriba, sobre la necesidad de una continua reforma en la Iglesia (*Ecclesia semper reformanda*). La Iglesia anuncia el carácter escatológico de la santidad, ya comenzada y visible, pero todavía no realizada en plenitud.

3) La santidad en la Iglesia se manifiesta visiblemente en la **vida de los santos**. Al proclamar la santidad de vida de algunos de sus miembros, la Igle-

sia los propone como ejemplos de seguimiento de Jesucristo y de caridad heroicamente vividos.

> Los santos son un claro testimonio de la presencia y el rostro de Dios entre los hombres. Sus vidas heroicas y variadas demuestran la santidad enriquecida por Dios en la Iglesia (LG 50). Este testimonio de santidad se hace especialmente significativo en los mártires que, al entregar sus vidas en fidelidad a Cristo, ofrecen un poderoso ejemplo de la verdad del Evangelio.

4) La santidad se manifiesta también en el **testimonio** de los miembros de la Iglesia de cada tiempo y lugar. Los cristianos no pueden disminuir la santidad de la Iglesia, con sus defectos y pecados, pero sí oscurecer su rostro e impedir que la Iglesia muestre al mundo su belleza y esplendor. Por el contrario, con su fidelidad a Jesucristo, los cristianos contribuyen a que la Iglesia sea digna de fe ante el mundo. Cada cristiano tiene la responsabilidad de reflejar el verdadero rostro de Cristo y buscar la santidad, como proclamó solemnemente el Concilio Vaticano II (LG 40, 39, 41).

> La santidad de los miembros de la Iglesia no se da de un modo acabado en la tierra. Tampoco se muestra de manera unívoca en cada cristiano, sino en grados y formas diversas. La santidad se manifiesta a través del testimonio, que tiene lugar por la palabra y de modo especial por la vida. El **testimonio cristiano** va más allá de la simple coherencia entre lo que se cree y lo que se vive: apunta sobre todo a la **acción transformadora de Jesucristo en la Iglesia y en el mundo**. La verdad y los valores de la fe cristiana, encarnados en el testimonio de los creyentes, se convierten en signos del amor de Cristo, encarnado, muerto y resucitado por amor a los hombres. Lo que convirtió a la fe a los paganos de los primeros siglos no fue solo ni principalmente la novedad de la doctrina evangélica que les era predicada, sino el ejemplo de caridad mutua que ofrecían los primeros cristianos (A. Festugière, *La esencia de la tragedia griega*). Solo el amor es digno de fe (H. U. Von Balthasar).

Ejercicio 1. Vocabulario

Identifica el significado de las siguientes palabras y expresiones usadas en el tema:

- "Vía empírica"
- "Eclesiología fundamental"
- Reino de Dios
- "Ecclesia semper reformanda"
- Testimonio

Ejercicio 2. Guía de estudio

Contesta a las siguientes preguntas:

1. Enumerar los principales actos de Cristo en orden a la fundación de la Iglesia.

2. La elección de los Doce y la fundación de la Iglesia.

3. La primacía de Pedro y la fundación de la Iglesia.

4. La institución de la eucaristía y la fundación de la Iglesia.

5. Cristo y el Espíritu Santo en el origen de la Iglesia.

6. ¿Cuál es la diferencia teológica entre estas dos afirmaciones: 1) "La verdadera Iglesia de Cristo es la Iglesia Católica"; y 2) "La verdadera Iglesia de Cristo subsiste en la Iglesia Católica"?

7. Enumerar las imágenes de la Iglesia que ayudan a entender mejor su santidad.

8. ¿Cuáles son los principios fundamentales para comprender la tensión pecado-santidad en la Iglesia?

9. Enumerar algunos hechos o manifestaciones visibles de santidad de la Iglesia, que son signo de la presencia amorosa y salvadora de Dios en el mundo.

Ejercicio 3. Comentario de texto

Lee el siguiente texto y haz un comentario personal utilizando los contenidos aprendidos en el tema:

«"La Iglesia, ya aquí en la tierra, está adornada de verdadera, aunque todavía imperfecta, santidad" (LG 48). Con un lenguaje diverso y preocupado ante todo por las dimensiones apologéticas, el Vaticano I se refería a esta misma realidad para señalar que la Iglesia "por su eximia santidad" es "un grande y perpetuo motivo de credibilidad y testimonio irrefragable de su divina legación" (const. dogm. *Dei Filius*: D. 3013). La TF ha abordado ordinariamente esta cuestión siguiendo dos caminos diversos, aunque confluyentes: en ocasiones, partiendo de la Escritura, a fin de señalar que, de acuerdo con el testimonio bíblico, la santidad es un rasgo o nota de la Iglesia, y pasar, en una segunda fase, a documentar la positiva presencia de ese rasgo en la comunidad cristiana; en otros momentos, partiendo de la Iglesia en cuanto realidad social concreta para, analizando su predicación y su vida, poner de manifiesto que su historia está marcada no solo por un constante deseo o anhelo de santidad, sino por una realidad de santidad efectiva.

» Una y otra vía pueden ser recorridas haciendo referencia a otras características de la Iglesia, ya que la santidad no es su única propiedad o nota. Conviene advertir, sin embargo, que la santidad no es un rasgo entre otros, sino el rasgo decisivo, hasta el punto de poderse decir, en palabras de Congar, que las otras notas son propiedades o atributos de la santidad. Santidad e Iglesia se identifican, ya que la Iglesia no es otra cosa que el efecto o fruto de la comunión entre Dios y el hombre, instaurada en Cristo y actualizada a lo largo de la historia en virtud de la acción del Espíritu. La iglesia, con su predicación y con su propio existir, remite a la realidad de una unión con Cristo y en Cristo, de la que ella misma vive, real, aunque aún no cumplidamente. La santidad en cuanto nota visible de la Iglesia no es otra cosa que el reflejo de su núcleo vital». J. L. Illanes, "Santidad", *Diccionario de Teología Fundamental*, Ed. Paulinas, Madrid 1992, 1312.

BIBLIOGRAFÍA

C. Izquierdo, *Teología Fundamental*, Pamplona: Eunsa, 2015 (4ª ed. renovada).

F. Ocáriz - A. Blanco, *Teología Fundamental*, Madrid: Palabra, 2008 (2ª ed. rev. y act.).

S. Pié-Ninot, *Teología Fundamental*, Madrid: BAC, 2016.

Jutta Burggraf, *Teología Fundamental. Manual de iniciación*, Madrid: Rialp, 2001.

R. Fisichella, *La revelación: evento y credibilidad*, Salamanca: Sígueme, 1989.

   - *Introducción a la Teología Fundamental*, Estella: Verbo Divino, 1993.

R. Latourelle, *Teología de la revelación,* Salamanca: Sígueme, 2016.

   - *Cristo y la Iglesia*, Salamanca: Sígueme, 1971.

   - *A Jesús el Cristo por los evangelios. Historia y Hermenéutica*, Salamanca: Sígueme, 1992[3].

R. Latourelle - R. Fisichella (dirs.), S. Pié-Ninot (ed. española), *Diccionario de Teología Fundamental*, Madrid: Paulinas 1992.

J. Ratzinger, *Teoría de los principios teológicos. Materiales para una teología fundamental*, Barcelona: Herder, 1985.

C. Izquierdo et al. (dirs.), *Diccionario de Teología*, Pamplona: Eunsa, 2006 (3ª ed., 2014).

Lecturas recomendadas

S. Agustín de Hipona, *Las confesiones* (Libros del 1 al 9).

J. Alonso, *La conversión cristiana. Estudios y perspectivas*, Pamplona: Eunsa, 2011.

F. Ardusso, *Amén. Las razones de la fe cristiana*, Madrid: San Pablo, 2001.

J. Caba, *El Jesús de los evangelios*, Madrid: BAC, 1977.

J. Caba, *Resucitó Cristo, mi esperanza*, Madrid: BAC, 1986.

194 J. Daniélou, *Dios y nosotros*, Madrid: Cristiandad, 2003 (caps.: III, IV y V).

H. de Lubac, *La fe cristiana*, Salamanca: Secretariado Trinitario, 1988.

R. Fabris, *Jesús de Nazaret. Historia e interpretación*, Salamanca: Sígueme, 1985.

R. Guardini, *La esencia del cristianismo*, Madrid: Cristiandad, 1984[4].

C. Izquierdo, *Creo, creemos. ¿Qué es la fe?*, Madrid: Rialp, 2008, (Caps. VI-VII, pp. 193-259).

J. Morales, *Teología de las religiones*, Madrid: Rialp, 2000 (caps. V al IX).

J. Mouroux, *Creo en Ti. Estructura personal de la fe*, Barcelona: Juan Flors, 1964 (edición agotada); también J. Mouroux, *Creo en ti. El encuentro con el Dios vivo*, San José (Costa Rica): Promesa, 2013.

J. Pieper, *Las virtudes fundamentales*, Madrid: Rialp, 2003[8], (capítulos sobre la fe).

J. Ratzinger, *Introducción al cristianismo*, Salamanca: Sígueme, 2009[15] (especialmente cap. 1).

J.A. Sayes, *Señor y Cristo*, Pamplona: Eunsa, 1995.

F. Varo, *Rabí Jesús de Nazaret*, Madrid: BAC, 2023[3].

ÍNDICE GENERAL